VPom MPom, *schnåwe* verbr. HPom, *schnowe* verstr. NOPom, *schnauwe* Gbg/Vi, *schnauwa* DKr/La, *schnauwo* Net/Hf.

Schnubendüwel m. 'schnaubender Teufel'. Nur ral. belegt: *tau Kihr gåhn as'n Schnubendüwel* sich fürchterlich aufregen selt. VPom, HUMGWD 14,44,8. Vgl. MWB 6,480.

schnucken sw. **1.** schluchzen verbr. *Dei Lütt hett ierst rohrt, nu schnuckt sei noch 'n bäten* Gwd/Ba. *Sei snuckt lies vör sich hen un lett sich nich begäuschen* Rüg/Ae. Syn. schnuckern, schnucksen. – **2.** Schluckauf haben vereinz.

Schnücker m. **1.** neugieriges, seine Nase überall hineinsteckendes Lebewesen Ran/Pe, Pyr/Wa,Wi. – **2.** SpottN für den Zollbeamten Stral.

schnuckern sw., *snückern* [1]TIB 52, [2]TIB 112, schluchzen vereinz. VPom, sonst selt. Syn. s. schnukken.

schnückern sw. **1.** (heimlich) herumschnüffeln, durchsuchen verstr. *Wat schnückerst du dor in't Schapp?* Gwd/Nu. *Dei Nåwersch is so nieglich, sei schnückert all werrer in dei Kœk* Gwd/Ba. Vgl. schnökern. – **2.** naschen verstr. MPom, sonst selt.

Lautvar.: *schnuckern* selt. VPom, Neu/Gc, *schnüggern* selt. VPom, *schnickre* verstr. NOPom, *snittschre* Slo/La.

schnuckig Adj. schnuckelig, nett anzusehen selt. MPom, Sto/Dö,Pf. Syn. schnudd(e)lig. – **Schnukking** n. Kosew. für ein Kind verstr. VPom, Saa/Jk.

schnückrig Adj., *schnuckrig* vereinz. MPom, *schnickrig* verstr. NOPom. **1.** neugierig verstr. Vgl. schnökrig. – **2.** *snittschrig* Slo/La, naschhaft verstr. – **3.** wählerisch im Essen vereinz. MPom SPom. *De Zicken sind schnuckrig, de fräten keen Heu* Ran/Pe.

schnucksen sw. schluchzen verstr. *Hei gnuckert un schnuckst noch 'n bät* POP 167. – Iterativbildung zu schnucken. – **Schnuckup** m. Schluckauf selt. VPom, vereinz. ZPom, Slo/La. → Schluckup.

Schnuddel m., zumeist im Dim. *Schnuddelke(n)* n., Kosew. für Kinder vereinz. – **schnudd(e)lig** Adj. **1.** niedlich, nett anzusehen vereinz. Syn. schnuckig. – **2.** appetitlich, schmackhaft vereinz.

schnuddern[1] sw. betteln vereinz., [1]WEN 41. *Alls, wat hier schnuddern will, jåg ik von'n Hoff* Rüg/Dm. Syn. schnurren.

schnuddern[2] sw. in spritzendem Fett gebraten werden vereinz. VPom. *De Buletten schnuddern all in'e Pann* Rüg/Zi.

schnuddrig s. schnodd(e)rig.

Schnuf m., *Schnüf* Gwd/Ba,Vo, Kol/Go, Schnupfen vereinz. → Schnuppen. – **Schnufdauk** n./m., *Schnuff-* selt., Schnupftuch, Taschentuch VPom, sonst vereinz. *Nimm denn Schnufdok un wisch di de Näs!* Ran/Pe. *Eer Snuuvdöker hadden se al paraat in de Hänn'n, denn se hädden giern en beten mitroort* [2]TRI 7. Syn. s. Taschendauk.

Schnüffel f./m., pejor., *Schniffel* Rum/Ru, Lau/GW, Nase selt.

schnüffeln sw. **1.** schnuppern. *Ik heff buten all schnüffelt, dat't hier wat tau äte jifft* Reg/Za. – **2.** unberechtigt durchsuchen, spionieren. *Wat schnüffelst du dor in'e Låd?* Ank/An. – **3.** durch die Nase sprechen verstr. *Du schnüffelst so, dat kann keiner verståhn* Gri/Mi. – **4.** Nasenschleim hochziehen vereinz.

Lautvar.: *schnüwweln* vereinz., *schnuwweln* vereinz., *schnuffeln* selt. VPom, Uec/Ue, Ran/Sr, Saa/Ja, *schniffle* NOPom.

schnüffig Adj. mit einem guten Spürsinn ausgestattet, sich leicht zurechtfindend selt. VPom. *Hei is schnüffiger in all des' Angelegenheiten as ick un lett sick so licht nicks vörmaken* HUMGWD 2,8,12.

Schnufkatt f. vorwitziges, geltungssüchtiges Mädchen Gri/Ti, vereinz. HPom, EUR 1,37. – **Schnüfken** n./m., *Schniffke* Lau/GW, eine Prise Schnupftabak Uec/Kn, vereinz. NOPom, HOMWB 177[a]. – **Schnufrott** f. Schimpfw. für einen Schnüffler vereinz. VPom, sonst selt. – **Schnufsœg** f. dass. vereinz. HPom. – **Schnuftoback** m., *Schnuff-* selt., *Schnęuf-* Rum/Km [5]TITA 50, Schnupftabak. *Schnuftoback is hüt nich mihr recht Mod* Gri/Mi. *Hei stinkt mi tau sihr nåh Schnuftoback* Use/Us.

Schnuller m., Pl. *-s*, wie hd. vereinz. Vgl. DWA 18, Kt.6. *Dei Lütt is mäud, hei bruukt sienen Schnuller* Gri/Go.

Schnupp f., Pl. *-en*, veralt., verkohltes Ende eines Dochts selt., LAUWB 319[a]. *Schnied dei Schnupp eis af, don brennt dat Licht bäter!* Gwd/Ba. Syn. Œsel[2]. – **Schnuppdauk** n./m. Schnupftuch. *Dat's bloß so 'n bäten, dat kann ik in't Schnuppdok binnen* Ghg/Wt. – Sagw.: *Jed' Ding hett sien Wätenschop, säd dei Diern un drööcht dei Töllers mit't Schnuppdauk af* Gwald. Syn. s. Taschendauk. – **schnuppe** indekl. Adj. egal, einerlei verstr. MPom, sonst selt. *Låt se måken, wat se willen, dat's mi alls schnuppe* Stett. – **schnuppen** sw. **1.** Schnupftabak nehmen vereinz. MPom SPom. Syn. schnuben. – **2.** veralt., einen Docht beschneiden selt. *dat Licht schnuppen* Pyr/Lt.

Schnuppen m., *Schnubben* selt., *Schnoppe* °Büt, Schnupfen. *De hett so'n Schnuppen, dat he kum noch ut'e Ogen kieken kann* Gwald. *Ik heff dull de Schnuppe un de Hauste* Sto/Gl. *Man secht, 'n düchdigen Schnuppen nimmt uns 'ne anner Krankheit af* Gwald, ähnl. vereinz. *Du hålst di noch 'n Schnuppen* du wirst dich noch erkälten Gwd/Nu. Auch ral.: *sik 'n Schnuppen hålen* sich eine

Abreibung, einen erheblichen Nachteil einhandeln verstr. Scherzh., wenn man Durchfall hat: *Mien Noors hett Schnuppen* Dem/Kt.

Rsyn.: *Bräk*[1], *Druppnäs, Pruusch, Rotz, Schnœf, Schnuf.*

schnuppern sw. wie hd. vereinz. – **schnuppig** Adj. verschnupft Fra/Bn, Ghg/Wt. Syn. s. schnœfsch.

Schnuppke f.(?), Pl. *-s*, fachspr. **1.** *Snoppke* Sto/Rw, Strohbündel, das mit anderen zusammen die unterste Schicht beim Rohrdachdecken bildet Sto/Kr [5]KNO 2,15. – **2.** dünne, lange Holzleiste, die man beim Rohrdachdecken auf die Strohlage legt °Lau [5]KNO 2,14. Syn. Deckelschacht. – Pomor. *snopk* kleine, am Rand liegende Rohrbündel für das Strohdach.

Schnuppnäs f. Nase, aus der Schleim herausläuft vereinz.

schnups Adv., oft noch in der älteren Lautung *snups*, unversehens, plötzlich verbr. VPom, sonst selt. *As he mi ankåmen seech, dreihte he sik snups üm* Rüg/Pu. *Schnups wier dei Kierl werrer dor* Dem/Tp. Vgl. schwups.

schnupsch Adj. verärgert selt. VPom. *De Oll wir snuppsch un sprök 'ne ganze Wil gor nich* HUMGWD 11,44,7.

Schnur f., vereinz. n. **1.** wie hd. *Säck mit 'ne Schnor tobinnen* Pyr/Lt; *'ne Schnauer üm dat Bünnel rümmerbinne* Saa/Le. *De Jung' hett 'ne Schnor an'e Pietsch* Ran/Sr. *Wi möten Schnör trecken* Schnüre mit Zeugfetzen als Schutz gegen gefräßige Vögel ziehen Ghg/Wt. Spez.: Angelschnur. *De Schnur löppt bäder, wenn se natt is* Use/Nh; *dat Schnur utschmieten* Dem/De. Tabakblätter wurden früher zum Trocknen auf Schnüre gezogen: *De Schnor wür tweemål tosåmennåhmen, veer Schnör keemen in een' Bund* Ran/Gl. Vgl. Schner. – **2.** Tierschar vereinz. *a' Schnaue Rapphinne* eine Schar Rebhühner Dra/La.

Laut- u. Formvar.: *Schnor* verbr. MPom SPom, *Schnaue(r)* vereinz. SPom, verstr. ZPom, verbr. NOPom, STRI 22, HOMWB 175[b], *Schnöüe* verstr. °Gbg. – Pl.: *Schnür* verbr. VPom, *Schnör* verbr. MPom SPom, *Schnaure* vereinz. SPom, verstr. ZPom NOPom, LAUWB 317[b].

Schnürband n./m. wie hd. verstr. *Mi is dei Schnürband räten* Gwd/Ba. Vgl. Schnerband.

Lautvar.: *Schnörband* vereinz. MPom, sonst selt., *Schnäu(e)r-* vereinz. ZPom, *Schnei(e)r-* vereinz. NOPom, *Schnauerbind* HOMWB 175[b].

schnurcheln sw., *schnurjeln* selt. **1.** durch die Nase sprechen vereinz. SPom, sonst selt. Auch: röchelnde Geräusche erzeugen selt., LAUWB 319[a]. – **2.** Nasenschleim hochziehen DKr/La.

Schnurdarm m., selt. f., Dünndarm des Schafs Uec/Pa, vereinz. HPom.

schnüren sw. **1.** mit einer Schnur zubinden, fest anziehen verstr. *Ik möt dei Schauh schnüren* Gwd/Ba; *dat Fäure* [Fuder] *Stroh schnäure* Nau/Wa. Syn. schneren. – **2.** jmd. mit einer Schnur o. ä. fesseln vereinz. Hist.: den Gutsherrn in der Erntezeit auf dem Feld unter Aufsagen eines Bindespruchs mit Bändern o. ä. umwikkeln. Vgl. binnen[2]. – **3.** einschnüren, zu eng sitzen verstr. *Dat Kleed schnöört mi so* Pyr/Wa. *De Kråge schneirt so, du hest all rode Striepe* Sto/Gl.

Lautvar.: *schnören* verstr. MPom, sonst selt., *schnäure* verstr. ZPom, *schnåire* Gbg/De PRI/TEU 248, *schnoire* LAUWB 319[a], *schneire* Rum/Km, verstr. NOPom.

schnurksen s. schnorksen.

Schnürlief n./m. Schnürmieder. *Dat Schnürlief lett ehr kein Luft* Gri/Mi. *Sei dröcht 'n Schnürlief, œwer bloots sünndågs* Gwd/Ba.

Laut- u. Formvar.: *Schnörlief* vereinz. MPom, sonst selt., *Schnäu(e)r-* vereinz. ZPom, *Schnei(e)r-* vereinz. NOPom. In HPom überwiegt das Dim. *-liefke.*

Schnurr[1] f., Pl. *-en.* **1.** Kinderspielzeug, das einen surrenden Laut erzeugt. Man zog durch einen Knopf oder ein rundes Stück Leder Fäden, die man mit den Händen in schwingende Bewegungen versetzte. Syn. Burr, Schnurr-rad. – **2.** einfaches Musikinstrument aus Weidenrinde selt., MAH 87. – **3.** Anekdote, lustige Erzählung verstr. Zumeist im Pl.: *He wett allerhand Schnurre to vetelle* Pyr/Wi. Vgl. Döntjes, Schos'.

Schnurr[2] m., veralt., SpottN für den Polizisten. Nur litspr. belegt: *Passiren kümm em jo ok nix, as dat 'n Snurr em mäglicherwis' up de Wach bröcht'* [4]HOEFE 33.

Schnurrboort m. Schnurrbart. – Sagw.: *Schaff di irst 'n Schnurrbort an un denn denk ant Friegen! säd de lütt Diern, as so'n dummen Schnäsel von Bengel üm ehr anhollen ded* HUMGWD 11,49,4. – **Schnurrbüdel** m., *Schnurrer-* vereinz. **1.** Bettelsack. *De Kierl is all so runnerkåmen, dat he mit 'n Schnurrbüdel œwer Land löppt* Rüg/Dm. *Nu ka' hei de Schnurrbüdel up'e Nacke nähme* nun kann er betteln gehen Kol/Go. – **2.** Bettler selt. VPom, Uec/Ge,Pa, Gbg/Gp, JOSTWB 87. → Schnurrer.

schnurren sw. **1.** einen surrenden, brummenden Ton von sich geben. *Dat Spinnrad schnurrt* Fra/Ln. – Ral.: *Dat schnurrt man so* das geht schnell voran Dem/Tp, ähnl. vereinz. – **2.** betteln. *Dei Pracher güng Hus bi Hus snurren* Fra/Bn. *De Gören schnurren üm Brot* Gwd/Ze. *Jistern hett hier eie blinn Mann schnurrt* Bel/Ei. Syn. schnuddern[1].

Lautvar.: *schnorren* selt. VPom, Ghg/Wi, *schnure* Kol/Ma, Sch/Sd, *schnore* JOSTWB 87. Mit halblangem Stammvokal: *schnuərə* °Büt [2]MIS 29.

Schnurrer m. Bettler. *Wies keinen Schnurrer von dei Dör, wenn hei üm 'n Stück Brot anhöllt!* Fra/Br. *Hei hett* *sienen ganzen Hoff versåpen, nu löppt hei as Schnurrer rüm* Dem/Tp. *Du warst noch ees as Schnurrer up'e Landstråt ennen!* Ank/An. Drohend zu einem Kind: *Wenn du nich orrig büst, nimmt di dei Schnurrer mit!* Gwd/Ba. Scherzh.: *Mit Schnurrers rär ik nich, mîə Votter is Lumpefäuhre!* Kol/Go. – Sprw.: *Wenn de Schnurrer nicks hemm' sall, verliert he dat Brot ut dei Kiep* Gwald, ähnl. verstr. *Hett dei Schnurrer wat, denn fejelt* [fehlt] *em dat Fatt* Reg/Rg. – Rä.: *De Schnurrer schmitt't up de Stråt, de fiene Mann steckt't in de Tasch* = Nasenschleim Uec/Pa. – Neckr.: *Schnurrer butt butt, wat hest im Sack? Äppel o' Beere o' Schnuftoback!* Cam/Ni, ähnl. verstr.

Laut- u. Formvar.: *Schnure* LAUWB 319ᵃ, *Schnorrer* selt., *Schnorer* JOSTWB 87. – Pl.: *-s* verbr., *-sch* JOSTWB 87.

Rsyn.: *Bummler, Fechtbrauder, Klinkenklopper, Klinkenputzer, Pennbrauder, Pracher, Schnädenfechter, Schnurrbüdel, Schnurrerpracher, Schosseegråbentapezierer, Stromer, Tippelbrauder.*

Schnurrergeld n. Kleingeld vereinz. *De kricht man so'n Schnurrergeld* erhält nur einen sehr geringen Lohn Gwald. – **Schnurrergröschen** m. dass. verstr. *Hei hett mi för de Arbeit bloß mit'm Schnurrerjrösche bedacht* Saa/Ja. – **Schnurrerie** f. Bettelei. Über eine Haussammlung: *Dat sieht nåh Schnurrerie un Jammelie ut* Sch/Pu. – **Schnurrerkråm** m. minderwertige Ware. *Wat up dei Okschon* [Auktion] *keem, wier blot noch Snurrerkråm* Rüg/Ae. – **Schnurrerpack** m., Schimpfw., bettelnd umherziehende Leute. *Dat Schnurrerpack kümmt mi nich up'n Hoff!* Dem/Tp. – **Schnurrerpracher** m. Bettler verstr. östl. HPom. → Schnurrer. – **Schnurrerpröl** m., selt. f./n., minderwertige Ware vereinz. VPom. – **Schnurrersch** f. Bettlerin vereinz. *Dat Wief jeht a'treckt as 'ne ull Schnurrersch* Pyr/Wa. – **Schnurrerwief** n. dass. vereinz. – **Schnurrerwor** f. minderwertige Ware vereinz. VPom.

schnurrig Adj. **1.** *schnurig* selt. HPom, LAUWB 319ᵃ, wunderlich, närrisch, sonderbar VPom, sonst verstr. *In't Öller warn väle Lüd schnurrig* Rüg/Zi. *Hei süht snurrig ut mit denn scheiwen Haut* Gri/Ge. *Sei hett ümmer dei schnurrigsten Infäll* Dem/Kt. – Scherzfr.: *Wat is schnurrig? = Wenn ein Schnurrer bi'n annern schnurrt* Gri/Ti. → nar(r)sch. – **2.** elend, schlecht vereinz. VPom. Zu einem Angeber: *Di ward dat noch eis schnurrig gåhn* Gwd/Ba.

Phras. zu 1.: Sagw.: *Dat's schnurrig, säd dei oll Fru, don wull sei Eier verköpen un har Hackels in'n Sack* Gwald, ähnl. HUMGWD 75,313f.,4. *Dat is schnurrig, seggt Putzig u truck Wungerliche sine Rock an* Sto/GG ⁴KNO 20. *Dat is schnurrig, saed' Putzig å hedd Drullige sin Jack an* Büt/Wu ⁴KNO 20.

Schnurrpieperie f., Pl. *-n.* **1.** etwas Unnützes, Wertloses verstr. *Du köffst wedder luder Schnurrpieperien* Gwald. – **2.** verrückte Idee vereinz. VPom. – **Schnurr-rad** n. **1.** Spielzeug, das schnurrende Laute erzeugt. Es bestand aus einem Knopf oder einem runden Stück Leder, durch das man Fäden zog, die man mit den Händen in schwingende Bewegungen versetzte. Syn. s. Schnurr¹. – **2.** Spinnrad selt. VPom.

schnurstracks Adv., wie umgspr. **1.** sofort, ohne Umschweife verstr. *Wi müßten schnurstracks in de Stadt* Reg/Kw. – **2.** geradeaus, in direkter Linie verstr. *Gåh man schnurstracks, immer de Näs nåh!* Sch/Pk. *De Wech jeht schnurstracks up dat Jehöft töü* Gbg/Gp.

schnurz indekl. Adj. egal, gleichgültig verstr. *Wat du di dinkst, is mi schnurz* Sto/Dö. *Dat is mi allens schnurz un piepe* Stett. Vgl. schnurzpiepegål.

Schnurz m. **1.** kurze Zeitspanne, Augenblick vereinz. *Hei hett dei Wisch in einen Schnurz afmeigt* Dem/De. *Een Schnurz, dunn was he öbern Tun* Uec/Pa. – **2.** kurzer Darmwind vereinz. – **schnurzen** sw. **1.** zügig vonstatten gehen vereinz. *Dat schnurzt man so, denn is hei all farig* Dem/De. – **2.** furzen vereinz. Vgl. schnarzen.

schnurzpiepegål indekl. Adj. egal, gleichgültig vereinz. *Låt se måken, wat se willen, dat is mi schnurzpiepegål* Ank/An. Vgl. schnurz, piepegål.

schnusen sw. herumschnuppern vereinz. VPom, Nau/Fg, Lau/Vl. Vgl. MWB 6,489: *snusen.*

Schnüsselwark n., *-ss-* sth., *Schnussel-* selt., Kleinkram vereinz. VPom MPom. *Wi backen bätke Schnusselwark* etwas Kleingebäck Ghg/Wt. Metaphorisch auf Insekten bezogen: *in dei Luft summt un brummt all dat lütt Snusselwark, wat irgends Flüchten hett* HUMGWD 7,26,9f.

Schnut f., *Schnẹut* Rum/Km ⁵TITA 50, *Schnẹt* nordöstl. °Neu ⁵TITA 81, Pl. *-en.* **1.** Schnauze von Tieren. *Dat Schwien hett 'ne spitze Schnut* Saa/Zg. Gerne gegessen wurden *Schnuten un Poten* vom Schwein. Die Beliebtheit dieses Gerichts spiegelt sich u. a. in Tanzversen wider: *'n Pott vull Schnuten un Poten, dat is 'n schön Gericht, Spickål un Klüten, wat bäters gifft dat nich* Stral, ähnl. verstr. – **2.** Mund des Menschen. *Schnut* wird in dieser und der folgenden Bed. zumeist nicht als derb empfunden, sondern neutral gebraucht. *Dat Mäten hett 'ne säute Snut, ik möcht ehr 'n Puss gäben* Fra/Pe. – Ral.: *'ne Schnut trecken* aus Mißfallen den Mund verziehen verbr. Zu einem mürrischen Menschen: *So'ne Schnut måk man, denn verköffst kein Äppel!* Ank/An. Von einer Arbeit, die man nur annimmt, um den Lebensunterhalt zu sichern: *Dat is man bloß för de Schnut* Rüg/Pu. → Flapp. – **3.** Nase des Menschen verstr. *Jung', di löppt dei Schnut, hest du keinen Rotzlappen?* Dem/Tp. – Ral. über hochmütige Menschen: *Hoch in't En'n* [...] *dregen s' de Snut* PAL 89. – **4.** spitz vorspringender Teil von Gegenständen. – **4.1.** Schuhspitze verstr. *Meester, setten se mi 'ne nieje Schnut an miene Schoh!* Ank/An. – **4.2.** Ausguß an Gefäßen vereinz. *De Pott, de hett all keen Schnut mehr* Uec/Ue. – **4.3.** fischerspr., spitz auslaufender Teil der Reuse oder Reusenkammer vereinz. vpom. Küste, [1]PEE 203, RAS 143.

Schnutenfäger m. SpottN für den Barbier vereinz., HTKÖS 1931,7,12. → Schnutenschråper. – **Schnutenkratzer** m. SpottN für den Barbier vereinz., [3]SCHMF 84. → Schnutenschråper. – **Schnutenpåhl** m., fischerspr., Pfahl am spitz auslaufenden Ende der Reuse vereinz. vpom. Küste, RAS 144f. – **Schnutenputzer** m. SpottN für den Barbier verstr. – Rä.: *Wecke Lüd nähmen uns allens vör dei Näs weg?* = *De Schnutenputzers* HUMGWD 11,31,11. → Schnutenschråper.

Schnutenschråper m. SpottN für den Barbier verstr. *De Schnutenschråper schnitt mi hüt denn Boort af* Ran/Pe.

Rsyn.: *Schnutenfäger, Schnutenkratzer, Schnutenputzer.*

Schnutenwarmer m., scherzh., kurze Tabakpfeife verstr. – **Schnüter** m., oft im Dim. *Schnüterken*, Kosew. für ein Kind verbr. *Kumm eis her, mien säuten Schnüter!* Dem/Tp. Vgl. Schnüting. – **schnütern** sw., *schnittere* Lau/Gr, liebkosen, küssen verstr. *Kiekt mål de schmucke Brut un denn Brutmann an, wat sei sik schnütern* Ank/An. – **Schnüting** n., *Schnuting, Schnüding* selt. VPom, Kosew. für ein Kind verbr. VPom. *Du büst mien leif, lütt Schnüting* °Dem. Vgl. Schnüter.

schnutzig s. schnotzig.

Schnüwer m. **1.** an Atemnot leidendes Tier, bes. auf Schweine und Pferde bezogen vereinz. – **2.** streng riechender, würziger Käse vereinz. VPom. – **schnuwig** Adj. verschnupft verstr. NOPom. Syn. s. schnœfsch.

schnuwweln¹ sw. stolpern verbr. VPom, sonst vereinz. *As ik in dei Dör rinkeem, schnuwwelte ik œwer denn Süll un föl hen* Rüg/Ls. *Ik bün œwer de Stubbe schnobbelt* Pyr/Wa.

Lautvar.: *schnuffeln* vereinz. VPom, *schnubbeln* selt., *schnobbeln* Pyr/Wa, *schnowwele* Nau/Db.

schnuwweln², schnüwweln s. schnüffeln.

Schober m., *Schouber* Kol/Gi, *Schower* selt. VPom, Dra/Dr, Fla/Kj, kegelförmiger Stroh- oder Heuhaufen vereinz. HPom, sonst selt.

Schock¹ n., Pl. wie Sg., wie hd. **1.** Anzahl von 60 Stück. *Ik mücht een Schock Eier, dat sünd söߧdig Stück* Ank/An. *Fisch ward nåh Schock verköfft* Gwd/Wc; *'n half Schock gräun Hiering* Dem/De; *eie Schock Wruke* Rum/Tr. *Klammern warn uk hüt noch meistendeils nåh Schock verköfft* Gwald. Abweichungen von der Anzahl 60 sind nur selten belegt, so z. B. bei Fischern, wo ein *Schock* auch eine Menge von 50 Stück meinen kann, vgl. RAS 150. – **2.** unbestimmte größere Menge. *Dor ståhn 'n por Schock Minschen* Fra/Fr. *De mutt ümmer 'n ganz Schock üm sik hebben* muß immer viele Leute um sich haben Pyr/Lt.

Schock² m. wie hd. **1.** großer Schreck, seelische Erschütterung verstr. – **2.** Angst, Furcht verstr. *Dei Lihrjung' hett bannig Schock vör sienen Meister* Rüg/Ae. Von jmd., der ein strenges Regiment führt: *Dei hett sien Kinner / Lüd in Schock* Fra/Pe, ähnl. vereinz.

Schockel f., *Schoggel* selt. VPom, *Schöckel* vereinz. VPom, Schaukel. In den letzten Jahrzehnten ist *Schockel* in VPom weitgehend vom hd. Wort verdrängt worden. Zur früheren Wortgeographie s. Kt. *Schockel. Dor bammelt 'ne Schockel an'n Bom* Gwd/Ba. – Sagw.: *Wur dei Welt up un dål geiht, sär dei Diern, don satt sei in'e Schockel* Rüg/Ae. – **schockeln** sw., *schoggeln* vereinz. VPom, *schöckeln* selt. VPom, MARK 16, wie hd. *schaukeln* vereinz., schaukeln. **1.** auf einer Schaukel vor und zurück schwingen VPom, verstr. ZPom. *Wi jauhe in'e Jaure* [Garten] *nåh schockle* Kol/Go. Auch refl.: *Dei Kinner schockeln sich denn ganzen Dag* °Fra. – **2.** etwas oder jmd. in schwingende, schaukelnde Bewegung versetzen VPom. *Sei schockelt dei Lütt up'e Knei* Gri/Mi. – **3.** in schwankender, schaukelnder Bewegung sein VPom. *Dei Boot schockelt ümmer hen un her* Rüg/Ae.

Schock(e)lor f. **1.** Schokolade. *Hei bröcht dei Lütten tau Wihnachten ümmer Schockelor mit* Gwd/Ba. – **2.** Trinkschokolade, Kakao verstr., [1]MASS 47.

Lautvar.: *Schock(e)lur* Fra/Ln, *Schacklåd* Pyr/Py, Sch/Gu, *Schaklaad* JOSTWB 81, *Schack(e)lån* Ghg/Hi,Li, Cam/Ds, Nau/Db, *Schacklaun* Kol/Go, *Schackelåj* Pyr/Lt, *Schuckelor* Dem/De, *Schucklån* Reg/Kt, *Schucklaun* Gbg/Gp.

schocken sw. eilig gehen, laufen verbr. VPom, sonst selt. *Sei is ümmer düller dei Stråt lang schockt* Dem/De. Vgl. schocksen.

Schock(e)reip m., vereinz. n., Schaukel. Zur Wortgeographie s. Kt. *Schockel. Dei Dierns hemm' sich denn Schockreip an'n Bom måkt un schockeln* Dem/De. Vgl. Reipschuckel.

Laut- u. Formvar.: *Schockreep* selt. °Rüg, Gwald, *Schockelreip* selt. VPom, vereinz. °Kol, *Schockereip* verbr. im Belbucker Abteigebiet, PRI/TEU 227, *Schock(e)reik* verbr. auf der Insel Wollin und im angrenzenden nordwestl. HPom bis zur Rega, *Schockreck* Cam/Sp.

schock(e)reipen sw. auf einer Schaukel hin und her schwingen selt. VPom, verbr. nordwestl. HPom. *Dat Kind mach je(r)n schockereipe* Gbg/Gz. Auch refl.: *Wat hewwe wi os dull schockereikt!* Cam/He.

Laut- u. Formvar.: *schockreipen* selt. VPom, *schockreepen* selt. °Rüg, Gwald, *schockereipe* verstr. im Belbucker Abteigebiet, *schock(e)reike* verbr. auf der Insel Wollin und im angrenzenden nordwestl. HPom bis zur Rega.

schockmål Adv. sehr häufig Ran/Pe, Dra/Ga, [9]ROSF 81,92. *Dat hebb ik di all schockmål secht* Dra/Ga. – Zu Schock¹.

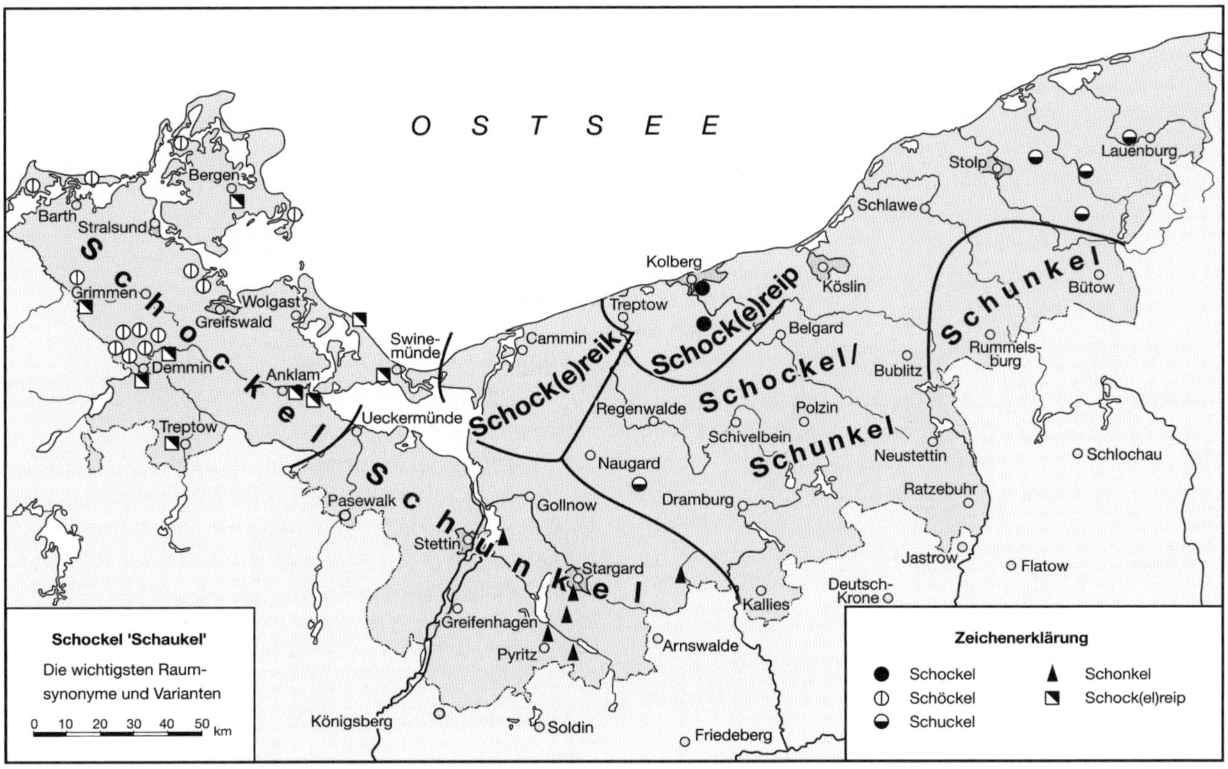

schocksen sw. schnell laufen vereinz. VPom. Vgl. schocken.

schockwies Adv. schockweise, in Einheiten zu 60 Stück vereinz. *Dackruhr wür früher schockwies köfft* Gwald; *Flunnern schockwies verköpen* Stral.

schodüweln s. schaudüweln.

Schof[1] n., fachspr. **1.** Rohr- oder Strohbund zum Dachdecken. *Stroh to'n Schof binnen* Gwald; *ein Schof Ruhr* Fra/Br. *Wi bruken teigen Schöw' tau't Utbätern von dat Dack* Gri/Bo. *Im Winte ware in'e Schün Schöw' maukt* Gbg/Gp. *Hunnert Schöf sünd ein Fimm* °Fra. Vgl. schöwen. – **2.** Flachsgarbe verstr. °Ghg.

Laut- u. Formvar.: *Schouf* Slo/Sl, *Schöf* Pyr/Lt, selt. ZPom, *Scheef* Sto/Gl. – Pl.: *Schöw', Schöf* allg., veralt. auch *Schôfs* Mönchg. ADL 76.

Schof[2] s. Schauf.

schofel Adj. schäbig, niederträchtig verstr. *De Bengel hett sich schofel bedrågen* Ran/Sr. Syn. schof(e)lig. – Aus der Gaunersprache zu jidd. *schophol* lumpig. – **Schofel** m. niederträchtiger, gesinnungsloser Mensch vereinz., DAL 1. – **schof(e)lig** Adj. **1.** wie schofel verstr. *Hei hett schoflig an ehr hannelt* Gri/Ti. – **2.** nachlässig gekleidet, ungepflegt vereinz. *Dei geiht so schoflig in't Tüg* Dem/De.

Schœkel m./n., *Schäkel* vereinz., *Schåkel* Gwd/Ls, Ank/An, Pyr/Lt, Pl. *-s*. **1.** seem., Schäkel, bügelförmiges Verbindungsglied am Ende von Ketten oder Tauen. – **2.** fischerspr., wie Schœkelknüppel vereinz. pom. Küste. – **Schœkelknüppel** m., fischerspr., Rundholz, das die Flügelenden des Zugnetzes in senkrechter Lage hält vereinz. pom. Küste, RAS 70. Syn. Buttknüppel, Schœkel. – **schœkeln** sw., seem., *schäkeln* vereinz., Ketten oder Taue mit einem Schäkel verbinden. – **Schœkeltau** n., fischerspr., eine von zwei Leinen, die von den Flügeln des Zugnetzes zu einem Rundholz führt, das mit der Zugleine verbunden ist vereinz. pom. Küste, RAS 70. Zum Bestimmungswort Schåk (Kettenglied) gehört das in Rüg/Mo nur im Pl. belegte Syn. *Schaukdaugen* [1]PEE 210.

schœk(e)rig Adj. unwohl, elend verstr. VPom, Ghg/Bo, [3]GIL 59. *Mi is so schœkrig in'e Måg* Gri/Go.

schol Adj., *schål* selt., *scholl* vereinz. °Rüg, *schöll* selt. °Rüg. **1.** seicht, nicht tief verstr. VPom, sonst selt. *Wo't Wårer schol is, kannst du wåden* Fra/Pu; *dat Nett up schollen Grund setten* Rüg/Gl. – **2.** mit geringer Neigung, nicht steil vereinz. *De Wall güng ierst schol an un föl an'e Butensiet steigel af* Gwald. *De Barg geiht schol dål* Gri/Ge. – Mnd. *schōle* seicht, untief.

Schœl m./f., *Schäul* vereinz. ZPom, *Schäl* Neu/Lt, Wasserguß vereinz. *Hei kricht 'ne Schœl (Wåter) in't Gesicht* Ank/An.

schœlen[1] sw. **1.** geräuschvoll fließen, rauschen. *Dat Wåter schœlt in'e Rönn* Pyr/Lt. *Ik geit dat Wåter ut, dat't* *so schäult* Kös/Dr. *Dei See schœlt* brandet an den Strand Fra/Bn. Wenn eine Kuh viel Milch gibt: *Dei Melk schäult ma' so* Reg/Me. Auch: sich plätschernd im Wasser bewegen vereinz. *Dei Boot schœlt* schaukelt in der Brandung hin und her Rüg/Bi. – **2.** (Wäsche) spülen verbr. *Du mußt dat Tüg düchdig schöle, dat de Seep utspöölt ward* Kol/Kr. – **3.** stark regnen verstr. *Dat schäult, as wenn't mit Emmers gütt* Kol/Ma.

Lautvar.: *schöle* vereinz. ZPom, *schäule*, *schoile* verbr. ZPom, *schåle* vereinz. °Neu, Fla/Ta, *schäle* verbr. NOPom.

schœlen[2] s. sœlen.

schœlig Adj. **1.** schal, abgestanden vereinz. VPom. – **2.** *schäulig* selt. ZPom, ausgespült, ausgehöhlt vereinz. Übertr.: *Mi is ganz schœlig in'e Māg* ich bin sehr hungrig Gri/Go. – **Schœling** f. **1.** *Schölling* Rüg/Bi, Brandung verstr. VPom. – **2.** *Schäling*, Wasserguß verstr. NOPom.

scholl s. schol.

Scholl s. Schull.

Schöllkrut n., PflN, *Schellkrut* selt., Schöllkraut (Chelidonium majus) vereinz., HOMWB 177[b]. Syn. Schinnkrut, Schinnwatt.

Schœlrägen m. Starkregen vereinz.

Schöltschke m., TiN, Marienkäfer Lau/La, [3]HOLS 35. → Sünnenkäwer. – Nach [2]HIN 350 wohl zu pomor. *žω*^{l}*tï* gelb.

Schœlwåter n. 'Spülwasser' fades, abgestandenes Getränk vereinz. VPom.

Scholwe m., TiN, Kormoran selt. HPom, HTKÖS 1930,8,9. Hist.: *Scholfern* Pl. (1617) Cam/Gs HTKLCAM 1930,48. – Mnd. *schulver* Seerabe.

schon Adv./Partikel wie hd. Das Wort ist in den pom. Mundarten kaum gebräuchlich, nach wie vor gilt dafür älteres nd. *all.* Die wenigen Belege zeigen vorwiegend modalen Gebrauch. Vgl. schoonst.

schön Adj. **1.** hübsch, gut aussehend. *Dei Diern is twors schön, œwer ok dœmlich* Dem/Tp. Derbe Abweisung: *Du kannst mi eis (küssen), wur ik schön bün!* Gri/Ge, ähnl. verstr. Üblichere Synonyme sind hübsch, schier[1] und schmuck. – **2.** angenehm, erfreulich, herrlich. *Frünn', wat is dat Läwen schön!* Uec/Ue. *Hei sitt dor schön un drög* es geht ihm sehr gut Gwd/Ba; *schönen Wind* geeigneter Wind zum Segeln Stral. Subst.: *Mudding, hest du noch 'n bäten wat Schön(e)s* [Süßigkeiten] *för mi?* Gwald. – Sagw.: *Schön, secht de Bur, wenn de Eddelmann Schläg' kricht* °Fra, ähnl. verstr. – **3.** beträchtlich, gehörig. *Dei hett 'n schönen Noors in'e Bücks* hat ein dickes Gesäß Fra/Br. *Wi hemm' hüt schön wat vör uns* heute liegt viel Arbeit vor uns Fra/Br. *Du büst schön dumm wäst* hast dich sehr dumm angestellt Dem/Kt. *Dei hett sich schön wat uplåde* hat sich viel aufgehalst Reg/Pl. – **4.** verblaßt in Höflichkeitsformeln. *Schönen Dank, dat du mi holpen hest* Fra/Bn. Abweisung eines bloß verbalen Danks: *Mit schön' Dank hett de Köster sien Katt dotfaurert!* Gri/Mi, ähnl. verstr.

Lautvar.: *scheen* verbr. NOPom, *schēin* °Lau STRI 24, *schäun, schoin* Kös/Ns, Neu/Sa, Rum/Pr, LAUWB 319[b], [11]ROSF 140. Der auslautende Nasal wird in HPom häufig vokalisiert (*schöə, schêə*), gelegentlich auch apokopiert (*schö'* PRI/TEU 153). In NOPom sind in den flektierten Formen selten *schege(n), scheje(n)* belegt.

schöndaun st. schöntun, schmeicheln. *He deit üm ehr so schön as de Håhn üm de Henn* er umwirbt sie sehr Stett.

Schœne RN. **1.** Koseform von Christian VPom, HUMGWD 9,40,9. Scherzh. Ermahnung: *Schœne, mien Sœhne!* Gri/Go. Vgl. Krischan. – **2.** Koseform von Christiane und Christine VPom.

Laut- u. Formvar.: Für den männlichen und die weiblichen Vornamen sind noch gebräuchlich: *Schäne* verstr. VPom, *Schäning, Schœning* vereinz. VPom. Nur für den männlichen Vornamen gelten die Varianten: *Schäner*, *Schœner* vereinz. VPom.

schonen sw. wie hd. *Dei schont nich Nacht urrer Dag* arbeitet rastlos Gri/Go. *Dei schont sien Knåken* ist arbeitsscheu Fra/Pe. Scherzh.: *Nu will ik (mi) dei Ogen schonen* nun will ich schlafen Dem/Tp, ähnl. verstr.

Schoner m., Pl. *-s*, Segelschiff mit zwei Masten, von denen der vordere zumeist etwas kleiner ist vpom. Küste.

Schönheit f. wie hd. *Dei Schönheit drückt ehr gråd nich* sie ist häßlich Gwd/Ba. – Sagw.: *Schönheit is 'ne Gaw von Gott, säd de Ap, don keek hei in'n Speigel* HUMGWD 12,5,11.

Schonkel, schonkeln s. Schunkel, schunkeln.

Schontiet f. Schonzeit. Scherzh.: *Mien Fru hett Schontiet* hat ihre Menstruation Stral.

schoonst *schoons* selt. **1.** Konjunk. obschon, obwohl vereinz. *Hei keem liekers, schoonst ik em dat verbåden här* Gwd/Ba. *Dunn wull dei nich, schonst dat doch so utmakt wir* [3]NERE 12. – **2.** Adv./Partikel, *schoonsten(s)* Ran/Pe, Ghg/Li, Pyr/Lt, Gbg/Gp, schon vereinz. *Se ward schoonst von alleen uphören* Ran/Wl. Vgl. schon.

Schoort f., n. vereinz., [1]KNO 53, BLFPVK 1,102, Scharte. **1.** schadhafte Stelle am glatten Rand von Gegenständen verstr. HPom, sonst vereinz. *De Seeß hett Schårte* Sch/Pk. *Seih di vör, dei Pott hett 'ne Schoort!* Dem/Tp. *De Tellern un Tassen hewwen väl Schoorten* Ran/Pe. Auch: ein solcherart beschädigtes Geschirrstück verstr. HPom, sonst selt. Einen Dank zurückweisend: *Dat is all so gaut, de Katt frett uk ûtm Schort* Büt/Wu [1]KNO 53. – **2.** Narbe in der Haut Ghg/Li, Pyr/Sh, vereinz. NOPom. *De Schår behöllst' lang tröch* Ghg/Li. –

3. Scherbe vereinz. *Pass up, schnie' di nich an dei Schor!* Dem/Tp. *Fäg doch eis dei Schåre top!* Nau/De. Vgl. Scharw', Scharwel, Schör[1]. – **4.** kleine, flache Schüssel, Napf verstr. HPom, sonst vereinz., [4]WIN 121. Auch: Tasse selt. *'n Schauert Kaffe* Gbg/Gp. Sprichwörtliche Mahnung, seine Herkunft nicht zu verleugnen: *Dat is een schlichten Köter, dei sien Schoort nich kennt* Dem/De. – Mnd. *schārt* Riß, Scharte.

Laut- u. Formvar.: *Schor, Schår* vereinz., *Scheert* Sto/Gl, *Schaart* Sto/KP, Stolp, *Schot* Ank/Br, vereinz. SPom, Stolp, *Schau(e)rt* Gbg/Gp,Vi,Wo, °Kol, °Saa. – Pl.: *-en*.

schoortig Adj., *schårdig* Stett, schartig, mit Scharten versehen selt. VPom MPom. *Dei Seiß is ganz schoortig* Dem/De. Vgl. schörig.

Schooschen m., TiN, Pl. *Schosen* Stral, junger, noch nicht ausgewachsener Lachs selt. °Rüg. *Dei Schooschen hett bet tau twei Pund* Rüg/Bi. – Etym. unklar.

Schop f., fischerspr., hölzerne Kelle zum Ausschöpfen von Wasser aus dem Boot mf. °Rüg, [1]PEE 113. – Mnd. *schôpe* Schöpfkelle.

Schopp m. **1.** *Schopps* Gbg/Gp, Haarschopf vereinz. – **2.** Stirnhaar des Pferdes Saa/Ja, Dra/Bu, Stolp.

Schöpp m. **1.**, Schöffe, Geschworener selt., PFA 38, HOMWB 177[b]. – **2.** Gerichtsvollzieher Nau/Dr.

schöppen sw., *scheppe* vereinz. nordöstl. HPom, [5]TITA 42. **1.** Wasser schöpfen vereinz. *Hei schöppt Wårer mit'e holl Hand* Gwd/Ba. – Sprw.: *Ut anner Lieds Tepp lett sich gaut scheppe* Lau/GW. – **2.** seem., vom Wind aufgebläht werden (von Segeln) vereinz. vpom. Küste, [3]SEG 83. – **Schöpper** m., seem., Schöpfeimer Rüg/Sn, Gwald. – **Schöppkell** f. Schöpfkelle Ank/Br, vereinz. HPom, LAUWB 319[b].

schor Adj. flach, niedrig mf. °Rüg, Dra/Ga. *De Plog jeht to schor* Rüg/Ph.

Schor[1] n., f. vereinz., m. LAUWB 304[b]. **1.** Flachwasser in Ufernähe verbr. vpom. Küste, sonst selt. *Sei fischen hüt up't Schor* Rüg/Ae; *äwer dat Schoor weg bet an dei Dünen ranner* HUMGWD 11,9,7. – Ral.: *einen up't Schor schmieten* jmd. zu Fall bringen Ank/An, HUMGWD 10,25,7f. Spruch: *Wenn 't Schipp up 't Schoor schmeten is, bruukt 'n keen Loot mier* HUMGWD 74,240f.,4. Vgl. Flääkt(e). – **2.** Stelle im Binnengewässer, an der das Ufer steil abfällt verstr. Vgl. Anschor, Schorbarg.

Lautvar.: *Schår* vereinz. VPom, Pyr/Wa, Dra/Bu, Neu/Gc, *Schaue(r)* Gbg/Vi, °Slo, *Schå(r)t* Kös/Wu, Saa/Te, LAUWB 304[b].

Schor[2] f./n. Pflugschar verbr. *Dat Schaue is stump u' mutt scha(r)p maukt wara* Dra/Bu. – Im Rä.: *Achter unsen Hûs plögt ull Varrer Krûs ohne Plôg un ohne Schor un plögt doch ne gôde Fohr* [Furche] = Maulwurf °Rüg BLFPVK 3,116, ähnl. vereinz., [1]DRO 148.

Laut- u. Formvar.: *Schår* verstr., *Scha(r)* Fra/Ln, °Ran, °Fla, HOMWB 163[b], *Schaur* Gbg/Gp,Wo, Bel/Gn, Fla/Ta, *Schaue(t)* Dra/Bu, Neu/Pn. – Pl.: zumeist *-en*, *Schoir* Kol/Pr.

Schör[1] f., n. vereinz. VPom, Pyr/Lt. **1.** Scherbe VPom, sonst verstr. *Schnie' di nich mit dei Schör!* Gri/Bo. *In Schöern ligt dat Glas* [1]VOG 51. *Dei Schör bruken wi tom Pulteråbend* Gri/Mi. Über einen heftigen Streit: *Dor gifft 't Schören!* Gwald, ähnl. vereinz. Scherzh.: *Dei hett 'ne Schör in't Og* trägt ein Monokel Ank/An. – Sagw.: *So hett 't säten, sä' de oll Fru un höl de Schören von'n Pott tosåmen* °Dem. Vgl. Scharw', Scharwel, Schoort. – **2.** Scharte, schadhafte Stelle am glatten Rand von Gegenständen verbr. VPom, sonst vereinz. *Dat Biel hett 'ne Schör* Fra/Bn. *Dei Teller hett all wedder 'ne Schör* Gwd/Da. Auch: das beschädigte Geschirrstück selbst Fra/Bn, °Dem, vereinz. HPom. *Wat scha dei Schäuer noch im Spind?* Gbg/Gp. – **3.** irdenes Gefäß vereinz. *Nimm dei Schören von'n Disch!* räum das Geschirr ab! Gri/Bo.

Laut- u. Formvar.: *Schör* ist urspr. Plural von Schoort (mnd. *schārt*), wird später aber als Sg. aufgefaßt und entwickelt sekundär eigene Pluralendungen. Im Sg. sind noch belegt: *Schörr* selt. VPom, *Schäue(r)* vereinz. westl. ZPom. – Pl.: *-en* verbr. VPom, sonst vereinz., HUMGWD 8,11,2, NIB 167, SPI 58, *Schörer* Rüg/Th, wie Sg. vereinz.

Schör[2] s. Schüdd.

Schorangel f., fischerspr., Angel zum Fischen im seichten Wasser Hidd. [1]PEE 163. – **Schorbarg** m. Stelle des Übergangs vom Flachwasser zur Tiefe im Binnengewässer vereinz. Vgl. Schor[1].

Schörboot f./n., fischerspr., Fischkutter für den Schleppnetzfang vereinz. vpom. Küste, Uec/Mn, FRA 71, [1]PEE 266, RAS 98. Syn. Schörer. – **Schörbrett** n., fischerspr., eines von zwei Brettern an der Schleppnetzöffnung, um diese zu spreizen verstr. vpom. Küste, Uec/Mn. *Schörbrä' sünd so anbröcht, dat sei dat Nett åpenhollen* Fra/Pu. Abb. s. RAS 99.

Schörbuck s. Scharbuck.

schoren sw. pflügen, mit dem Pflug bearbeiten vereinz. Vgl. DWA 8, Kt.5. *Sinndag Vermiddag will wi mål schåre tum Tüffle plante* Rum/Ru. Auch: den Boden nach dem Pflügen auflockern vereinz.

Lautvar.: *schåre* vereinz. HPom, *schaure* Kol/Go, *schören* Ran/Pe,Wl, *schöra* Dra/Bu.

schören sw., fischerspr., mit einem Schleppnetz fischen (bes. Plattfische) verstr. vpom. Küste, [1]PEE 224, RAS 98. – **Schörer** m., fischerspr., wie Schörboot vereinz. vpom. Küste, [1]PEE 266, RAS 98.

Schorf m., *Schörf* Pyr/We, Gbg/Te, *Schauf* Gbg/Vi,Zk. **1.** wie hd. *Wat puulst' ümmer denn Schorf af, denn blött dat jå werrer!* Ank/An. – Ral.: *einem denn Schorf afkratze* jmd. scharf zurechtweisen Slo/La. –

2. Narbe vereinz. Vgl. DWA 4, Kt.18. – **3.** Schimpfw., abscheulicher Mensch Lau/Le HTKLLAU 1930,28, [2]PIRK 38. Vgl. Schorfkrœt u. PRWB 5,408. – **schorfig** s. schorwig. – **Schorfkrœt** f. **1.** TiN, Kröte verbr. *Schmiet dei Schorfkrœt ut denn Keller rut!* Gwd/Ba. Scherzh.: *Dei hett Schorfkrœte im Jesicht* hat Sommersprossen Nau/Db; *Hänn' as 'ne Schorfkrœt* rauhe Hände °Gwald. Auch umgebildet zu Schåpkrœt. – **2.** Schimpfw., abscheulicher Mensch selt. NOPom. Ein Kind zum Knecht Ruprecht: *hest du kein Äppel å Naet, bist du he ull Schorfkraet* Büt/Wu [5]KNO 1,26. Vgl. Schorf. – **Schorfkunter** m., selt. f./n, TiN. **1.** Kröte verbr. östl. HPom, LAUWB 319[b], ALBELG 8,32, BLFPVK 7,152. – **2.** Kaulquappe °Kol, Rum/Bn. Vgl. DWA 5, Kt.6. – **Schorfpogg** f., TiN, *Schor-* verstr. VPom. **1.** Kröte verbr. VPom u. östl. HPom, sonst vereinz. Vgl. DWA 4, Kt.13. *Dei Schorfpogg leikt* Gri/Mi. Vgl. Schottpogg. – **2.** Kaulquappe °Rum. Vgl. DWA 5, Kt.6.

Scho(r)fstein s. Schostein.

Schöriesen n., seem., spachtelförmiges Eisen zum Abdichten von Plankenfugen Gwald.

schorig Adj. eine best. Anzahl Pflugscharen aufweisend. Nur in den Zss. ein-, twei-, dreischorig.

schörig Adj. **1.** mit Scharten versehen vereinz. VPom, Pyr/Wa, Dra/Bu. *Dat Biel is so schörig* Pyr/Wa. *Dat Geschirr is tau schörig, dat kannst' nich up'n Disch setten* Dem/Tp. Vgl. schoortig. – **2.** nicht voll ausgereift, lückenhaft (vom Korn in der Ähre) selt. VPom. *Dat hett in'e Bläuh tauväl rägent, dei Åhr'n sünd all schörig* Rüg/Ae. – **3.** steinig (vom Ackerboden) Gri/Go, Gwald, Ank/An.

schörlåken Adj. scharlachrot vereinz. VPom. *'n schörlåken Dauk* Rüg/Ae.

Schörling m., PflN, Schierling (Conium maculatum) vereinz. *Schörling wasst väl in'n Gråben* Gwd/Ba.

Lautvar.: *Scherrling* HOMWB 167[a], *Scherling* PRIT/JES 107[a], *Scharling* °Kös HTKÖS 1924,11,5, vereinz. wie hd. *Schierling*.

Schörnett n., fischerspr., Schleppnetz (bes. für den Fang von Plattfischen), dessen Öffnung durch zwei Bretter auseinandergehalten wird Fra/Zi, Ank/An. Syn. Schörzees.

Schorpåhl m., müllerspr., *Schör-* LAUWB 320[a], stützende Strebe für den Hauptbalken der Bockwindmühle Gri/Bn, Gwd/Wo, [2]REH 134.

Schört f., Pl. *-en*. **1.** Schürze. *Bi de Aust* [Ernte] *wür 'ne witte Schört drågen* Fra/Pu; *sich 'ne Schœt vörbinna* Dra/Dr. *Se har de janze Schört vull inköfft* hat viel eingekauft Ran/Ro. Ankündigung der bei Hochzeiten üblichen Geldsammlung für das Küchenpersonal: *Dei Kœksch hett sich dei Schört verbrennt!* Gwd/Ba. *Dat Hus hett 'ne niege Schört krägen* hat einen neuen Anstrich bekommen °Dem. – Ral.: *wat unner d' Schört hebben* ein Kind erwarten verbr.; *kein rein Schört hebben* sich schuldig gemacht haben Gwd/Ba; *einem nich von'e Schört gåhn* jmd. nicht in Ruhe lassen Dem/Tp; *einen 'ne Schört vörbinnen* jmd. täuschen, etwas vormachen Rüg/Ae. *Dei is noch nich achter Muddern ehr Schört rutwäst* war noch nicht weit von Zuhause fort Gwald. – Sprw.: *Een Fru kann in d' Schört mehr vom Hoff rutdrågen, as de Mann mit'm Austwågen rinföhren kann* Pyr/Lt, ähnl. vereinz., HTKÖS 1927,23,9, HUMGWD 11,49,5, LAUWB 320[a]. – **2.** fischerspr., an der Öffnung von Schlepp- und Stellnetzen zusätzlich angebrachtes Netzstück, das ein Entfliehen gefangener Fische verhindert vereinz. °Rüg, Gwd/Fr,Kr, [1]PEE 203, RAS 87.

Lautvar.: *Schœt* verstr., *Schöt* vereinz., *Schött* Fra/Bn,Pe, *Schä(r)t, Schäärt, Scheert* vereinz. °Rum, verstr. NOPom, HOMWB 167[b], [2]MIS 14, STRI 34, [5]TITA 47, *Schart* Lau/Ke, STRI 34, *Schäuet* Gbg/Pr, *Schaöet* Kol/Dr HTKÖS 1927,23,9.

Schörtbücks f. 'geschürzte Hose' Knickerbocker Ghg/Ge, Saa/Ja. – **schörten** sw., *schœde* Reg/Kt, *schœta* Dra/Dr, *scherten* HOMWB 167[b], schürzen, (einen Knoten) binden verstr. *Bänner schörten* Strohbänder knoten Ran/Pe. Spez.: hochbinden, aufschürzen. *dei Röck schörten* Gwd/Ba. Gebräuchlicher ist upschörten. – **Schört(en)band** n. **1.** Band zum Hochschürzen der Kleider verbr. *Denn hett Mutter woll ümma an't Schörtband holla* er kommt allein nicht zurecht Saa/Ja. Vgl. Schörtsel. – **2.** Strohband zum Garbenbinden °Saa. – **Schörtenjäger** m. Schürzenjäger, Weiberheld verbr. – **Schörtenschlipp** f. Schürzenzipfel. [*Se*] *wischte sik mit de Schörtenslipp de natten Ogen ut* [4]HOEFE 216. – **Schörtenzippel** m. dass. verstr. *He sitt sien Mutter ümmer am Schörtenzippel* ist ein Muttersöhnchen Pyr/Lt, ähnl. verstr. – **Schörtfell** n., *Schort-* Stral, Ank/An, Lederschurz, bes. des Schmiedes vereinz. VPom. Syn. Schotfell. – **Schörtkauken** m. Schmalzkuchen, dessen Enden durch einen Schlitz im Teig geschürzt sind verbr. *Tom Geburtstag gifft't Schörtkauken* Gri/Mi. Vgl. Krapfen. – **Schörtsel** n. Band zum Hochschürzen der Kleider Dra/Dr. Vgl. Schört(en)band u. BBWB 3,1270: *Schöttsel.*

Schorwark n., vereinz. m., *Schår-* vereinz., *-weck* vereinz. nordöstl. HPom, [5]TITA 42. **1.** Arbeit, berufliche Tätigkeit Gwald, Ank/An, Pyr/Sh, °Reg. Veralt.: Dienst des Tagelöhners Dra/Dr, vereinz. östl. HPom, Fla/Ta, Slo/Pk. – **2.** Arbeitskleidung Reg/Me, Sto/Dö, Lau/GW. *Åwends treckt ma jiern de Schårweck ut* Sto/Dö. – Mnd. *schārwerk* Fronarbeit.

Schörwark n. unnützer, wertloser Kram vereinz. *Ik war dat Schörwark bisiet bringen* aussortieren und wegwerfen Fra/Zi.

schörwarken sw. tüchtig arbeiten verstr., HUMGWD 2,41,8, WAL 2,39. *De Bur möt denn ganzen Dag schörwarken* Ank/An. Auch: herumhantieren, sich (handwerklich) an etwas zu schaffen machen verstr. *de Husfrugens schörwarkten all in de Käk tau't Abendbrot* [6]BAND 2,70. Veralt.: als Tagelöhner arbeiten vereinz.

Lautvar.: *scho(r)-* vereinz., *schår-* vereinz., *schur-* vereinz. VPom, HUMGWD 2,41,8, *schurr-* Fra/Pu, *schauwarke* Fla/Ta, *schauerwarke* Kol/Pr.

Schorwarker m., veralt., *Schå(r)-* verstr., *Scho-* Neu/Gc, Sto/Ku, *Schur-* Gwald, Ank/Se, Nau/Kk, Tagelöhner vereinz. HPom. Auch: ungelernter Handwerker (bes. als Stellmacher auf dem Gutshof) verstr. *De Schårwarker möckt 'n Rad* Ran/Sr. – **Schorwarkslüd** Pl., veralt., Tagelöhner, Gutsarbeiter verstr.

schorwig Adj. **1.** mit Schorf behaftet vereinz. *De Wunn' ward all schörwig* Ran/Pe. – **2.** rauhschalig verstr. *Dei Tüffel sünd schorfig* Gri/Mi. Auch: fleckig (meist von Kartoffeln) verstr.

Lautvar.: *schörwig* verstr. MPom, Gbg/Wo, °Kol, Reg/Rg, *schöwig* Kol/Pr, Dra/Bu,Dr, *schörbig* Uec/Pa, *schå(r)wig* vereinz. HPom, *schorfig* vereinz.

Schörzees f., fischerspr., Schleppnetz (bes. für den Fang von Plattfischen), dessen Öffnung durch zwei Bretter auseinandergehalten wird Gwd/Fr,Vi, Stral, [3]PEE 30, RAS 98f. Syn. Schörnett.

Schos' f., Pl. *-en*. **1.** Sache, Angelegenheit verstr. – **2.** Erzählung, Anekdote vereinz. *Daovon laote sich all Schose vetälle* HTKÖS 1927,2,2; *Schööskens von früher* Sch/Au. Auch: Lüge, Unwahrheit verstr., [2]EBE 16. *Du vertellst mi schöne Schosen!* Gri/Mi. Vgl. Döntjes, Schnurr[1]. – **3.** Streich, Dummheit verbr. *As hei jung wier, hett hei dulle Schosen måkt* Rüg/Bi. *Dei hett allerhand Schosen in'n Kopp* ist zu Streichen aufgelegt Gri/Go. – Zu frz. *chose*.

Laut- u. Formvar.: Nur in HPom sind Diminutive belegt, die ausschließlich im Pl. gebräuchlich sind: *Schooskes* Sch/Pu, Rum/Tr, *Schööske(n)s* Gbg/Gp, Sch/Au, *Scheeskes* Stolp.

Schoss m., Pl. *-en*, junger Pflanzentrieb, Sprößling vereinz. *De Schosse scheta rut* Saa/Te. Syn. Schott[3]. Vgl. schossen.

Schossee f., m. Ran/Ro, vereinz. HPom, Chaussee, befestigte Landstraße. *De Schossee jeht vo' Stargard bet Naugåre* [Naugard] Saa/Le. *Dei Kinne döre* [dürfen] *nich dicht am Schossee späle* Nau/Rh. Verwünschung einer schweren Arbeit: *Leiwe am Schossee Steine kloppe!* Nau/Rh. – Ral.: *Dat kimmt nich up d' Schessee!* das kommt nicht in Frage! Arn/AK. – Scherzfr.: *In wecker See sünd keen Fisch? = In de Schassee* HUMGWD 6,9,8.

Lautvar.: *Schassee* vereinz., HAU 54, HTKLDRA 1935,126, HUMGWD 4,33,5, MAH 78, [3]NERE 1,176, SPI 34, *Schessee* Rüg/Zi, Arn/AK, verstr. NOPom, DAL 36, *Scherssee* Sch/Gu, *Schårassee* Neu/Zi.

Schosseebass m. sehr tiefe, kratzige (Sing-)Stimme vereinz. VPom MPom. – **Schosseefloh** m., scherzh., Motorrad vereinz. Auch: kleines Auto vereinz. – **Schosseegråben** m. Straßengraben. Wenn man unberechtigt geduzt wird: *In wecken Schosseegråwen hebben wi tauhoplägen?* °Fra, ähnl. vereinz. Abschätzig: *Von dien Soort finn ik in jeden Schosseegråwen een'n* Uec/Ge, ähnl. Nau/Fg,Rh. – **Schosseegråbentapezierer** m. Landstreicher, Bettler vereinz. VPom. → Schnurrer. – **Schosseeklöpper** m. **1.** Arbeiter, der Straßen pflastert vereinz. *Du warst uk noch ees as Schosseeklöpper ennen!* aus dir wird nichts! Ank/An. – **2.** Herumtreiberin vereinz. – **Schosseekratzer** m. Straßenwärter verstr. *De Schosseekratzer* [...] *mutt de Schossee mit Kies beschtreie u klein Lecher uutbäätre* JOSTWB 88.

schossen sw. sprießen, neue Triebe hervorbringen Gri/Ti, Gbg/Gp, vereinz. östl. HPom. *De Bom schosst all* Sto/Sy. Vgl. Schoss.

Schossen Pl., fischerspr., *Schoßen* Fra/Zi, *Schussen* vereinz. °Rüg, FRA 42, für das Fischen unter dem Eis herausgehauene Eisblöcke vereinz. vpom. Küste, RAS 180. Spiel der Kinder: *Schoßen lopen* über schwimmende Eisschollen laufen Fra/Zi. Syn. Iesschossen.

Schosskell f. vorderes und hinteres Verschlußbrett am Kastenwagen vereinz. MPom, verbr. HPom. *Sett de Schosskell fast e', dat du se ne' verlairst* Saa/Le. Syn. s. Schott[1].

Schostein m. **1.** Schornstein. *Dei Schostein is vull Rautz* Gri/Mi. *De Storm* [...] *jault un jölt in'n Schosteen* [3]SCHWA 89. – Ral.: *Dat schrief man in'n Schostein!* das bekommst du nicht wieder! Gri/Lo, ähnl. verbr.; *sien Geld dörch'n Schostein jågen* sein Geld verprassen vereinz., LAUWB 320[a]; *einen in'n Schostein setten* jmd. Angst machen Gwald. *Bi denn rookt dei Schostein* er ist vermögend Ank/Br, ähnl. vereinz. *Wovan sall de Schosteen roken?* wie soll man ohne die nötigen Mittel auskommen? Pyr/Lt, ähnl. vereinz. *De möt ümmer denn Schostein roken seihn* hat immer schnell Heimweh Stral, ähnl. verstr. Von einer Rothaarigen: *Sei is dörch'n Schostein kråpen* Fra/Br. *He makt den Mund tom Schorsteen* raucht ununterbrochen UP 3,268. Syn. Ess, Schlot[1], Schottstein. – **2.** übertr. – **2.1.** Tabakpfeife vereinz. *Brenn di man eis dien Schostein an!* °Fra. – **2.2.** Zylinderhut vereinz.

Lautvar.: Hauptvar.: *Schorstein* verstr., KRI 140, *Schå(r)-* vereinz., *Schå(r)n-* Ran/Ro, vereinz. HPom, *Schu(r)n-* vereinz. VPom, *Schonn-* Use/Ki, Ran/Kw, vereinz. HPom, *Schon-* vereinz., HTKÖS 1929,13,10f., *Schau(e)-* Dra/Bi, Neu/Bu,Lc, °DKr, wie hd. *Schornstein* vereinz., *Scho(r)f-* vereinz. ZPom, °Slo. Weitere Einzel- und Seltenheitsbelege s. DWA 18, Kt.9.

Phras. zu 1.: Rä., die nach dem Schornstein fragen: *'t sitt up dat Dack, rôkt a Pîpke Toback* Kol/Zw BLFPVK 3,131, ähnl.

vereinz. HPom, [2]BRUNK 51. *Up osem Dack sitt wat o rokt, dat wedder Piep noch Toback brukt* Cam/Hn [2]BRUNK 51, ähnl. Lau/Lg, HUMGWD 11,37,11. *Upp usem Dack steht eie grot Schimmel, hett ne Schwanz bät a'ne Himmel* Bel/Rö ALBELG 18,20, ähnl. Pyr/Ra [1]HOLS 217.

Schosteinfäger m. **1.** Schornsteinfeger. *Mi is hüt morgen de Schåsteenfäjer bejägent, ik heff noch Glück!* Uec/Pa. Von einem Kind mit unbekanntem Vater: *Dat hett dei Schosteinfäger måkt* Ank/An, ähnl. vereinz. Wenn jmd. mit dem Finger in der Nase bohrt: *Dor mutt dei Schårnsteinfäjer rinne!* Lau/GW, ähnl. verstr. Drohung an unartige Kinder: *De Schornsteenfäje kümmt un möckt di schwart!* °Saa. *Wenn d' Schornsteinfäje kümmt, denn kümmst' in'e Sack!* Reg/Kw. Scherzh.: *Minsch, rack mi nich in! säd de Schosteenfäger taun Möller* HUMGWD 7,4,12, ähnl. UP 7,94. In Vergleichen: *utseihn as 'n Schosteinfäger* sehr beschmutzt aussehen Pyr/Kl, ähnl. vereinz. *Dat kannst hulle as eie Schåsteinfäjer* das halte, wie du willst Lau/GW. Syn. Rautzfäger. – **2.** TiN. – **2.1.** Maikäfer mit schwarzem Rückenschild verstr. – **2.2.** Pfauenauge Gri/Mi, Gwald, Uec/Pa. – **2.3.** Mistkäfer Dem/Ww. Vgl. DWA 5, Kt.9. – **3.** PflN, Bachnelkenwurz (Geum rivale) vereinz. VPom, Cam/He, SUNDTR 1,84. – **4.** späte Apfelsorte mit dunkelroter Farbe verstr. VPom, Lau/Vl.

Phras. zu 1.: Scherzfr.: *Wat is dat, wenn dei Schosteinfäger in'n Schnei föllt?* = Winter Ank/An. – Rä., die nach dem Schornsteinfeger fragen: *Wecker kratzt, wur dat gor nich jœkt?* Fra/Pe. *Blåg is de Himmel, schwart is dat Loch, dick is de Lümmel, rin mutt he doch* Kol/Sö, ähnl. Dra/Dr. – Neckr.: *Schosteinfäger sitt up't Dack, flickt sien Jack, stoppt sien Piep mit Roktoback* Fra/Br, ähnl. vereinz., NDZFVK 17,70, [9]HAAS 24. *Schosteenfäger kumm ees rut, fäg mi mal dei Büxen ut!* HUMGWD 9,47,8 u. ä. vereinz. *Schosteinfäger, swarte Mann, måkt dei lütten Kinner bang* Fra/Pe.

Schosteinfägerblaum f., PflN, Bachnelkenwurz (Geum rivale) Gri/Ti. – **Schosteinfägerdanz** m. Gesellschaftstanz, bei dem ein überzähliger Tänzer (*Schosteinfäger*) auf einem Besen durch eine Paargasse reitet Fra/Pe, Dra/Bu, Rum/Pr, BLFPVK 6,117f. Vgl. Bessendanz. – **Schosteinkratzer** m. Schornsteinfeger Sto/Gl.

Schot[1] m. Schoß. **1.** beim Sitzen durch Unterleib und Oberschenkel gebildete Vertiefung. *Dat Lütt seet bi ehr up'n Schot* Ank/Kr. *Se hadd de Knütt wol in de Hand, äwerst alle Ogenblicke leet se se wedder in'n Schoot fallen* DLP 5,66. *De is von Muddern ehr Schot noch nich weg wäst* hat wenig Erfahrungen gesammelt Gwald. – Spruch: *Up Mudder ehren Schot warden alle Kinner grot* HUMGWD 7,20,4. Syn. Schlipp[1]. – **2.** Rockschoß verbr. HPom, sonst vereinz. *Hei löppt, dat d' Schöt so fleije* rennt sehr schnell Reg/Rg. *De hett mi ümme am Schot* läßt mich nicht in Ruhe Dra/Bu. – Ral.: *sich de Schöt afhanneln* viele Geschäfte treiben und sich dadurch wirtschaftlich ruinieren Rüg/Pu, ähnl. vereinz. – **3.** Dim., Jackett, Gehrock Ghg/Wt, Rum/Tr, vereinz. NOPom.

Laut- u. Formvar.: Pl.: *Schöt* verbr., *Schöə* Gbg/Gp, *Schêt* Büt/Wu, *Schoots* LAUWB 319[b]. – Dim.: *Schöötke* Ghg/Wt, *Scheetke* Rum/Tr, vereinz. NOPom, *Schootke* Sto/Dö,Pf,Wd.

Schot[2] f., seem., Pl. *-en*, Tau zum Einstellen und Spannen des Segels. *dei Schot anhålen* VPom. Vgl. Besånschot, Fockschot, Grotschot.

Schot[3] f., Pl. *Schoten, Schoden* selt., *Schoje* Pyr/Wi, *Schojern* Pyr/Lt, Schote, Kapselfrucht (bes. von Erbsen u. Bohnen) vereinz. *De grön Schoten mütten plückt warn* Ran/Pe. Abweisend auf die Frage, was es zu essen gibt: *Jung' Hunn' mit Schoten!* Gwd/Ze. – **Schotenbom** m., PflN, Ahorn Sch/Pt, nach DWA 1, Kt.6.

Schotensägel n., seem., Segel, das nur an Gaffel und Schot befestigt ist vereinz. vpom. Küste, [1]PEE 257, [2]RUD 126.

Schotfell n. 'Schoßfell' Lederschurz, bes. des Schmiedes vereinz. VPom. *In't Schotfell här'n dei Schmädgesellen alls inwickelt un drögen dat as Felliesen, wenn sei up Wannerschaft güngen* Gwd/Ba. Syn. Schörtfell. – **Schotrock** m., *Schöt-* Sch/Pu, Gehrock vereinz. *Hei drög uk vör alldågs ümme 'n langen Schotrock* Rüg/Ae. → Schniepel.

Schott[1] n. **1.** Schieberiegel am Türschloß verbr. VPom, vereinz. westl. HPom. *Hest du dat Schott an'e Dör vörmåkt?* Gwd/Ba. – **2.** eiserne Ofenklappe verbr. VPom, sonst selt. Syn. Schütt[2]. – **3.** einsetzbare Trennwand. – **3.1.** vorderes und hinteres Verschlußbrett am Kastenwagen verbr. Syn. Kesser, Schosskell, Schottkell, Schütt[2]. – **3.2.** fischerspr., Querwand im Ruderboot zur Schaffung eines abgetrennten (durchfluteten) Fischraums verstr. pom. Küste, [1]PEE 240. – **3.3.** seem., Sperrvorrichtung im Schiffsrumpf zum Abhalten eindringenden Wassers. *Måkt de Schotten dicht!* Fra/Zi. – **4.** müllerspr., verschiebbare Scheibe an der Öffnung über dem Mahlgang, mit der die Zufuhr des Mahlguts reguliert wird Fra/Br, Dem/Sp, Gwd/Gs,Wo, Ran/Bk, [2]REH 43. Auch: Schleusentor zur Regulierung des Wasserlaufs der Wassermühle Fra/Br, Stral, Gwd/Gs, [2]REH 161.

Schott[2] m. Bewohner Schottlands. Hist.: Hausierer, fahrender Händler (aus Schottland) DÄHWB 412[b], [1]TÜM 151.

Schott[3] m. **1.** Schuß aus einer Feuerwaffe selt., [6]SEG 139. *Dei Kierl is keinen Schott Pulwer wiert* ist nichtswürdig Rüg/Wi u. ä. HOEFAMSC 412[a]. – **2.** Pl. *Schött*, junger Pflanzentrieb, Sprößling LAUWB 320[a]. Syn. Schoss.

Schott[4] m./n., *Schutt* selt. **1.** Schutt, Trümmer verstr., [7]BAND 137. *De afräten Åben hett väl Schott jääft* Ran/Pe. – **2.** übertr., Geld (in großer Menge) Pyr/Wa, Sto/Gl: *Dei hett väl Schott im Büdel.*

Schott-äg f. ‘schottische Egge’ schwere Ackeregge aus Holz mit eisernen Zinken Fra/Br, Gwd/Da, DKr/La. Abb. s. MWB 1,219f.

Schottbarg m. Schutthalde, Müllplatz vereinz. VPom. *Dit Metz döögt nicks mihr, dat schmiet man up'n Schottbarg!* Rüg/Dm.

Schottbom m. Querbalken zum Verschließen des Scheunentors vereinz.

Schöttel f. Schüssel. *'ne ierden Schöttel* Dem/De; *'ne Schöttel mit Schmolt* Fra/Pe. *Sei äten noch all ut ein Schöttel* Gwd/Ba. *All Schötteln sünd leddig* es wurde alles aufgegessen Pyr/Lt. *He is ümmer de ierst in de Schöttel* hat immer großen Hunger Rüg/Dm. Von einem Faulen: *Dei ierst an'e Schöttel, dei letzt bi dei Arbeit* °Gri. In der Paarformel: *Schöttel un Pött* sämtliches Küchenzubehör °Dem, Gwald, Pyr/Wa,Wi. – Ral.: *Dat versteht sik an'n Rand, bet de Schöttel vull is* das versteht sich von selbst Rüg/Zi. *Wat dau ik mit 'ne guldne Schöttel, wenn ik nischt do(r) in heff!* gutes Aussehen allein nützt mir nichts! Dra/La, ähnl. verstr. *Bi demm fräten de Schullen all ut dei Schöttel* die hohen Schulden zehren an seinem Vermögen Ank/Br. *Dat is mit em nich ut de Schöttel to äten* er ist unausstehlich Uec/Pa. *Se fräten ut een Schöttel* sind sich einig, halten zusammen Ran/Sr; auch: leben in ärmlichen Verhältnissen Sto/Np u. ä. Sto/Dö,Pf. – Sprw.: *Ut vulle Schöttle is gaut Läwe* Neu/Lt.

Laut- u. Formvar.: *Schöddel* verstr., *Schettel* Sch/Ac, Rum/Km,Tr, verbr. NOPom, HOMWB 167[b], [6]KNO 192, [2]MIS 14, STRI 32, [5]TITA 56, *Schattel* °Lau MAH 96, STRI 32, *Schäutel* Kös/Vr. – Pl.: *-s* verstr., wie Sg. vereinz., *-n* Pyr/Lt, *-e* vereinz. HPom, LAUWB 320[a].

Schötteldauk n./m. **1.** Abwaschlappen verbr. VPom, sonst vereinz. *Wisch denn Disch mit 'n Schötteldauk af!* Gri/Mi. Scherzh. zu einem Frierenden: *Binn di 'n natt Schötteldauk üm!* Dem/Tp; *'n Schötteldauk von Kierl* ein Feigling Rüg/Ae. – **2.** Küchenschürze Gwd/Ba: *Dat oll Schötteldauk binn man af!* – **Schött(e)ling** f., veraltd., Untertasse Rüg/Bi,Gr. – **Schötteljagd** f., jägerspr., Festessen nach der Treibjagd verstr. – **Schöttelkauken** m. Napfkuchen Dem/Tp. Auch: in einer Kuchenform gebackenes Gericht aus geriebenen Kartoffeln und Speck Gwd/Bo,Ze. – **Schöttelkees** m. Kochkäse (den man zum Erkalten in eine Schüssel gießt) Ghg/Li, Lau/GW, [4]WIN 234. Auch: Streichkäse aus Quark und Butter LAUWB 320[a]. – **Schöttelmåker** m. Töpfer selt. °Bel. Vgl. DWA 9, Kt.6. – **Schöttelmarieken** n. Mädchen, das nur für einfache Arbeiten in der Küche taugt selt. VPom. – **schötteln** sw. gemeinsam aus einer Schüssel essen vereinz. Auch allg. für die Tätigkeit des Essens: *Nu schöttel man düchtig!* iß dich ordentlich satt! Slo/La. – **Schöttelschör** Pl. Scherben (von Geschirr) verbr. VPom, Nau/Kk. *Sei möten dei ganze Schöttelschör von'n Polteråbend wegbringen* Dem/De. – **Schöttelwåter** n. Abwaschwasser Stral. – **schöttelwies** Adv. ‘schüsselweise’ in großer Menge Ran/Ro. – **Schöttelwust** f. Grützwurst ohne Darm, die im Wasserbad gekocht und in einer Schüssel aufbewahrt wird Dra/Bu, Sto/Gl.

schotten[1] sw. mit einem Riegel verschließen. Nur in den Partikelverben afschotten, inschotten, tauschotten.

schotten[2] sw., fischerspr., im Sitzen schiebend rudern (zumeist mit Blick in Fahrtrichtung) verbr. vpom. Küste, [1]PEE 241, [2]RUD 82. Syn. strieken. Vgl. im Unterschied dazu raunen. Auch: ein Boot durch drehende Bewegungen eines Ruders vorwärtsbewegen Rüg/Ti, Use/Nh, RAS 167.

schottfägen sw., *schottsch-* Gbg/Gp, schnell laufen, eilen vereinz. *Sei schottfääjt üm de Eck* Gbg/Hh. Auch: flott tanzen Cam/Ni. Vgl. schottschen.

Schottfork f., *Schött-* Nau/Wn, zweizinkige Forke zum Heu- und Garbenaufladen verbr. – Mnd. *schotvorke.*

Schottkell f. einsetzbares Querbrett am Kastenwagen verstr. *De Kutscher treckt de Schottkell rut* [3]GOD 93. Syn. s. Schott[1].

Schottpogg f., TiN, *Schotts-* verstr. VPom, *Schotter-* Rüg/Se, *Schorre-* Rüg/La,Mi, Kröte verbr. VPom. Vgl. DWA 13, Kt.2. *Dei Årebor hett sich 'ne Schottporch hålt* Gwd/Ba. – Ral.: *Un wenn't Schottpoggen rägent!* unter allen Umständen! Gri/Ti. Vgl. Schorfpogg. – **Schottpoggenstauhl** m., PflN, scherzh., Pilz °Fra, Rüg/Mi, Ank/An. Vgl. DWA 11, Kt.7. Syn. Poggenstauhl.

schottsch Adj. schottisch. *'ne schottsch Jack* karierte Jacke Dem/De; *schottschen Hiering* Matjes Gwd/Ba; *schottsch Äg* schwere Egge mit großen, weit auseinander stehenden Zinken vereinz. – **Schottsch** m. Rundtanz im Zweivierteltakt verbr. Prügelandrohung: *Mit di danz ik noch 'n Schottschen!* Gwald. – Ral.: *Bi ehr geiht dat ümme Schottsch up'm Söcken* sie ist flink bei der Arbeit Gri/Go, ähnl. Gwald. Vgl. Bummelschottsch. – **schottschen** sw. schnell laufen, rennen verbr. Auch: flott tanzen verbr. *dörch de Sål schottschen* Dra/Dr. Vgl. schottfägen. – **schottschig** Adj. unbeholfen, nachlässig gehend Nau/Fg,Rh, vereinz. NOPom. – **schottschkariert** Adj. buntkariert vereinz. *'ne schottschkariert Jack* Ran/Ro. – Ral.: *Räd ni' so schottschkareert!* rede nicht so dummes Zeug! Dra/Bu.

Schottspaul f., fachspr., ‘Schußspule’ Weberschiffchen REI 12, DÄHWB 412[b]. Vgl. Scheitspaul.

Schottstein m. ‘(auf)schießender Stein’ Schornstein vereinz. Vgl. DWA 18, Kt.9. Syn. s. Schostein.

Lautvar.: *Schotz-* Fra/Bi BLFPVK 1,129, *Scho(r)t-* Hidd., Rüg/Vt,Wi, Saa/Ae, *Schåt-* Reg/La, Dra/Bu,Dr, *Schaut-* DKr/La.

Schottsteinfäger m. Schornsteinfeger vereinz., BLFPVK 6,15, [1]WEN 91.

schöwen sw., fachspr., *schewe* Stolp, Stroh oder Rohr zum Dachdecken bündeln selt. – Zu Schof[1].

Schower s. Schober.

Schöwieh s. Schawieh.

schråbenvull Adj. gedrängt voll vereinz. VPom, Saa/Ja, APHDEM 1931,14,5. *Sünndåg wier bi'n Kröger nich rintokåmen, de Sål wier schråbenvull* Rüg/Dm. – Das Erstglied zu schruben.

Schrachel, schracheln s. Schraggel, schraggeln.

schrackeln sw., *schrageln* Fra/Br, *schråkle* Saa/Jk, unsicher, torkelig gehen vereinz. VPom, sonst selt. Vgl. PRWB 5,423: *schraggeln.*

schråg Adj. **1.** armselig, spärlich verbr. VPom, sonst verstr. *In de Kriegstieden güng 't bi väle Minschen man schråg to* Rüg/Pu; *schraug Äten* kümmerliches Essen Gbg/Vi; *Bodder schråg upschmeren* nur dünn auf das Brot streichen Fra/Zi. Auch: sparsam °Gri, Dra/Bu. *Ik möt dormit sihr schråg ümgåhn* Gri/Gm. – **2.** schräg, schief selt. VPom, Saa/Ja,Kl, UP 1,478. *Dei Stråt föllt schråg af* Gri/Ti. – **3.** ängstlich Use/Us, Saa/Zd, Kol/Go. *He kiekt sich so schråg üm* Saa/Zd.

Lautvar.: Zur Realisierung des Stammvokals s. PWB 1,1, LXI, Kt.5.

Schråg f., m. Use/Us, Ghg/Rs, *Schrågen* m. verstr., *Schrauch* f. °Kol, Holzgestell mit gekreuzten Beinen für unterschiedliche Zwecke. Spez.: Gestell für den Backtrog vereinz., HOMWB 177[b]; Sägebock Fra/Ln, Rüg/Sn, Gwald; einfache Totenbahre vereinz. *He liggt uk bald up'n Schrågen* er liegt im Sterben Uec/Ue. Mit einem Leinentuch bespannt diente ein solches Gestell als zusammenklappbares Bett, bes. für kl. Kinder verbr. VPom, sonst vereinz. *De Lütt möt in'e Schråg schlåpen* Gri/Ge. Wenn jmd. sehr mürrisch ist: *De hett woll in de Schråg schlåpen* Stral. Vgl. Äsel.

Schrägelachteigen f. Mensch mit schiefem Gang vereinz. VPom, NDZFVK 17,79. – **Schrägelbein** n. dass. vereinz. VPom, Uec/Ge, Ghg/Li. – **schrägelbeinig** Adj. krummbeinig verstr. VPom, Uec/Ge, °Sto, HUMGWD 8,4,6. – **schrägeln** sw., *schrejeln* Stett, *schräjle* selt. NOPom. **1.** schief gehen, torkeln verbr. VPom, sonst vereinz., HUMGWD 14,4,12, [2]VOG 28, WAL 2,57. *So würd dat meist späd in dei Nacht, ihre dei gauden Börgers un Ehelüd [von dei Drinkerie] nah Hus schrägelt kemen* NIB 156. – **2.** beim Gehen die Fußknöchel aneinanderschlagen verbr. VPom. *Du möst nich so schrägeln, dei Strümp warden so dreckig* Dem/De.

Schrågen s. Schråg.

Schraggel f. **1.** viel und übermäßig laut lachende oder sprechende Person vereinz. MPom HPom. *De ull Schrachel jarrert* lacht unbändig Cam/He. Auch: keifende Frau vereinz. HPom. – **2.** mißtönendes Instrument verstr., HOMWB 177[b]. Spez.: Flöte aus Weidenrinde OPOMHT 1938,16,11. – **3.** TiN. – **3.1.** Eichelhäher selt., vgl. DWA 15, Kt.1. – **3.2.** Elster Uec/Ue.

Lautvar.: *Schrachel* verstr. MPom HPom, *Schrackel* vereinz., *Schrajjel* Pyr/Wa,Wi, *Schrayyel* Reg/Me, Dra/Bu,Dr, Sto/Dö,Pf.

schragg(e)lig Adj., *schrachlig* selt. MPom HPom, *schracklig* Nau/Db. **1.** schrill klingend vereinz. MPom HPom. *Dei hett su'ne schrachlig Stimm, dat ka' ma gor ne uthulle* Saa/Le. – **2.** ausgelassen, übermütig vereinz. MPom HPom, Slo/La. *Mi is so schrachlig to Mot* Ran/Sr.

schraggeln sw. **1.** laut und schrill lachen oder sprechen verbr. *Schrachel nich so, ik kann noch hö(r)n!* Neu/Aa; *sich heisch* [heiser] *schraggle* Kol/Go. Auch: schreien (von Vögeln) °Sch, LAUWB 320[b]; laut schimpfen vereinz. MPom HPom, LAUWB 320[a]. Vgl. schriggeln. – **2.** auf einem Instrument Mißtöne hervorbringen vereinz. HPom, HOMWB 177[b]. Auch auf den schrillen Klang anderer Geräte bezogen: *De Wecker schrackelt* Saa/Mu. *De Såg schrachelt* Saa/So.

Lautvar.: *schracheln* verstr., *schrajjeln* Ran/Pe, Pyr/Wa,Wi, Nau/We, Rum/Pr, *schrackle* Nau/Db,Dr, Saa/Mu, *schråkle* °Sch, Lau/GW.

schrajeken sw., *schrejeken* Fra/Br, Gri/Mi, Rüg/Zi, °Büt, ARN 41, schreien, kreischen (von Vögeln) DÄHWB 413[b]. *Veele bunte Vägel [...] swarmden üm mi un schrejekten in der Luft* ARN 41. Vgl. scharjeken.

schrål Adj. **1.** seem., ungünstig wehend verstr. vpom. Küste. *Bi schrålen Wind möten wi anbrassen* Rüg/Sn. – **2.** schief, falsch JOSTWB 89. – **schrålen** sw., seem., ungünstig, umlaufend wehen verstr. vpom. Küste, [4]SEG 258.

Schramm f. Schramme, Kratzer. *De Disch hett luter Schrammen* Pyr/Lt. *Dei Katt hett mi kratzt, dat is ein schön Schramm an'e Back!* Reg/Me. – **schrammen** sw. wie hd. vereinz., HUMGWD 4,39,7. *Dei Wågen hett dei Eck schrammt* Gwd/Ba. Litspr.: [*Sei*] *fäuhlte apenbor, dat disse Vörwurf ok ehr sülben eklig schrammen ded* daß dieser Vorwurf auch sie selbst sehr traf [1]TIB 139.

Schrank[1] m., n. Reg/Kt, Pl. *Schränk.* **1.** wie hd. vereinz. HPom, sonst selt. Gebräuchlicher sind Schapp[1], Spind. – **2.** Ausrichtung der Zähne des Sägeblatts vereinz. *Dei Såg möt denn richtigen Schrank hemm'* Gri/Bo.

Schrank[2] m., selt. n./f., *Schrang'* Gwd/Da, Pl. *Schränk* Gri/Mi, *Schräng'* Kol/Pr. **1.** Strohseil zum Garbenbinden verbr. *Dei Schrank ward üm dei Garf wunnen* Fra/Zi. – **2.** die Verknotung der Enden des Strohseils beim Garbenbinden vereinz. *Männigein lihrt't nich, 'n Schrank tau måken, dei nich åpen geiht* Rüg/Ae. – **Schrankband** n./m. Strohseil zum Garbenbinden vereinz. HPom.

schränkeln sw., *schrankeln* Gwald, Gwd/Wo, Saa/Ja, *schrängeln* Fra/Bn, beim Gehen die Fußknöchel aneinanderschlagen vereinz. – **schränken**[1] sw., fachspr., *schranke* vereinz. HPom, die Zähne der Säge abwechselnd nach links und rechts richten verstr.

schränken[2] sw., *schranke* Nau/Fg,Rh, Garben mit dem Strohseil binden selt. *Dat Ko(r)n ward schrankt* Nau/Rh.

Schråp f. **1.** Gerät zum Abschaben der Borsten geschlachteter Schweine Fra/Pe, Dem/De, Pyr/Wi. Vgl. Schråper. – **2.** Schaber zum Abkratzen der Baumrinde vereinz. – **Schråpels** n., *Schråpsel* verstr., *Schråplitz* Rüg/Hd, Abgeschabtes, Abgekratztes (bes. von Lebensmitteln) verstr., HOMWB 179[a], LAUWB 320[b], [4]KNO 15. *Dat Schråpels schmiet in't Schwienfaurer!* Gwd/Ba. Im Vgl.: *läwe as vom Schråpsel* in ärmlichen Verhältnissen leben Büt/Bt.

schråpen sw. **1.** schaben, kratzen verbr. *Wörteln schråpen* Möhren putzen Gri/Ti; *Fisch schraupa* entschuppen Dra/Dr; *denn Boort schråpen* rasieren Pyr/Lt; *denn Pott schråpen* Reste aus dem Topf herauskratzen Gwd/Ba; *dei Fiedel schråpen* (schlecht) auf der Geige spielen Rüg/Ae. *Se schråpt de Botter up't Brot* streicht die Butter nur dünn auf Pyr/Lt. *Dei Schläre* [Schlitten] *schraupt* stößt mit kratzendem Geräusch auf Sand Gbg/Gp. Scherzh., wenn ein Mädchen nicht zum Tanz aufgefordert wird: *De schråpt Röben* Rüg/Zi, ähnl. vereinz. *Jeder schrapt in sinen Pott* verfolgt seine eigenen Interessen HUMGWD 3,20,9. – **2.** jmd. viel Geld abnehmen vereinz. *Denn hebben s' bi't Koortenspäl bannig schråpt* Gwald.

Lautvar.: Zur Realisierung des Stammvokals s. PWB 1,1, LXI, Kt.5.

Schråpenpüüster m., Schimpfw., armseliger Kerl selt. VPom. – **Schråper** m. **1.** Gerät zum Abschaben, bes. zum Entfernen der Borsten geschlachteter Schweine verstr. Vgl. Schråp. Seem.: Schabeisen zum Säubern des Schiffsbodens Rüg/Sn, Gwald. – **2.** übertr., geiziger Mensch °Rüg BLFPVK 9,149, Sto/Dö,Pf. Vgl. MWB 6,167. – **Schråpmetz** n. Rasiermesser vereinz. VPom. *Dat oll Schråpmetz is stump* Rüg/Ae. – **Schråpschinken** m., scherzh., Violine °Ran, Stett, °Ghg, DITF 24, HUMGWD 3,10,11. – **Schråpsel** s. Schråpels.

Schråpstück n. durchwachsene Speckseite vom Schwein vereinz. – Sagw.: *Fief Schwien måken nägen Sieden* [Speckseiten], *har de oll Fru secht, een Schråpstück kümmt in dei Wust* Ank/An. – Das Erstglied wohl zu *schråt*. Vgl. MWB 6,168.

schråt Adj. **1.** schräg, schief verbr. *Stell dei Lerrer bäten schråt hen!* Fra/Br; *schraut œwre Weg* querfeldein Gbg/Wo. *Dei Barg geiht schråt af* fällt schräg ab Fra/Bn. *Hei geiht schråt* geht torkelig Sto/Kb. *He wåhnt schråt œwer* schräg gegenüber Pyr/Lt. Vgl. schråts. – **2.** ärmlich, kümmerlich verstr., [1]TIB 94. *Bi dei Lüd geiht dat man recht schråt tau* Gri/Mi. *Hüt is dat Äten man schråt* sehr spartanisch Gwald. – **3.** ängstlich, bange vereinz. °Pyr. *As he de Köster kåme seej, då wör em doch ganz schråt* Pyr/Wi.

Lautvar.: Zur Realisierung des Stammvokals mit den Hauptvar. *schråt, schrot, schraut* s. PWB 1,1, LXI, Kt.5.

Schråtbalken m. Strebebalken im Fachwerkhaus Reg/Kt. – **schråts** Adj., *schroots* Stolp, schräg Rum/Tr. Üblicher ist schråt. – **Schråtsägel** n., seem., *Schratt-* NIB 10, dreieckiges Segel Rüg/Sn. – **Schråtveih** n., pejor., Pöbel, gewöhnliches Volk selt. *Dat Schråtveeh ut de ganz Stadt is tohopkåma, un grot Klamauk is an't Råthus* Saa/Ja. – **Schråtweg** m. vom Hauptweg schräg abzweigender, meist schmalerer Pfad vereinz. *Gåh man denn Schråtweg rechts!* Rüg/Ae. Übertr.: *Dat is in'e Schråtweg kåme* beim Schlucken in die Luftröhre geraten Sto/Ku.

schräugen sw. **1.** schrumpfen, sich zusammenziehen (vor Hitze) vereinz. *De Tüffel schräugen* werden schrumplig Gri/Ge. Vgl. Schrögsel, tauhopschräugen, tausåmen-. – **2.** durch große Hitze verletzen, versengen vereinz. [...] *wo de Düwel sien Grotmauder schräugt har, an'e Ess'* APHDEM 1929,17,2. Vgl. verschräugen. – Mnd. *schrôien* sengen, brennen.

Lautvar.: *schräuen* selt. VPom, *schräuje* Nau/Db, *schrögen* Gri/Bo, Dem/Tp, Stett, *schröje* Pyr/Lt,Wi, Dra/Dr, Sch/Sk.

Schrawwel f., Schimpfw., zänkische Frau Ank/An, Nau/Db. – **Schrawwel-ies** n. dünne Eisdecke Fra/Bn. Vgl. MWB 6,170. – **schrawwelig** Adj. rissig, abgeschabt Gri/Ge,Ti, Sto/Dö. *De Bork von denn ollen Bom is ganz schrawwelig* Gri/Ti.

Schreck[1] m. wie hd. *He sach vör Schreck kriedenwitt un bleek ut* Uec/Pa. *Ik wull em bloß 'n Schreck e'jågen* Pyr/Lt.

Schreck[2] m./n., müllerspr. **1.** meist m., Schrägstellung der Windmühlenflügel im Ruhezustand verstr. VPom, vereinz. MPom, Cam/He, °Kol, [2]REH 204. *Steiht de Mœhl in'n Schreck, is de Mœller nich to Hus* Dem/Jr. – **2.** nur n., *Schrick* Gri/Gs, Dem/Jr, Gwd/Wo, Holzgestell mit gekreuzten Streben zum Festsetzen der auf der

Rückseite der Holländermühle zusammenlaufenden Balken (Stiert), mit denen die Mühle in den Wind gedreht wird vereinz., [2]REH 145. Abb. s. MWB 4,1235.

Schreckschruf f. Schreckschraube verbr. – **Schreckwåter** n. destilliertes Wasser, das als Medizin gegen die Folgen eines Schrecks angewendet wurde Kol/Go, Dra/La: *Schreckwåta jifft't in'e Apteik.*

schreg Adj., gesprochen *schreech, schree* Sto/Gl, schräg, schief verbr. *De Ledder steht schreg* Pyr/Lt. *De Barg geiht so schreg runner* fällt allmählich ab Ran/Pe; *schreg kieken* schielen Gwd/Ba; *schreg gåhn* torkeln Dem/De. *De Bäcker wåhnt schreg œwer* schräg gegenüber Rüg/Pu. – **Schregbœn** m. Spitzboden Stral. – **Schregpåhl** m., fischerspr., schräg nach außen stehender Stützpfahl für die Reuse Rüg/Vt RAS 138.

schrem Adj., veralt., schräg Cam/He BLFPVK 10,167, DÄHWB 414[a].

schricken sw., seem., Leinen oder Taue nachlassen vereinz. vpom. Küste, [1]SEG 259.

schrieben st., *schriewen* verstr., *schriem'* Uec/Pa, PFA 9, *schrẹiwe* Rum/Km [5]TITA 49, [2]MIS 58, schreiben. **1.** Schriftzeichen aufschreiben. *De Jung mutt läsa u' schriewa lehra* Dra/Dr; *an schöan Hand schriewa* eine schöne Handschrift besitzen Dra/Bu; *schrieben as'n Afkåt* eine gestochene Handschrift haben Fra/Zi, ähnl. verstr.; *schrieben as mit d' Messfork* ungelenk schreiben Pyr/Lt. – **2.** etwas schriftlich verfassen. *Ik mütt denn Breef eerst schriewen* Uec/Ge. *Hei schrifft sich mit ehr all 'ne lange Tiet* korrespondiert mit ihr schon lange Dem/De. Scherzh. zur Ruhe auffordernd: *Still Kinner, Vadder will sienen Nåmen schrieben!* °Ghg. – **3.** etwas (rechtlich relevant) niederschreiben. [...] *gegen dat schräben Gesetz vörtogahn* BRÜGG 53. *Dat Hus heff ik up em schriewe låte* habe ich ihm notariell übertragen Cam/Kw. – Ral.: *Dat steht noch lang nich schräwe!* das ist noch lange nicht beschlossen! Sch/Pk u. ä. vereinz. *Wer wett, wat di noch schräwe steht!* was dir die Zukunft noch bringt! Lau/GW, ähnl. vereinz. Wenn einem ein Verbot nicht einleuchtet: *Wo steht dat schräwe?* Gbg/Gp. – Sprw.: *Wer schrifft, de blifft* wer einen Sachverhalt schriftlich belegt, ist auf der sicheren Seite vereinz. – Sagw.: *Wat schrifft, dat blifft, seggt de Bur, mien Vadder künn uk nich läsen* Stral.

Flex.: Präs.Sg.1.: *schrief* verbr., *schrẹif* Rum/Km [5]TITA 67. – 3.: *schrifft* verbr., *schrefft* °Lau STRI 38. – Prät.Sg.1. u. 3.: *schreef* verstr., [2]HOEFA 382, [2]MIS 58, [5]TITA 51, WAR 35, *schre[i]f* °Lau STRI 23. – Part.Prät.: *schräben* verbr. VPom, Uec/Pa, *schräwen* verstr., *schre[i]we* °Lau STRI 17.

Schrieben n., *Schriebent* selt., Schreiben, Schriftstück vereinz. *Hei kreeg 'n Schrieben von't Amt* Gwd/Ba.

Schrieber s. Schriewer.

schrieden st., *schriere* Cam/Go, *schrẹire* Rum/Km [5]TITA 59, schreiten vereinz., DÄHWB 414[b], HOMWB 179[a]. Vgl. Schrietschauh.

Flex.: Präs.Sg.1.: *schriet* Saa/Nr, Dra/Dr, *schrier* °Rüg, *schrie* Gwd/Ba, *schrẹit* Rum/Km [5]TITA 67. – 3.: *schritt* vereinz., [5]TITA 67. – Prät.Sg.1. u. 3.: *schreet* Gwd/Ba, Saa/Nr, Dra/Dr, Rum/Km [5]TITA 67, *schreer* °Rüg. – Part.Prät.: *schräden, schräre* Rum/Km [5]TITA 67.

Schrief f. Schreibstift verbr. – **Schriefbauk** n., *Schrie-* °Dem, Schreibheft, Notizbuch verstr., HOMWB 179[a]. *Dat steiht in mien Schriefbauk anschräben* Rüg/Ae. – **Schrieffedder** f., *Schriff-* Lau/GW, Schreibfeder vereinz., HOMWB 179[a], [1]NERE 91. *Vanner Fedderpose woorde in oller Tiet de Schrieffeddre maakt* JOSTWB 89. – **Schriefpult** n. Schreib-, Stehpult vereinz. *Dei Köste sitt u'm Schriefpult* Dra/Bu. Auch: Schrank mit aufklappbarer Schreibplatte Fra/Bn. – **Schriefsticken** m., *Schriff-* Lau/GW, Bleistift vereinz. – **Schriefstuf** f., veralt., Schreibstube vereinz., HOMWB 179[a]. – **Schriefstund** f. Nachsitzstunde in der Schule Saa/Te.

Schrie(g) m. Schrei. *Ik bün hier, wenn uns Kind den iersten Schrie von sik gifft* [4]TRI 73. Übertr.: *'n goden Schrie wiet* nicht weit entfernt Uec/Pa, ähnl. vereinz., BLFPVK 10,45.

schriegen st. schreien. **1.** einen Schrei ausstoßen, sehr laut rufen. *He schricht ut vullem Hals* Pyr/Lt; *sich heisch schriegen* sich heiser schreien Rüg/Ae. *Schriej doch ne ümmer so, ik ka' jå noch höre!* Saa/Le. *Dat Fleesch schricht in'e Pann* zischt beim Braten in der Pfanne Saa/Te. *De Farf schricht* ist sehr grell Lau/Vl. Auch: laut weinen, jammern (bes. von Kleinkindern) vereinz. *Dat Balg schricht denn ganzen Dag* Dem/Tp. Prügelandrohung: *Du hest wo' lang dia ejen Schriejen ni' hört!* Dra/Bu. Von einem Dummen: *Wenn Dœmlichkeit weih deet, schreech hei denn ganzen Dag* Gri/Bo u. ä. vereinz. *Hei schricht, as wenn de Katt mit'n Schwanz twischen de Döhr klemmt is* er schreit fürchterlich °Rüg BLFPVK 1,102. – Sprw.: *Schrigen dei Gören, singt dei Mudder* HUMGWD 77,75,3. – **2.** auf Tiergeräusche bezogen. – **2.1.** kreischen (von Vögeln) vereinz., HUMGWD 8,22,2. Spez.: gackern, schnattern (vom Federvieh) Uec/Pa, vereinz. südöstl. HPom, DKr/La, HOEFAMSC 17[b], vgl. DWA 15,4. – **2.2.** wiehern selt. *Dat Peerd schricht, dat wi' wat to fräte hewwe* °Saa.

Lautvar.: *schrieje(n)* verstr. MPom HPom, [2]MIS 21, STRI 21, *schriggen* selt. MPom, *schrijje* Rum/Km [5]TITA 49, *schriengen* Ran/Sk, *schringen* Ran/Wl, *schrîə* vereinz. HPom, [2]BRO 24, [2]MIS 58, STRI 49, [2]TITA 20.

Flex.: Präs.Sg.1.: *schriech* verstr. VPom, Saa/Nr, Dra/Dr, Rum/Km [5]TITA 67, *schrie* Ghg/Wh, Pyr/Lt. – 3.: *schricht* verbr., *schrecht* Gbg/Gp, Reg/Kt, *schriecht* verstr. VPom, sonst vereinz., [2]MIS 21, *schriet* selt. ZPom NOPom, [2]MIS 58, *schriescht* Neu/Th. – Prät.Sg.1. u. 3.: *schreech* vereinz., BOR/KAI 10, DLP 4,152, [6]GIL 598, [5]TITA 51, *schrei(ch)* °Lau STRI 23, auch sw.: *schriegte* Gwd/Ba. – Part.Prät.: *schrägen* verstr. VPom, selt. MPom, *schreeje* Pyr/Bt, *schräje* Kol/Pr, Rum/Km [5]TITA 67, *schraaje* °DKr [3]TITA 10, *schreije* STRI 17, *schreiye* STRI 17, auch sw.: *schriegt* °Rüg, Gwd/Ba, [4]HOEFE 113.

Rsyn. zu 1.: *blannern, blarren, blenschen, bölken, grœlen, josen, scharjeken.*

Schrieger m. Person, die laut schreit oder schimpft Kol/Wa, HOMWB 179[a]. – **Schrie(g)hals** m. **1.** Person, die viel Geschrei macht vereinz. Auch: oft schreiendes und weinendes Kleinkind verstr. – **2.** TiN, Eichelhäher Büt/Bt, Sto/Dö. – **Schrie(g)piep** f. schrill klingende Flöte aus Schilfrohr selt., BLFPVK 1,141.

Schrien m., veralt., *Schrîə* Gbg/Ka, Schrein. **1.** Schrank, Spind Fra/Ln, Ank/An, HOMWB 179[a]. – **2.** kl. Kasten, Schachtel Gbg/Ka,Wo, Sto/Zi, BLFPVK 7,64, [2]EBE 23. – Mnd. *schrîn.*

schrienen sw., *schreine* Sch/Sd, Rum/Km [5]TITA 49, *schräna* [5]TITA 80. **1.** brennen, schmerzen (bes. von Wunden). *Dat schrient, wenn de Hut afschrammt is* Gri/Ge. *De Wunn' schrient so* Uec/Ge. *Mi schrienen dei Darm'* ich habe großen Hunger Gri/Bo. *Em schrient d' Tappen* [Gaumenzäpfchen] er ist unersättlich Pyr/Pe. Litspr.: *Un antaufohren brukst du mi nich, wenn dat ok schrint* [seelisch schmerzt], *wat ick di segg!* [11]BAND 131. Vgl. schrinnen. – **2.** schrumpfen, schrumpeln JOSTWB 89.

Schrietschauh Pl., *Schritt-* Rüg/Sc,Tr, Pyr/Lt, HUMGWD 6,12,12, JOSTWB 90, *Schröt-* Sch/Wa, Schlittschuh verbr. *Wi ware Schrietschoh lope* Uec/Lu. Syn. s. Strietschauh. – Das Erstglied zu schrieden.

Schriewer m., *Schrieber* vereinz. **1.** Schreiber, Person mit schreibender Berufstätigkeit. *Sien Jung is Schrieber up'n Råthus* Gwd/Ba. – **2.** Wirtschafter, Rechnungsführer auf dem Gut vereinz. VPom, DÄHWB 414[b], DLP 1,225, [4]GIL 29. – **3.** Schriftführer Gri/Go, Pyr/Wa,Wi, Gbg/Ge. Fischerspr.: Schriftführer und zugleich Leiter der Fischerkommüne Mönchg. [1]PEE 95. – **Schriewerie** f. Schreiberei, Schreibarbeit vereinz., DLP 2,148, HOMWB 179[a]. *Sei künn di gaut dei Schriewerie afnähmen* Gwd/Ba.

Schrift f. **1.** Handschrift, mit der Hand Geschriebenes. *Sien Schrift kann ik nich läsen* Gwd/Ba. Scherzh. Ablehnung, wenn man etwas nicht lesen möchte: *Schräwen Schrift kann ik nich läsen* Gwald. – **2.** Schriftstück, etwas schriftlich Verfaßtes vereinz. *Ik wa di dårœwe an Schrift jäwa* Dra/Dr. – **3.** Bibel, Heilige Schrift verbr. *Dat steht in d' Schrift* Pyr/Lt. Den Wahrheitsgehalt einer Aussage bekräftigend: *Süss lücht dei Schrift!* Gri/Bo, ähnl. vereinz. – Ral.: *Mit demm möt ik richtig in'e Schrift gåhn* den muß ich gehörig zurechtweisen Dem/De u. ä. verstr. – **Schriftstund** f. Bibelunterricht mf. °Sto. – **Schriftstürer** m. Schriftleiter, Redakteur Rüg/Pu, Stral, HUMGWD 74,282f.,3.

Schriggelhääster m./f., TiN, Elster Neu/Rt. Vgl. DWA 15, Kt.3. – **schriggeln** sw. schreien, zetern POP 21. Vgl. schraggeln.

schrimpen sw., *schrimme* vereinz. ZPom. **1.** schrumpfen, einlaufen vereinz. ZPom. *Wasch dei Strümp nech so heit, dei schrimpe süss!* Gbg/Gp. – **2.** frieren, unter den Gefrierpunkt sinken Nau/Bo,Wa. Vgl. beschrimpen. – **Schrimps** Pl. kleine, unbrauchbare Stücke Tauwerk Gwald. Vgl. MWB 6,175: *Schrimp* altes Tauwerk. – **Schrimpsack** m., seem., Lumpensack, mit dem der Schiffsjunge zur Strafe auf Ausguck gehen mußte Rüg/Sn, Gwald.

Schrims f., fischerspr., *Schrimmsk* HTKÖS 1928,5,3, Pl. zumeist wie Sg., *-e* JOSTWB 89, Krabbe selt. HPom. Als Köder beim Aal- oder Dorschfang: *Schrims för Dösch* Sch/SB. – Zu engl. *shrimp.* – **schrimße** sw., fischerspr., Krabben fangen JOSTWB 89.

schrinnen sw., *schringen* Ghg/Wt, Pyr/Dö, brennen, schmerzen (bes. von Wunden) Uec/Ge,Ue. *Mi schringe de Hänn' so von de Küll* Pyr/Dö. Vgl. schrienen. – Mnd. *schrinden.*

Schripp f., *Schribbe* °Neu [6]KAI 76, Schrippe, längliches, an der Oberseite eingekerbtes Brötchen vereinz. MPom HPom, sonst selt.

Schritt m., Pl. zumeist wie Sg., *Schräd* vereinz. VPom, *Schrä(d)e* Neu/Ju, wie hd. **1.** das Vorsetzen eines Fußes beim Gehen verstr. *Då gåh ik nich een' Schritt nåh* das ist mir gleichgültig Pyr/Lt. – **2.** Gangart vereinz. *Hei hett 'n strammen Schritt an'n Lief* geht schnell, zielstrebig Dem/Tp. *Dei hüllt jaut Schritt* hält gut mit Kol/Go. *Mit em kann ik nich Schritt holle* er ist mir überlegen Gri/Mi. Auch: Schrittempo vereinz. *Schritt fåhre* Sto/Gl. – **3.** die Länge eines Schritts als Maß vereinz. *Dei Stuf is fief Schritt lang* Gwd/Ba; *'ne goje Schritt* nicht weit entfernt Pyr/Wi. *Blief mi dree Schritt von'n Lief!* komm mir nicht zu nahe! Ank/An, ähnl. vereinz. Veraltet ist der Pl. *Schrittener* mit nachgestelltem Zahlwort: *en Schrittener fiw achter mi* [2]VOG 116.

schroden sw. **1.** schroten, zu Schrot zermahlen. *Gasten schroden* Gwd/Ba; *Ko(r)n mit de Handmœhl schroden* Ran/Pe. – **2.** übertr., Nahrung mit den Zähnen zerkleinern verbr. *As dei Tähne no' schrode kunne* noch gut zum Kauen taugten Neu/Th; *dei Schettel leddig schrode* die Schüssel bis auf den letzten Rest leer essen Lau/GW. Zu einem lustlosen Esser: *Du schroostst o' schroostst o' krist nischt rung* [runter] Sto/KP. – Sprw.: *Wenn de Mus dick is, schrôt sei* mahlt sie bloß mit den Zähnen Sto/Ku [4]KNO 16, ähnl. Neu/We, Lau/Ke, BLFPVK 8,170, [1]KNO 55.

Lautvar.: *schråde* Nau/Db, *schråjen* Uec/Ge, *schrojen* Pyr/Lt,Wi, *schrore* Gbg/Ge, Kol/Go, Saa/Kl, Reg/Kt, MAH 18.

Schrögsel n. dünne, verschrumpelte Scheibe Speck Ank/An, Uec/Ge, Saa/Ja, Lau/Vl. *Een Schrögsel Speck un drög Brot is in d' Aust* [in der Ernte] *tau wenig* Saa/Ja. – Zu schräugen.

Schrœkel m. hochgewachsener, dürrer Mensch verstr. HPom, sonst selt. Im Rä. wegen seiner ungelenken Bewegungen auch auf den Brummkreisel bezogen: *Hei hett en lütt verkröpelt Bein, un Arms kannst gornich bi em seihn* [...] *Un doch hett jede junge Dirn un Junggast dissen Schrökel girn* HUMGWD 14,16,11.

Lautvar.: *Schröjel* Uec/Ge, Pyr/Wa,Wi, Rum/Pr, *Schräkel* Gri/Mi, *Schrekel* Stolp, *Schräukel* Nau/Fg,Rh.

schrœkeln sw., *schrœjeln* Pyr/Wi, *schreechle* Slo/La, schnell wachsen, in die Höhe schießen vereinz. MPom HPom, Slo/La. Vgl. hochschrœkeln.

schröppen sw., *schreppen* Ran/Pe, vereinz. HPom, *schrebbe* Reg/Kt, schröpfen. **1.** mit Saugglocken oder Blutegeln Blut an- oder absaugen verstr. *Du mööst di mål schröppen låten, denn geiht di dat wedder bäter* Dem/Tp. – **2.** jmd. viel Geld abnehmen verbr. *Se hemm' em bi 't Kårtenspäl schröppt* Ran/Sr. – **3.** landw., unerwünschtes Pflanzenwachstum bekämpfen vereinz. *de Weeta schröppa* Roggenhalme im Weizenfeld abmähen Dra/Bu. – **Schröppkopp** m., *Schrepp-* Stolp, *Tjrepp-* Slo/La. **1.** Schröpfkopf vereinz., [5]BAND 217. *Schröppköpp setten* Gwald. – **2.** TiN, Blutegel Gri/Ti, Saa/Zg. – **Schröpptasch** f., *Schrepp-* Sto/Pf, kofferartige Tasche der Hebamme Rüg/Zi, Stett. *Griepsch kamm allwedder mit ehr Schrepptasch* Sto/Pf.

Schrot n., *Schror* Gri/Po, *Schråt* Dra/Bu, wie hd. **1.** grob gemahlenes Getreide. *'n Sack Schrot von'e Mœhl hålen* Gwd/Ba; *fien Schrot* mehrfach gemahlenes Korn Gri/Ti. *Dat is 'n Kierl von Schrot un Kuurn* ein grober, aber tüchtiger Mann Ank/An. Vgl. schroden. – **2.** Munition aus Bleikügelchen. *Hei schöt mit Schrot* Gwd/Ba. – **3.** Eisenabfall beim Schmieden Gwald, Gwd/Ba, Cam/Ca. – **4.** dünne Scheibe, kurzes Ende Fra/Ln, Dra/Bu: *'n Schråt Speck.* – **Schrothåmer** m. meißelartiger Schmiedehammer zum Zerteilen erhitzten Eisens vereinz. – **Schrotiesen** n. dass. Gwald, Cam/Ca, Kol/Kr, Saa/Te. – **Schrotledder** f. Schrotleiter, zwei durch Querhölzer verbundene dicke Balken zum Auf- und Abladen von Fässern Uec/Pa, Cam/Ca, Kol/Pr, Dra/Dr. – **Schrotmœhl** f., müllerspr., Mühle zum Getreideschroten vereinz. *'ne Schrotmœhl mit Pier andriewen* °Rüg. – **Schrotsåg** f., *Schrott-* vereinz., grobe, von zwei Männern geführte Säge für dicke Stämme verstr. *För denn dicken Bom nimm man dei Schrotsåg* Dem/De. Vgl. Karfsåg.

schrubben sw., *schruppen* vereinz., *schruwwe* vereinz. HPom. **1.** scheuern, mit der Bürste reinigen verbr. *Sei schrufft dei Kœk* Nau/Db; *dei Schauh schrubbe* Rum/Pr. *Hüt is Sünnåbend, dor möt de Goor(d)en schrubbt waren* muß der Garten sauber gemacht werden Rüg/Zi. Refl.: sich kratzen. *Wat schrubbst du di? Hest du Lüs'?* Gri/Mi. *Dei Kauh schrufft sech an'e Wand* Reg/Kt. *De Schwien schruwwe sich, 't jifft anner Wärer* Cam/Si. *De hett nich Lust, dat hei sich schrubbt* ist faul, mag sich nicht rühren Nau/Dr, ähnl. vereinz. HPom. – **2.** grob abschleifen vereinz. *denn Disch mit denn Schrubbhuwel schrubben* Gwd/Ba. – **Schrubber** m., *Schruwwer* Gbg/Gp, Reg/Kt, Saa/Le. **1.** Scheuerbesen, -bürste verbr. – **2.** grober Hobel Gwd/Wo, Cam/Go, Lau/La. – **schrubbern** sw., *schruwwern* selt., mit dem Schrubber reinigen, scheuern vereinz. VPom, Rum/Km [5]TITA 47. [*De*] *Dääl hef'k ûtfäägt un schruwwert* [4]GIL 104. – **Schrubbhingst** m., SpottN, Tischler Dem/De, Gwald. – **Schrubbhuwel** m. Hobel zum groben Abschleifen vereinz.

schruben st., sw. vereinz., JOSTWB 90, *schruwen* vereinz., HOMWB 179[a], [5]TITA 80, *schräuwe* Rum/Km [5]TITA 50, schrauben. **1.** eine Schraube festdrehen. – **2.** (den Preis) anheben, in die Höhe schrauben selt. *Sei sünd schråwe wore* ihre Miete hat sich erhöht Neu/We. Vgl. schråbenvull.

Flex.: Präs.Sg.1.: *schruf* vereinz., *schräuf* Rum/Km [5]TITA 68. – 3.: *schrüfft* vereinz., HILL 36, *schrifft* Rum/Km [5]TITA 68, *schruuft* Cam/Kw. – Prät.Sg.1. u. 3.: *schröf* vereinz., *schrof* Rüg/Be, Rum/Km [5]TITA 68. – Part.Prät.: *schråben* °Rüg, Gwald, Gwd/Ba, *schråwen* vereinz., [5]TITA 68, *schrowe* Lau/GW, *schruuft* vereinz. Verbzss. mit *schruben* werden in der Regel schon sw. konjugiert. Vgl. afschruben, anschruben.

Schrubenschlœtel m., *Schruf-* Gwd/Da, Schraubenschlüssel vereinz. – **Schrubentrecker** m. Schraubenzieher vereinz.

Schruck f., *Scharugg* [5]KNO 2,13. **1.** pejor., altes Pferd vereinz. HPom, [1]ROSF 64, [2]PIRK 38. Auch: alte, magere Kuh Uec/Pa, Ran/Pe, verstr. HPom. → Zoss. – **2.** Schimpfw. für eine alte Frau (mit schwerfälligem Gang) vereinz. Auch: zänkische Frau vereinz. → Ollsch. – **3.** alter, ausgetretener Schuh selt. MPom HPom. *Dei Schrucke treck ik nech mehe a'* Gbg/Gp. – Pomor. *šaruga* schlechtes Pferd. – **schrucken** sw. **1.** *schrucksen* Sch/Pu, *schrugge* Saa/Kl, mühsam, schleppend gehen verstr. *Bör d' Föt hoch u' schruck ni' so!* Dra/Dr; *schrucke as 'ne Äänt* einen wackligen Gang haben Nau/Fi u. ä. Saa/Kl, °Reg, Bel/Ei. – **2.** zu weit sein, schlappen (vom Schuh) selt. MPom HPom.

Schruf f., Pl. *Schruben, Schruwen.* **1.** Schraube. *Du kast de Schruf eis nåhtrecke, de is los!* Saa/Le. *Ik heff 'ne Schruf von't Rad verloren* Gwd/Ba. – Ral.: *'ne schöne Schruf kriegen* eine tüchtige Zurechtweisung erhalten vereinz. *Bi em is 'ne Schruf los* er ist verrückt Sto/Gl, ähnl. verbr. – **2.** *oll Schruf,* Schimpfw. für eine alte, zänkische Frau verstr.

schrüffeln sw., *schruffeln* Uec/Pa, schwerfällig gehen Ran/Ro.

Schrufstock m. Schraubstock vereinz. – Ral.: *einen in'n Schrufstock nähmen* jmd. scharf zurechtweisen, mit harten Mitteln erziehen Ank/An, Dra/Ga.

Schruft f. Backofenverschluß Rüg/Pu. Auch: Loch über dem Backofenverschluß Uec/Ue.

Schrüg f. **1.** abgenutzter, schadhafter Korb vereinz. HPom, Net/Hf. – **2.** alter, abgetragener Hut verstr. HPom, sonst selt. *Wat hest du fär 'ne ull Schrüj up'm Kopp?* Dra/Dr. – **3.** alte, runzelige Frau vereinz. HPom.
Lautvar.: *Schrü'* Uec/Ge, Nau/Sr,Wa, Saa/So, Reg/Ls, *Schrüj* verstr. HPom, *Schröj* Uec/Ue, Nau/Zi, *Schrügg* Net/Hf.

Schrull f., Pl. *-en.* **1.** wunderlicher Einfall, eigentümliche Angewohnheit verstr. *Du hest Schrullen in'n Kopp* hast verrückte Ideen Ank/An. *He sitt vull Schrullen as de Äsel vull griese Hor* er ist sehr eigentümlich Rüg/Dm, Sch/Ac, Lucia 81. – Spruch: *Olle Bullen hemm ehr' Schrullen* alte Menschen sind wunderlich HuMGwd 74,53f.,4. – **2.** Falte, Runzel vereinz. *Dei hett so vä(l)e Schrulle im Jesicht* Saa/Mu. – **3.** *ull Schrull*, Schimpfw. für eine alte Frau verstr. *De ull Schrull will he sich frieja?* Dra/Rt. → Ollsch.

schrullen sw. in rasanter, wogender Bewegung sein (von Wellen) [2]Vog 89: *De Bülgen schrullten man so* [...].

schrullig Adj. wie umgspr. vereinz. *Hei wier all olt un schrullig* Gwd/Ba.

Schrumm m. Tanzvergnügen Sto/Dö,Pf, Lau/GW. – **schrumme** sw. tanzen vereinz. nordöstl. HPom, Slo/GP. *Hiet Åwend war wi åber werrer oontlich schrumme* Lau/Lt. Vgl. schrumsen. – **Schrummfiedel** f. Baßgeige Use/Rh, Uec/Ge, Lau/GW, Klein 178. Vgl. Brummfiedel.

Schrumpel f. Runzel, Falte verbr. *Sei hett väl Schrumpel in't Gesicht* Stett; *up sin Stiern stünd 'ne depe Schrumpel* [4]HoefE 292.
Laut- u. Formvar.: *Schrumbel* Fra/Bn, Gri/Mi. – Pl.: *-n* verstr., *-s* Fra/Bn, Gwd/Ze, Ran/Ro, LauWb 321[a], wie Sg. vereinz. VPom, Stett, Saa/Le, HuMGwd 6,39,4, *Schrumple* vereinz. HPom.

schrump(e)lig Adj., *schrumm(e)lig* vereinz., HuMGwd 14,16,11, *schrumbelig* Fra/Bn, runzelig, verschrumpelt verbr. *Wenn ma eeste ülle ward, da hett ma' so'n schrumplig Jesicht* Pyr/Wi. *Dei Äppel warden all schrumplig* Rüg/Ae. *Dei is schrumplig as 'ne Backplumm* hat viele Runzeln Fra/Zi. – **schrumpeln** sw. schrumpfen vereinz. *Dai Tuwwle sinn all schrumpelt* LauWb 321[a]. – **Schrumpeltüg** n. altes, wertloses Zeug Ran/Ro, Sto/Dö,Pf,Wd. – **schrumpen** sw., *schrümpen* Rüg/Pu, *schrumme* Sch/Sd, schrumpfen, kleiner u. runzelig werden vereinz., HomWb 179[a]. – **schrumpig** Adj. runzelig, verschrumpelt Cam/Ca, HomWb 179[a].

schrumsen sw. **1.** tanzen Gwd/Ze, Ran/Ro. Vgl. schrumme. – **2.** Baßgeige spielen Ghg/Wt, Reg/Mn, HuMGwd 3,23,12, OPomHt 1931,43,12. – **Schrumskasten** m. Baßgeige Ghg/Wt, OPomHt 1931,44,11.

Schrunzel f. **1.** Runzel, Falte Gwald, Ran/Sr, Bel/Gy. Vgl. Runzel. – **2.** Schimpfw., liederliche Frau vereinz. – **schrunz(e)lig** Adj. faltig, verschrumpelt selt. *Sin Gesicht* [...] *seeg fahl un schrunzlig ut* Spi 46.

Schrutschk f., *Scharutschk* nördl. °Sto, Lau/Vl, BlfPVk 7,64, *Scherutschk* JostWb 82, irdene Schüssel vereinz. NOPom, [10]Win 115. – Pomor. *šäručk.*

schu[1] Adj. scheu, schüchtern. *Dat Kind is so schu, dat geiht nåh keinen Frömden hen* Fra/Zi. *Du warst woll keie Fru kriegen, wenn du so schug bliffst* Dem/De. *Dat Pierd is schu, dat geiht dörch* Fra/Zi. Vgl. koppschu, minschenschu, schämig.
Lautvar.: *schug* verstr., [3]Mis 26, *schuγ* Pyr/Wa,Wi, Saa/Jk, *schuγγ* Rum/Km [5]Tita 50, *schü(j)* vereinz. HPom, *schüch* Reg/Me, *schiej* Sto/Dö, *schuchsch* Büt/Bt.

schu[2] Interj. Scheuchruf, bes. für Hühner verstr., BlfPVk 3,89. *Schu, schu, de Henn ut'n Gor(d)en!* Fra/Bn.

Schu f. **1.** Scheu, Furcht vereinz., Dal 50, [2]Tib 31, [1]Tri 28, HomWb 179[a]. *Hei hett kein Schu vör'e Arbeit* Gwd/Ba. *Hier wier oewer garkein Schu, bloß Vertrugen* APhDem 1931,14,3. – **2.** Vogelscheuche verstr. *De Vœjel hålen de janzen Kespern* [Kirschen] *weg, in denn Bom möt 'ne Schuuch rin* Ghg/Li. Übertr.: häßliche, nachlässig gekleidete Person vereinz. Syn. s. Schugels.
Lautvar.: *Schuuch* vereinz., *Schuck* vereinz., *Schüg, Schüj* vereinz. HPom, °DKr [3]Tita 13, *Schöj* °Ran, °Ghg.

Schü n., mit sth. Anlaut, *Jü* selt. VPom, *Dschü* Gri/Mi, Bratensaft, -soße verstr. VPom, sonst vereinz. *Giff mi noch 'n bäten von dat Schü up'n Teller!* Fra/Ri. Vgl. Schlabberschü, Schüpott. – Zu frz. *jus.*

schubben sw., *schuppen* vereinz., *schuwwe* Saa/Le, Gbg/Gp,Vi, sich kratzen, scheuern verbr. Zumeist refl.: *Du schubbst di so, sittst woll vull Flöh?* Gri/Ge. *Wenn sich de Schwien schubbe, år(t)e se sich got* gedeihen sie gut Pyr/Wi. – Ral.: *De hett ne' Lust, dat he sich schubbt* ist sehr faul Saa/Jk, ähnl. verstr. – **schubb(e)rig** Adj., *schupprig* Uec/Ge, wie schubbig vereinz. *Ik war orntlich inböten in de Stuf, mi is so schubberig* Rüg/Dm; *schubbrig Wind* kalter Wind Fla/Wo. – **schubbern** sw., refl., *schuppre* Rum/Tr, *schuwwern* Gri/Go, Gwald, °Reg, sich jucken, scheuern vereinz., LauWb 321[a]. *Wat schubberst du di? Hest du Lüs'?* Rüg/Ae. – **schubbig** Adj., *schuppig* Stral, Saa/Zg, *schuwwig* Rüg/Ae, fröstelig, ungemütlich kalt vereinz. *Dat is buten kolt, mi is ganz schuwwig worden* Rüg/Ae. Vgl. schubb(e)rig.

Schubbjack m., Pl. *-s*, Schuft, niederträchtige Person verbr. *Dat is so'n Schubbjack, mit denn låt di nich in!* Gwd/Ba. Vgl. Lubbjack, Nabbjack.

Lautvar.: *Schuff-* verstr., *Schuf-* Gwald, °Gri, Ank/An, *Schof-* Uec/Pa, Ran/Ro,Sr, Cam/Si, *Schob-* °Ghg, *Schowiak* Ran/Gn.

Schubbstund s. Schuppstund.

schuben st. schieben. **1.** durch Drücken oder Stoßen vorwärtsbewegen. *Denn schuubm wi de Tummen* [Tonnen] *mit den Schläden an Land* Uec/At [3]MIS 20. *Schuf dat Brot in'n Åwe!* Saa/Le. *Dei Wulke schuwe* die Wolken ziehen Neu/We. [Möwen] *laaten sich in'n wieden Bagen schuwen von den willsten Wind* MARK 17. Zu einem Faulenzer: *Du geihst uk nich wieder, as man di schüfft* Gwald, ähnl. Büt/Wu [4]KNO 10. In fester Vbdg.: *Ick schöw do Wach'* hielt dort Wache [1]TOPP 116. – Ral.: *ein' schåben hebben* betrunken sein vereinz.; *ein' schåben kriegen* Prügel bekommen Uec/Pa u. ä. vereinz. – Spruch: *Wat nich geiht, möt schåben warn* vereinz. – **2.** zeitlich hinausschieben vereinz. *Dei Hochtiet ward schoben bet tau't anner Johr* Ank/Km. – **3.** fischerspr., ein Boot staken mf. °Rüg, [1]PEE 230. – **4.** schwerfällig, krumm gehen vereinz. *Hei schüfft œwer de Stråt* Gwd/Ba. – **5.** in der Phase des Zahnwechsels sein vereinz. *Dat Fåhl' frett schlecht, dat ward woll schuwe* Sto/Wd. – **6.** jägerspr., ein Geweih ausbilden (vom Rehbock) vereinz.

Lautvar.: *schuwen* verstr., *schouwe* °Rum [2]MIS 25, *scheuwe* Rum/Km [5]TITA 50.

Flex.: Präs.Sg.1.: *schuf* verbr., *scheuf* Rum/Km [5]TITA 68. – 3.: *schüfft* verbr., *schifft* Rum/Km,Rw, Büt/Wu, Lau/GW, [4]KNO 10, [5]TITA 68, HTKÖS 1930,22,11, *schefft* selt. °Lau. – Prät.Sg.1. u. 3.: *schöf* vereinz. VPom, Pyr/Lt, Dra/Dr, [1]TOPP 116, *schof* Rüg/Be, Rum/Km, °Büt, Lau/Fr, HILL 30, [2]MIS 59, [5]TITA 68, *schoif* Neu/Rt [10]TEU 247. – Part.Prät.: *schåben* verstr. VPom, Uec/Pa, Ghg/Li, *schåwe* vereinz. HPom, [6]KNO 184, [2]MIS 59, [5]TITA 68, *schauwe* Gbg/Gp, Kol/Go, *schouwe* °Kol, *schowe* Lau/GW.

Schubs m. **1.** wie hd. *Hei kreech 'n Schubs, donn föl hei in'n Gråben* Gri/Ge. *Em mutt man ümmer eerst 'n Schubs gäwen* er ist antriebslos Pyr/Lt. In der Vbdg. *up'e Schubs* mit einem Mal Sto/Dö,Pf: *Dat kamm alles up'e Schubs.* – **2.** ein Schuß Flüssigkeit selt. *'n origen Schubs Rum in'n Tee geiten* Gri/Go. *Hei tjreech* [kriegte] *'n Schubs Wåter in't Jesicht* Neu/Lt. – **schubsen** sw. **1.** wie hd. *Hei schubst em von'e Trepp* Gwd/Ba. *Wat schubst' mi so, ik heff di doch nischt dån?* Saa/Le. *Dorbi vertörnten wi uns denn wol ook mal un schuppsten uns* DLP 6,22. – **2.** mit dem Zeigefinger Murmeln ins Loch stoßen Gri/Mi, Cam/Ca.

schuchen s. schugen.

schüchern s. schüchtern[2].

Schücht f., *Schicht* Sto/Dö,Wd, Lau/GW, Vogelscheuche vereinz. HPom. *Kiek, dår sitt a' Sparlink up'e Schücht!* Dra/Dr. Syn. s. Schugels.

Schuchtel f. **1.** Schimpfw., alte, liederliche Frau verstr. – **2.** alter, schadhafter Korb vereinz. HPom.

schüchten sw., *schöchte* Gbg/Gp, *schüüchte* Cam/Ni, scheuchen, verjagen vereinz. *Häuhner schüchten* Gri/Bo. – **Schüchterie** f., *Schücherie* Fra/Zi, Gri/Bo, Ank/An, [2]BAND 18, *Schichterie* Sto/Dö. **1.** Hetze, Treiberei vereinz. VPom. *Dat wier 'ne Jachterie un Schüchterie, bet sei dei Farken ut'n Go(r)en här'n* Rüg/Ae. Auch: Hast, Betriebsamkeit HOEFAMSC 415[a]. – **2.** Einschüchterung, Angstmacherei vereinz. *Låt dei Schichterie, sist krieje de Kinge* [Kinder] *de Schåde!* Sto/Dö. – **3.** Schüchternheit selt. *Du möst unner Lüd', du möst de Welt kennen lihren, dat du de* [...] *Schüchteri los wardst* [2]TIB 14. – **schüchtern[1]** Adj., *schichtern* Lau/GW, wie hd. vereinz. – **schüchtern[2]** sw., *schüchern* verbr. VPom, *schöchdre* Reg/Kt, *schichtre* Kol/Ma, vereinz. NOPom, JOSTWB 82. **1.** scheuchen, fortjagen verbr. *Segg tau dei Kåeksch, dat sei dei infamdigen Gäus von'n Markt schüchern sall* NIB 148. – **2.** hetzen, zur Eile antreiben vereinz., [2]TIB 149. – **3.** jmd. einschüchtern, verängstigen Kol/Ma, vereinz. NOPom, BERL VI. *Du daarst dat Kind nich schichtre!* Kol/Ma.

Schuckel f. Schaukel Nau/De, Sto/Pf,Wd, Lau/Lt, HOMWB 179[b]. Zur Wortgeographie s. Kt. *Schockel*, Sp. 905f. – **Schuckeldraff** m. langsamer, gemächlicher Trab vereinz., NACK 49, [1]MASS 80. Auch: gemütliches Gehen oder Fahren. *Wi sinn man Schuckeldraff föhrt* Pyr/Lt. – **Schuckelie** f. Schaukelei selt. *Dat wier 'ne dulle Schuckelie up denn Wågen* Gri/Ti. – **schuckeln** sw. **1.** schaukeln, wackeln vereinz. *Wat schuckelst du mit denn Stauhl, kannst du nich still sitten?* Gri/Ti. *He schuckelt va een Siej nåh d' anne* torkelt herum Pyr/Wi. – **2.** rütteln, schütteln verbr. *Schuckel dei Melk nich so in dei Kann!* Gbg/Gp. *Ik heff up'm Wågen säte un dat hett schön schuckelt* Nau/De. – **3.** ein Kleinkind wiegen (im Arm, in der Wiege) verbr. *Schuckel de Kleine doch eis, dei hüült ümmetöu!* Gbg/Gp. – **4.** langsam gehen oder fahren, zuckeln vereinz., [1]NERE 12. *Wi sünd so långsam werre nåh Hus schuckelt* Rüg/Ae. Auch: wackelig, unsicher gehen vereinz. – **Schuckelpierd** n. Schaukelpferd [1]NERE 30.

schucken sw. **1.** rücken, verrücken vereinz., HOMWB 179[b]. *Schuck bi de Siet!* rück beiseite! Stolp. *Dat Feide schuckt* die Fuhre Heu rutscht vom Wagen Sto/KP. – **2.** langsam und schwerfällig gehen vereinz. *Dei Keih schucke dirch'e Wisch* Lau/GW. – **3.** schuften, sich mit Arbeit plagen Dra/La: *De schuckt so lang, bet he ümfüllt.* – **schuckig** Adj., *schuckerig* Uec/Pa, Büt/Bt, Sto/Dö. **1.** unpers., fröstelig, frierend Stral, Ran/Ro: *Mi is so* *schuckig*. – **2.** verrückt, geistig nicht normal Uec/Ge, vereinz. NOPom. → mall. – **3.** behäbig, nachlässig gehend Kol/Go, vereinz. NOPom.

Schüdd f., auch *Schürr*. **1.** beim Binden der Garben nicht erfaßtes, loses Getreide auf dem Feld Fra/Po, Gri/Be, Dem/Gb. – **2.** aufgeschüttetes Stroh selt. VPom, vereinz. °Dra. Auch: das in den Trog geschüttete Strohfutter selt. *Giff dei Pier man noch 'ne Schüdd!* Gwd/Ba. – **Schüddbœn** m. Bodenraum, auf den Getreide zur Lagerung aufgeschüttet wird vereinz. VPom, Uec/Pa,Ue, Nau/Fg, Stolp. – **Schüddelbotter** f., gesprochen *Schiddel-*, Butter, die durch Schütteln der Sahne in einer Flasche hergestellt wird Lau/GW,Vl, [4]WIN 172. – **Schüddel-de-Bücks** m., meist verkürzt zu *Schüddelbücks*, alter Volkstanz in Art einer Quadrille Mönchg., sonst selt. VPom, BLFPVK 6,2, HUMGWD 8,42,4f., [6]KAI 173. Tanzr.: *Schüddel, schüddel de Büx, danz doch mal en bäten fix* ADL 169, ähnl. Ank/Br, [2]BIEL 61, HUMGWD 4,16,2. – **Schüddelfrost** m. Schüttelfrost, Kälteschauer selt. VPom, Pyr/Lt, Kol/Pr. – **schüddeln** sw., *schidd(e)le* NOPom, schütteln. *Bedden schüddeln* Stett. *Dat schüddelt di jo mall up denn Wågen* Gwd/Ba; *mit'm Kopp schüddeln* Pyr/Lt. *Mi schüddelt de Frost* mir läuft ein Kälteschauer über den Rücken °Ghg. *Ik möt mi schüddeln, wenn ik dat fette Äten seih* Dem/De. *Ik mutt de Kruschke schiddle* die Birnen vom Baum schütteln Büt/Bt. – Ral.: *He nimmt 't uk von'e Lüd, von'e Böm kann he 't nich schüddeln* er läßt sich über die Maßen gut bezahlen Gwald. *Dor gifft't nicks tau schüddeln* da gibt es nichts Lohnendes Dem/Tp. – **Schüddelsäf** n. Schüttelsieb am Dreschkasten Dem/De.

schüdden sw. **1.** schütten. *Se schürrt dat Wåter ut'n Pott* Rüg/Be. *Up dem eine Bäne hebb wi Koorn schiddt* JOSTWB 83. *Dat Kô(r)n schürrt got* ist ertragreich Nau/Fi; *de Bedde schüdde* Bettfedern in das Inlett füllen Pyr/Wi. *Em schidde de Tuffle ut'm Sack* ihm fallen die Kartoffeln aus dem Sack Lau/GW; *de Darmen schüdden* die Därme nach dem Schlachten umwenden und Wasser hineingießen Ghg/Hi. Scherzh., wenn es donnert: *Petrus schürrt sine Tüften förn Winter in dei Tunn* HUMGWD 75,243f.,2. – **2.** schütteln, rütteln verbr. *Dei Bom is tau hoch, dei Beern möten schürrt warn* Gri/Bo. *David schüdd't bekümmert den Kopp äwer den gruglichen Verdacht* [5]BAND 39. *Mi schüdd't* mich fröstelt Fla/Ta. Vgl. schüddern. – **3.** heftig regnen vereinz. *Dat schitt mit vulle Emmers* regnet stark Sto/Wd.

Lautvar.: *schürren* verstr., *schüre* LAUWB 321^b, *schirre* Rum/Ru, *schidde* verbr. NOPom, STRI 38, *schedde* östl. u. südl. °Lau STRI 38.

Schudder m., *Schurrer* Gwd/Ba, Ank/Br, Gbg/Gp, *Schurder* Fra/Br, Schauder, Frösteln verstr., [2]BAND 12, [6]BAND 2,74, HOMWB 179^a, UP 6,62. *Em löppt 'n Schudder œwer 't Lief* Fra/Pe. – **schudd(e)rig** Adj., *schudrig* Saa/Ja,So, Lau/GW, *schurrig* Ank/Br, Uec/Pa, Ghg/Li, KRI 153. **1.** fröstelig, frierend verbr. *Mi is dat so schuddrig a', ik mutt mi wo' verküllt hewwa* Dra/Dr. – **2.** naßkalt, kühl verstr. *'t wier buten kolt un schudderig un de Häwen gris belopen* [4]HOEFE 120. – **3.** grauenerregend, unheimlich verstr., [2]ADAM 34, [5]BAND 120, [11]BAND 204. *Owends im Diestre is mi dat imme so schudrig* Lau/GW. – **schuddern** sw., *schurrern* verstr., *schudern* Pyr/Wi, schaudern. **1.** frösteln, einen Kälteschauer spüren. *Mi schuddert so, ik sett mi an'n Åben* Dem/Tp. Auch: zittern, beben. *Mit ees güng en Schuddern dörch de Bark un denn füng sei an, to wiwacken* HUMGWD 5,19,8. → bibbern. – **2.** unpers., Grauen vor etwas empfinden. *Mi schuddet vo't Friejen* Nau/Fg. *Mi schuddert, wenn ik in'n Düüstern äwer'n Kirchhoff möt* Ank/An.

schüddern sw., *schidd(e)re* Rum/Ru, verstr. NOPom, HTKÖS 1931,1,10, [2]KNO 85, *scheddere* Lau/Ke,Sl, [1]PIRK 458, schütteln verbr. NOPom, sonst selt., HOMWB 179^a. *Dei Jung' schiddert bloß mit'm Kopp* °Sto. – Ral.: *Dat kann hei nich ut'm Strump schiddre* das kann er nicht herauswirtschaften Sto/Bu,Dö. Vgl. schüdden. – **Schüddgaffel** f. zweizinkige Holzforke zum Aufschütteln des Strohs beim Dreschen Ran/Pe, vereinz. HPom, [10]ROSF 163. Vgl. Spitt.

schüddköppen sw., *schüddkoppen* vereinz., mit dem Kopf schütteln verbr. *Äwer dei Lüd wull dat nich inlüchten; sei schüddköppten un dachten sick ehr Deil dorbi* NIB 79. *De schürrköppt mit Kopp un Föt* ist wackelig auf den Beinen Ghg/Li.

Lautvar.: *schürr-* verbr., *schirr-* Sto/Dö, Lau/GW, *schidd-* Sto/Pf,Wd, *schüdder-* POP 168, *schüddel-* Dem/Tp, Rüg/Ps, vereinz. MPom, *schüll-* vereinz. °Rüg, Gwd/Ze, Ran/Ro.

Schüerbessen m., Schimpfw., 'Scheuerbesen' zänkische Frau Gri/Ti, HUMGWD 9,28,11. – **Schüerböst** f. Scheuerbürste °Gri, Gwald, Ank/An. – **Schüerdauk** n./m. Scheuertuch verbr. – **Schüerducht** f., seem., hinterste Sitzbank im Boot Rüg/Sn, Gwald. – **Schüerkrut** n., PflN, *Schier-* Lau/GW, Ackerschachtelhalm (Equisetum arvense) Fra/Bn, Rüg/Ae,Wi, Uec/Ue, Pyr/Py, LAUWB 322^b. – **Schüerlappen** m. Scheuerlappen verbr. *Bring ma' n' Schüerlappe tu'n Upwische mit!* Saa/Le. – **Schüerliest** f. **1.** Fußleiste vereinz. – **2.** fischerspr., Schutzleiste an der Unterseite des Bootsbodens mf. °Rüg, vereinz. vpom. Küste, [1]PEE 229, [2]RUD 113. Vgl. Randgoorn.

schuern s. schuren.

schüern sw. scheuern, kräftig reiben. *Ik heff de Kœk schüert* die Küche gereinigt Gwd/De. *Mi hett dei Stäwel schüert* mein Stiefel hat gerieben Nau/De. *Du mööst (di) nich schüern, süss ward't noch mihr jœken!* Gri/Mi. Scherzh. zu jmd., der sich kratzt: *Wenn dei Schwien sich schüern, bätern sei sich* Fra/Br. – Ral.: *einem dei Uhren* *schüern* jmd. scharf tadeln, zurechtweisen vereinz., DAL 49, HTKLRÜG 1930,107, HUMGWD 6,39,10; *sik dörch dat Läben schüern* sich kümmerlich durchs Leben schlagen Dem/Tp, Stett. *Dei mag sich giern an'e Hogen schüern* schmeichelt sich beim Vorgesetzten ein Fra/Br.

Lautvar.: *schüren* verstr., *schöern* Pyr/Pe, *schiere* verbr. NOPom, BLFPVK 9,41, [2]MIS 27, *schiəre* °Lau STRI 23, *scheire* Rum/Ze, Slo/Pe, [2]MIS 27, [5]TITA 81, *schuire, schåire* °Sch MAH 101.

Schüerwiepen m. Strohwisch zum Reinigen von Kesseln, Töpfen, Eimern verbr. *Dei höltern Melkenemmern würn mit'n Schüerwiepen schüert* Gwd/Ba.

Schuf[1] f., vereinz. n., *Schuff* Stral, Uec/Mn, Pl. *Schuben, Schuwen*, Schublade verstr. *Dor steiht 'n groten Disch mit 'ne Schuf* Gwald. *Marleenken awerst güng hen na ere Kommod un nöhm ut de ünnerste Schuuf eren besten syden Dook* HUMGWD 11,28,6. Vgl. Schatull, Schufkasten, Schuflåd.

Schuf[2] m., *Schuff* Gwd/Wc, Uec/Ge, Ghg/Hi, *Schubb* vereinz., Pl. wie Sg. **1.** Schub, Antrieb verstr. *De hett keen Schuff to d' Arbeit* mag nicht arbeiten Uec/Ge. – Ral.: *Schuf vör'n Dumen hebben* viel Geld haben verstr. VPom, Uec/Ge,Kn, HUMGWD 8,30,10; *einen up'n Schubb bringen* jmd. auf Trab bringen Uec/Ue; *up'n Schubb sin* auf dem Sprung, in Eile sein Rüg/Pu, ähnl. Ank/An. – **2.** Anzahl an Broten, die gleichzeitig in den Backofen geschoben werden vereinz. *i' drei Schubb backe* in drei Durchgängen hintereinander backen Gbg/Gp. In fester Vbdg.: *up een' Schubb* auf einmal Uec/Pa, Pyr/Wa,Wi.

Schuffel f./m. niederträchtiger Mensch Ghg/Wt, Pyr/Wa,Wi, Cam/Rn, °Saa, Sto/Dö.

Schüffel f. **1.** Schaufel. *De Schiffel un de Spodem stohne up'm Hoff rümmer* Sto/Gl. Fischerspr.: Schaufel zum Ausschöpfen des Wassers im Boot Rüg/Gl,Lb,Ns, [1]PEE 113. – Ral.: *einen up'e Schüffel nähmen* jmd. zum Narren halten Sch/Rg, Sto/Dö, Lau/GW,Ke. Nach schwerer Krankheit: *Ik bün denn Dod von dei Schüffel hüppt* Fra/Bn, ähnl. vereinz. Syn. Schüpp. – **2.** nur *Schuffel*, Stoßhacke zum Entfernen von Unkraut vereinz. *Nimm ma' de Schuffel un måk den Weg im Goorden rein!* Ran/Pe. – **3.** Brotschieber Kös/Vr. – **4.** müllerspr., Schaufel am Rad der Wassermühle °Gri, vereinz. östl. HPom, Fla/Ta. Auch: Windmühlenflügel vereinz. HPom, Net/Ni. – **5.** meist Pl., große Hand vereinz. Scherzh.: *Mit dei Schiffle kannst du dien Großmuder ut'e Ierd rutkratze* Lau/Lt.

Laut- u. Formvar.: *Schuffel* verbr. MPom SPom, sonst selt., *Schuwwel* Cam/Kw, *Schiffel* vereinz. östl. ZPom, verbr. NOPom, HOMWB 169[a], [3]MIS 54, STRI 38, JOSTWB 83, *Scheffel* vereinz. NOPom, STRI 38, *Schöffel* nördl. °Sch, selt. NOPom, *Schüwwel* vereinz., *Schübbel* Fra/Tb, Gri/Gn, mf. °Rüg, *Schüppel* vereinz. VPom, *Schüfel* mf. °Sch, *Schuwel* LAUWB 322[b]. – Pl.: *-n* Gri/Mi, *-s* LAUWB 322[b], JOSTWB 83, *Schüffle* Saa/Te, *Schiffle* Rum/Tr, vereinz. NOPom, *Schuffle* Kol/Pr, Reg/Kw, Neu/Kr,We.

schuff(e)lig Adj., *schüfflig* Uec/Ue, unordentlich, ungepflegt, abgenutzt Gwd/Ba, vereinz. ZPom. *Dat Kleed süht all so schufflig ut* Nau/Rh.

schüffeln sw. **1.** schaufeln, mit der Schaufel arbeiten. *Wi möten Schnei schüwweln* Gri/Mi; *Kåhlen schüffeln* Gwd/Ba. Syn. schüppen. – **2.** mit der Stoßhacke Unkraut entfernen vereinz. MPom SPom. – **3.** tüchtig essen vereinz. *Stäweln ut un an de Tüffeln, fang ik an, min' Grütt to schüffeln* [1]TIB 6. – **4.** mit dem Zeigefinger Murmeln ins Loch stoßen verstr. – **5.** krumm, gebeugt gehen vereinz. VPom. *Dei Ollsch schuffelt œwer dei Stråt* Gwd/Ba. Auch: torkeln mf. °Ran, Lau/GW. *De Kerl is besåpen, he schuffelt* Ran/Wl.

Lautvar.: *schuffeln* verbr. MPom SPom, sonst selt., *schuwweln* Ran/Pe, *schuuwle* LAUWB 322[b], *schiffle* Rum/Tr, vereinz. NOPom, HOMWB 169[a], STRI 38, *scheffle* Lau/Ke,Pb, STRI 38, *schöffle* °Lau, *schüwweln* Gri/Mi.

Schufkasten m. Schublade vereinz. *Treck man denn Schufkasten up!* Ran/Pe. *Dat is so eng as im Schufkaste* Pyr/Wa. Syn. s. Schuf[1]. – **Schufkor** f. Schubkarre, einrädrige Karre zum Lastentransport. *'ne Schufkor vull Mess* Gwd/Ba; *'ne Schufkor mit Språten* Gwd/Da. – Ral.: *einen up'e Schufkor nähmen* jmd. necken, aufziehen Gwald, Gwd/Da, Ghg/Gr. – Sprw.: *En Schuwkor vull Glück is bäter as'n Wagen vull Verstand* HUMGWD 14,48,11. – Rä.: *Geiht rund üm dat Hus un måkt man ein Spor?* = *Schufkor* Ank/An. – **schufkorendun** Adj., scherzh., stark betrunken Gri/Ti, Ank/An, Use/Us, BRU 3,11. – **Schuflåd** f. Schublade. *Ik heff all Kista u' all Schuflåda ümkehrt, åwe funna heff ik nüscht* Dra/Dr. *De Handschoh liggen in d' Schuflåd* Ran/Pe. Syn. s. Schuf[1]. – **Schufståken** m., fischerspr., Stange zum Staken von Booten vereinz., [2]RUD 78, LAUWB 322[a]. – **Schufstock** m. dass. vereinz. VPom, [1]PEE 230, [2]RUD 78, [2]SEG 79.

Schuft f., selt. m., Pl. *-en*. **1.** Schulterstück des Schlachtviehs verbr. *Gäwen s' mi twee Pund Schwienfleesch von'e Schuft!* Ank/An. *Dat Schwien hett schön breej Schufte* Pyr/Wa. – Ral.: *sich de Schufte beriete* schwer arbeiten Sto/Dö,Gl. – **2.** Widerrist des Pferdes verstr. VPom.

schuften sw. hart arbeiten. *De Kierl schuft't von morgens bet åbends* Ank/An. *He schuft't sich dot un dål* Gwald. – **Schufter** m. tüchtiger Arbeiter Saa/Te, Sto/Gl: *Dat is so'n richtiger Schufter, em keene se wat uphalse.* – **Schufterie** f. schwere Arbeit, Plackerei vereinz. °Ran, Cam/Ca,Pr, SPI 71. *Dat is keen Arbeet, dat is Schufterie!* Ran/Sr.

schuftig Adj. breitschultrig (vom Vieh) Gwald, Ank/An, Ghg/Wt, Nau/Fg,Rh. *Dat is ein schön schuftig*

Farken Nau/Fg. – **Schuftreimen** m. Schulterriemen am Pferdegeschirr vereinz. VPom.

Schuftrompet f., scherzh., Posaune vereinz., DITF 24. *Dor keem'n weck mit 'ne Schuftrompet un spälten in'e Kirch* Dem/De.

Schuf-ut m. **1.** TiN, Uhu vereinz., HOMWB 179[b]. – Sprw.: *Ul find't sich bi'n Schufoot* gleich und gleich gesellt sich gern BLFPVK 9,136, HTKLOPOM 1931,69. Vgl. Schuhu. – **2.** liederlich gekleidete Person vereinz. VPom MPom. – Mnd. *schûvût* Uhu.

Lautvar.: *Schuwut* Rüg/Dm,Zi, Saa/So, Dra/Dr, DÄHWB 419[a], [4]GIL 1,86, *Schuffut* Gwald, Uec/Ge,Pa, Ghg/Li, *Schoffut* Fra/Bn, *Schufot* selt. VPom, verbr. MPom.

schug s. schu[1].

schugelig Adj. scheu, furchtsam Stral, PÄCH 73.

Schugels n. Vogelscheuche. *Wi hebben in unse Kirschböm Schugels rinnesett* Rüg/Pu. Übertr.: häßliche, liederlich gekleidete Person. Auch: Scheusal, widerwärtiger Mensch verstr., [1]TRI 62, [1]TIB 114. *Mi ward ümmer angst un bang, wenn ik dat Schugels seih* Dem/De. Syn. Schu, Schücht.

Laut- u. Formvar.: *Schuggels* Fra/Br, *Schuje(l)s* Ank/Ru, Rum/Ru, *Schugsel* vereinz. HPom, *Schügsel* (vereinz. f.) verstr. HPom, *Schüßel* (selt. f.) verbr. MPom, °Saa, Rum/Ru, *Schießel* JOSTWB 83, *Schuchles* Rüg/Al, *Schuglis* Rüg/Ae,Ba,Be, [1]TIB 114, *Schuglitz* Rüg/Bi,Rp,Sa.

schugen sw. **1.** scheuen, aus Furcht meiden. *De schucht ni' Wind odde Wauta* ist abgehärtet Saa/So. *Hei schugt dei Fulheit as dei Ahnt dat Water* HUMGWD 12,3,12. Refl.: sich vor etwas scheuen. *De Frug schuugt sik ve' de Arbeet* Net/Hf. – Ral.: *sienen eegen Schatten schugen* sehr ängstlich sein vereinz. – **2.** vor Schreck zurückweichen (von Pferden) verstr. *Dei Pierd schugen vör de Iesenbåhn* Fra/Ln. – **3.** scheuchen, fortjagen verbr. *Schug eis dei Sparlings ut dei Arften!* Rüg/Ae. – Sagw.: *Dat schûg't doch! saed' de Schêper un härr 'n dodigen Hund in'n Sack* [1]HOEFE 69.

Lautvar.: *schuen* vereinz., HOMWB 179[a], *schujen* Pyr/Wi, Rum/Ru, [2]HOEFA 388, *schuchen* selt. VPom MPom, *schuγγe* Rum/Km [5]TITA 50, *schugga* Saa/Ja, *schuggo* Net/Hf, *schüje* vereinz. HPom, *schüüchen* °Ghg, Nau/Db, *schüjja* °Dra [11]ROSF 137.

Schu(g)klapp f. **1.** Scheuklappe. *Dat Pierd hett kein Schugklapp an't linke Og* Dem/De. Zu jmd., der blind vor Liebe ist: *Du hest wo' Schügklappe up'e Ojen* Reg/Me. – **2.** Pl., scherzh., eingerollte Zöpfe, die über den Ohren festgesteckt werden vereinz.

Schügsel s. Schugels.

Schuhu m., TiN, lautm., *Schuhut* vereinz. VPom, Pl. *-s*, Uhu verbr. VPom, sonst vereinz., HTKLOPOM 1931,67. *Dei Schuhu schriegt nachts* Gri/Mi. Vgl. Schuf-ut.

Schüken m., *Schükes* Dem/Tp, Dim. *Schüking* Fra/Zi, Zwieback selt. VPom. – Kurzf. zu Maschüken.

Schul f., seem., windgeschützte Stelle an Bord Rüg/Sn. Vgl. Schuling, Schuring.

Schuld f., Pl. *Schulden, Schullen*, wie hd. **1.** Pl. Geldschulden. *Ik heff noch väl Schulden bi em* Gwald. *De hett alles up Schulden kofft* alles auf Kredit erworben Pyr/Lt. – Ral.: *mihr Schulden hebben as Hor up'm Kopp* völlig verschuldet sein verbr.; *in'e Schullen sitten as dei Hås in't Krut* dass. Gri/Ti. Scherzh.: *Schullen sünd keen Håsen, de lopen nich wech* Stral. – **2.** Verantwortung für einen Schaden oder eine Missetat. *Ik krieg immer de Schuld!* Fra/Ln. – Sprw.: *De Schuld kümmt ümmer up'n Lämmerjung'* fällt immer auf den Schwächsten vereinz. – **Schuldschien** m. Schuldschein vereinz. *Låt di œwer 'n Schuldschien gäben, süss büst du dien Geld los!* Gwd/Ba.

schulen sw. **1.** sich verbergen, verstecken VPom. In fester Vbdg.: *schulen gåhn/lopen* die Schule schwänzen verstr. VPom. Seem.: *Dei Wind schuult* flaut ab Rüg/Sn. – Sagw.: *'n bäten schuult dat doch, secht de Voß, don seet hei achtern Strohhalm* Gri/Ge, ähnl. °Rüg. – **2.** verstohlen blicken verbr. *Un denn schulte se af un an blot so 'n beten verdächtig nah de Dör* [4]HOEFE 291. *Hei schuult üm'e Eck* Saa/Le; *dörch dat Schlœtellock schulen* Gwald. – **3.** schielen, einen Augenfehler haben vereinz., LAUWB 321[b]. – **schulig** Adj. windgeschützt VPom, verstr. MPom, [1]KAL 86. *Hier achter den grot'n Durnbusch is jo ein schulig Flag, dor war 'ck bät'n Platz nehm'n* MÜLC 64. Scherzh.: *He sitt in'e ganz schulig Eck* im Gefängnis Uec/Pa. – **Schuling** f., *Schulung* vereinz. VPom, [19]BAND 16, DAL 13f. **1.** windgeschützte Stelle verbr. VPom, vereinz. MPom, LEH-SCH 51. *Bi disse Küll un dissen Storm willen wi man 'n bäten in'e Schulung gåhn* Rüg/Pu. Vgl. Schul, Schuring. – **2.** Versteck, Schlupfwinkel vereinz., ARN 113. *Hei stünn in'e Schuling un keek nåh us räuwe* Sch/Ra.

Schull f., TiN, *Scholl* vereinz., Pl. *-en*. **1.** Scholle vereinz., DÄHWB 417[b], HTKÖS 1933,10,7. Vgl. Maischull. – **2.** Flunder selt. Die gebräuchlichere Bez. ist Flunner.

schullen sw. schulden, jmd. etwas schuldig sein selt. *De Pacht, de schull ick em sied Johren* GEB 38.

Schullen s. Schuld.

Schuller f. Schulter. *Hei hett breide Schullern* Gwd/Ba. *Wi wille denn Balke up de Schuller dråge* Saa/Le; *Schuller an Schuller* Seite an Seite Ank/Br; *mit de Schullern trecken/teihn* mit den Schultern zucken vereinz., [2]BAND 11, [4]HOEFE 160, [2]TIB 143. – Ral.: *einem de kolle Schuller wiesen* jmd. ab-, zurückweisen vereinz.; *einen œwer de Schuller ankieken* jmd. mit Verachtung strafen Stral; *sik väl up'e Schullern nähmen* sich viel aufbürden vereinz.

Laut- u. Formvar.: *Schulle* verstr. HPom, MAH 88, ^{2}MIS 15, *Schule* vereinz. ZPom, LAUWB 321^{b}. – Pl.: *Schullern* VPom MPom, *Schull(e)re* verbr. HPom, DKr/La, ^{2}MIS 49, *Schules, Schuulre* LAUWB 321^{b}.

Schullerblatt n. **1.** Schulterblatt. *Hei hett sich dat Schullerblatt utrenkt* Kol/Pr. Scherzh. Aufforderung zum Essen: *Ät man, is dat ierst dörch dat Schullerblatt, geiht dat uk dörch dat Noorsgatt!* Fra/Hr, ähnl. vereinz. – **2.** der Schulterform angepaßter Ausschnitt am Trageholz Gwald, Lau/GW. – **Schullerdauk** n./m. Schultertuch vereinz. *Mi friert, giff ees mienen Schullerdok her!* Gwald. – **schullern** sw. schultern, auf der Schulter tragen selt. – **Schullerstück** n. Schulterstück des Schlachtviehs vereinz. *Dat Schullerstück ward rökert* Ran/Pe.

schüllig Adj. schuldig. **1.** eine Geldschuld zu zahlen verpflichet. *Wat bün ik di schüllig?* Fra/Ln. *Hei is mi Jeld schill(i)g* Sch/Sd. Auch: jmd. zu etwas verpflichtet. *Is dat de Respekt, den hei sinen Herrn schüllig is?* ^{2}BAND 23. – **2.** Schuld an etwas tragend. *He is vam Gericht schüülch språka* Dra/Dr. *Hei fäuhlt sik schüllig* Dem/Tp.

Lautvar.: *schullig* selt. MPom, *schüllch* MAH 26, *schüülch* Dra/Bu,Dr, *schill(i)g* Sch/Sd, *schielch* LAUWB 307^{a}.

Schülligkeit f. Schuldigkeit, Pflicht vereinz., ^{2}BAND 64. *Se warden entschülligen, dat ik nich eher eens an Se schräwen hebb, wat* [...] *myn Schülligkeit was* DLP 2,225. *Dei oll Schirm hett sien Schülligkeit dån* hat ausgedient Gwd/Ba. – **Schüllner** m. Gläubiger HOMWB 179^{b}: *Ick mutt alles för mien Schüllners henngewen.*

schulögen sw. verlangend nach etwas hinsehen vereinz. *Schulög nich so nåh dat Speck, warst dien Stück schon kriega!* Saa/Ja.

Schülp^{1} m., *Schölp* Saa/So, Dra/Bu,Dr, Net/Hf, *Schilp* Lau/GW, Wasserguß, ein Schuß Flüssigkeit vereinz. HPom, Net/Hf, ^{3}GRAU 33, LAUWB 321^{b}. *Dår keem mit eis su 'n Schülp Wåter ut de Pump* Saa/Le. *Hei krecht 'n Schülp Waute in't Jesecht* Gbg/Gp. Syn. S c h ü l p s.

Schülp^{2} n., PflN, *Schilp* verbr. NOPom, HOMWB 169^{b}, *Schelp* Ghg/By, Dra/Dr, DÄHWB 403^{b}, Schilf, Röhricht (Phragmites). *Dei willen Ånten flögen in't Schülp* Dem/Tp. *Lies' flustert dat in Schülp un Beisen, wo sacht mien Boot entlanken tüht* ^{2}SCHR 149. Vgl. S c h ü l p g r a s.

Schülperies n., *Schülpel-* °Bel, dünne Eisschicht auf dem Wasser Gwald, Gri/Bo,Go. – **Schülperkrüz** n., *Schülp-* °Uec, Stett, Holzkreuz, das auf die Flüssigkeit im Eimer gelegt wird, um ein Überschwappen beim Tragen zu verhindern verbr. *Lech dat Schülperkrüz up'n Wåteremmer!* Ran/Pe. Syn. B r i c k e n, K r ü z h o l t, S c h i l w e r k r ü z, S c h w a p p d e c k e l. – **schülpe(r)n** sw., *schölpere* Pyr/Wi, Saa/Ja, Dra/Dr, DKr/Ro, Net/Hf, *schilp(e)re* vereinz. NOPom, HOMWB 169^{b}, JOSTWB 83. **1.** Flüssigkeiten in schwankende Bewegung versetzen, verschütten verbr. *Du schülperst jo alle Melk ut'n Pott* Ank/An. *He schülpert sich alls up't Lief* er bekleckert sich Ran/Sr. Syn. s c h i l w e r n. – **2.** plätschern, überlaufen (von Flüssigkeiten) verstr., HOMWB 169^{b}. *Bi't Drägen schülpert dat Wåter in't Spann* Gri/Ge. Scherzh.: *Bi em schülpert 't all werrer* er ist schon wieder betrunken Pyr/Wa. Prügelandrohung: *Ik schlåh di vo 't Mul, dat di dat Blaut so schülpt!* Kol/Go.

Schülpgras n., PflN, Schilfgras (Phragmites) Kol/Pr, BAL 19. Vgl. S c h ü l p^{2}.

Schülps m., *Schülpsch* Nau/We, *Schilps* vereinz. NOPom, Wasserguß, ein Schuß Flüssigkeit selt. VPom, verstr. MPom HPom. *Dat weer 'n groten Schülps, denn du œber denn Rock krägen hest* Uec/Pa; *eine Schülps Rum in'n Tee* °Kol. Syn. S c h ü l p^{1}.

Schulpus' f., *-plus'* Dem/De, Gwald, Ank/Br, Uec/Ge, BRU 12, *-pos'* Uec/Pa, *Schullpus'* Gri/We, Dem/Kt, Pl. *-en.* **1.** Gewitterfliege VPom, verstr. °Uec. *Wenn 'n Gewitter antreckt, sünd de Schulpusen dor* Gwald. – **2.** Schimpfw., einfältiges, verträumtes Mädchen selt. VPom, Uec/Pa, °Reg, ^{2}BAND 72.

Schult m. Schulze, Gemeindevorsteher. *Wo keen Schult in't Dörp is, möckt jerer wat he will* Ghg/Li. Scherzh., wenn man austreten muß: *Ik mutt erst gåhe un denn Schulte verklåge* Sch/Pk, ähnl. vereinz. Ausdruck des Zweifels: *Wenn dat wauhe* [wahr] *is, heit ik Schult!* Kol/Go. – Abzr.: *Ik un du un Schulten sien Fru un een Buddel Beer, sünd dat nich veer?* selt. VPom. – **Schultenbuck** m. Schaf- oder Ziegenbock des Schulzen. Im Bastlösereim: *Schultenbuck met isern Hörn, kumm, wi willn uns beid vertörn in denn heeten Sommer, wenn de Müskers piepen un de Dören knarren, holln all Lüd tom Narren!* Ghg/Wl UP 15,223. – **Schultenkasten** m. Schaukasten für örtliche Bekanntmachungen Gri/Ti, Gbg/Go, Dra/Dr. – **Schultenknüppel** m., veralt., Holzstab mit beigefügten Bekanntmachungen des Schulzen, der von Haus zu Haus herumgereicht wurde verbr. Vgl. G e m e i n d e b u r s, K l u c k^{2}, K ü l. – **Schultenstock** m. dass. vereinz. – **Schultsch** f., auch in der Vbdg. *Mudder Schultsch* Rüg/Ae, Pyr/Lt, Frau des Schulzen vereinz., MAH 34, ^{2}MIS 71. – Ral.: *Hei sitt dormit an as Schultsch mit dei Supptüften* er hat sich verkalkuliert Gwald, Ank/An.

Schulung s. S c h u l i n g.

Schum m. **1.** Schaum. *Schum vom Glas Bier afdrinken* Gwd/Da. Seem. heißt es scherzh., wenn das Schiff wenig Fahrt hat: *Wi möten bald Schum fägen* Gwald. –

Ral.: *Süh di vör! Schuum is keen Beer!* HuMGwd 6,18,10. – **2.** schaumiger Speichel, Schweiß vereinz. *Hei har so jågt, dat Peer wer ganz natt un har orntlich Schum vör't Mul* Saa/Le.

schümannen sw., seem., in der Takelage arbeiten selt. vpom. Küste. – **Schümannsgoorn** n., *Schimannsgoorn* selt. **1.** seem., geteertes Garn zum Umwickeln der Taue verstr. – Ral.: *Dat rägent Schimannsgoorn* es regnet stark Gwald. – **2.** scherzh., Kautabak verstr., [2]Kno 85, Pal 236. *He hett dat Mul vull Schümannsgoorn* °Uec. – **3.** erfundene Erzählung eines Seemanns verstr. *De Seemann spinnt giern Schümannsgoorn* Ank/An. Vgl. Seemannsgoorn.

schümen sw., *schumen* Ghg/Jg, Pyr/Wi, *schaume* Neu/Pn, Slo/La, *schieme* NOPom, schäumen. **1.** Schaum entwickeln. *De Seep, de schüümt sehr* Saa/Le. *Dei Saft schüümt* gärt Gri/Mi. *Dei See schüümt* hat Schaumkämme Fra/Zi. *De räd't, dat em dat Mul schüümt* redet sehr viel Ran/Pe. Scherzh. Aufforderung, tüchtig zu essen: *Nu fröt, dat di dat Mul schüümt!* Rum/Gw. – **2.** sehr zornig sein, vor Wut schäumen vereinz. – **Schümer** m., fischerspr., Pl. *-s*. **1.** kleiner Kescher zum Aussortieren von Fischen vereinz. vpom. Küste, Ras 171. Auch: großer Kescher zum Leeren der Reuse Rüg/Vt Ras 170. – **2.** hist., Maß für Fisch (etwa 12 Scheffel) [2]MeiW 40. *De Mäters* [Fangsäcke] *sind drög vull, wi hebben an 70 Schümers* Dol 2,5,48. – **schümern** sw., fischerspr., mit einem kl. Kescher Fische aussortieren vereinz. °Rüg.

schumfiere s. schamfieren.

schümig Adj., *schumig* Uec/Ge, Ghg/Li, *schiemig* vereinz. NOPom. **1.** schaumig. *De Såhn is all schümig* Cam/Kn. – **2.** wutschäumend vereinz. – **Schumkell** f. Schaumkelle vereinz. *mit'e Schumkell afschümen* Gwd/Ba. Syn. Schumläpel. – **Schumkopp** m. Schaumkrone vereinz. *Dei Wellen hemm' hüt Schumköpp* Gri/Mi. – **Schumkrut** n., PflN, Wiesenschaumkraut (Cardamine pratensis) vereinz. *Mit Schumkrut hewwe wi us müsst de Fäut wasche* Gbg/Pr. – **Schumläpel** m. wie Schumkell vereinz.

Schumm m., mit sth. Anlaut, *Dschumm* Gri/Mi, Kolbg., *Jumm* selt., Rausch, Trunkenheit verbr. VPom, sonst verstr. *Ik wull em wat frågen, hei is œwer noch to sihr in'n Schumm* Rüg/Pu. *In'n Schumm vertellt hei allens* °Fra.

Schummel f., *Schümmel* Saa/Ja, *Tschummel* Ghg/By, Kol/De, liederliche Frau verstr.

Schummelie f. Schummelei, Betrügerei vereinz.

schumm(e)lig Adj. **1.** schwindlig vereinz. *Mi is so schummlig in'n Kopp* Gri/Ti. – **2.** unordentlich, liederlich vereinz. *De hett sich schummlig a'treckt* Saa/Ja. – **3.** schüchtern, scheu selt. HPom. *Wess nech so schummlig o' vakrup di nech achter mien Rock!* Gbg/Gp.

schummeln[1] sw. wie hd. *Du dörfst bi dat Koortenspeel nich schummeln!* Gri/Bo.

schummeln[2] sw. **1.** unsicher, wackelig gehen Uec/Pa, Ran/Gn,Sr. *He schummelt dörch de Stråten* Ran/Gn. – **2.** refl., sich liederlich kleiden °Ghg, Nau/Db. – **Schummelwåter** m., scherzh., Schnaps Uec/Pa, Saa/Zg.

schummer Adj. halbdunkel, dämmrig °Reg, HomWb 179[b]. *Wenn dat schummer ward, denn is kein Seihn mihr* Reg/Rg. – **Schummer** m. Dämmerung vereinz., Bru 33, [5]Tita 47, HomWb 179[b]. *Ik kann nischt meer seine, dat meckt sik Schummer* JostWb 94. Syn. s. Schumm(e)ring. – **Schummeråbend** m. Abenddämmerung vereinz. VPom, Geb 50, HoefAMsc 418[a]. *Måk man fix tau, dat is bald Schummeråbend!* Gwd/Ba. → Schummerstund. – **schumm(e)rig** Adj. dämmrig verbr. *Dat ward all tierig* [zeitig] *schummerig* Gwd/Ba; *schummrig Wedder* nebliges, trübes Wetter Sto/Pf. – **Schumm(e)ring** f., *Schummerung* HomWb 179[b], Rog 136, Spi 5, *Schümmerung* Gbg/Go HtGbgKb 1934,29,2, Dämmerung verbr. HPom, sonst vereinz. *In'e Schummering låte de Kinner sich giern Geschichta vertelle* Saa/Le. Syn. Schummer, Schummernis. – **Schummerlicht** n. Dämmerlicht, Zwielicht Ank/An. – **schummern** sw. dämmern verbr. *Dat fingt all an to schummern, wi mete schnell måke, dat wi nåh Hus kåme* Lau/GW. Subst.: *Wi arbeiten bet in'n Schummern* Gri/Mi. → grågen. – **Schummernis** f. Dämmerung vereinz., [4]HoefE 116f. Syn. s. Schumm(e)ring.

Schummerstund f. Zeit der Abenddämmerung verbr. *In'e Schummerstund sitt sich dat so gemütlich in'e Stuf* Ran/Pe.

Rsyn.: *Grugelstund, Schämerstund, Scheperstund, Schniederstund, Schummeråbend, Schummertiet, Schuppstund, Späukstund, Tweilicht.*

Schummertiet f. Dämmerstunde Dem/De, Ran/Pe, Pyr/Lt. *In'e Schummertiet kann ik nicks mihr seihn* Dem/De. → Schummerstund.

Schumschläger m. **1.** Schneebesen selt., LauWb 322[a]. – **2.** scherzh., Barbier Gwald, Ank/An, Uec/Pa, Ran/Pe. – **3.** Prahler, Großtuer vereinz.

Schün f., Pl. *-en*. Scheune. *Dei Schün is vull Kuurn* Fra/Zi. *Dit Johr ward dei Schün nich vull* gibt es keine gute Ernte Gri/Mi. *In'e Schien licht in'n Fack an ein Siet Håwer, an'e anner Siet Garscht* Sto/Gl; *ut de Schün döschen* in der Scheune dreschen Rüg/Zi. Verhüllend: *hinner de Schün gåhn* die Notdurft verrichten vereinz. Einen Dank ablehnend: *Von'n Dank heff ik all 'ne Schün vull!* Gwald. Scherzh. zum Besucher, der aufbrechen will: *Blief man noch, dit is jo uk kein Schün!* Fra/Br. Scherzh., wenn jmd. etwas nicht finden kann: *Dat sök ma' in d' Schün!* Ghg/Wt. *Sien Buk is 'ne Schün* er kann viel essen Sch/Ac. Spöttisch, wenn alte Menschen leidenschaftlich verliebt sind: *Ulle Schiene brinne hell* Lau/GW, ähnl. Gri/Mi, Saa/Ja, Dra/Dr. – Sprw.: *Sülwer in dei Schün' is bäter as Gold up'n Felln* HUMGWD 8,45,8. – Sagw.: *Nu geiht mi 'n Licht up, secht de Bur, dunn brennt siene Schün* Uec/Pa.

Lautvar.: *Schun* Neu/Gw, DKr/Kr, [5]TITA 81, *Schuin* Bubl. [5]TITA 81, *Schien* vereinz. NOPom, BLFPVK 10,43, HOMWB 167[b], [2]MIS 27, [3]MIS 60, *Schein, Schęin* Rum/Km, [2]MIS 27, [5]TITA 51, *Schəin* Rum/Ze, Slo/Pe, [5]TITA 81, *Tschün* Slo/La.

Schund m., n. Gwd/Ba, wertloses Zeug verstr. *Wat du kööft hest, is de reine Schund* Nau/De. – **Schundwor** f. schlechte, minderwertige Ware selt. *Dei Schundwor ward ma' am lichste up'm Johrmarkt los* Lau/GW.

Schün(en)dack n. Dach der Scheune. – Sagw.: *Vom Himmel hoch da komm ich her, säd dei Bur un föl von't Schün'dack* Ank/An. – **Schün(en)däl** f., Tenne, festgestampfter Platz in der Scheune verbr. *Up de Schün'däl ward döscht* Ank/An. *De gifft Schün'däla vull weg* er gibt große Mengen weg Saa/So; *hart as 'ne Schün'däl* sehr fest, steinhart (vom Boden) Fra/Bo, [2]BAND 53. Syn. Schün(en)flur. – **Schün(en)dör** f. **1.** Scheunentor. *Dei Schünendör wür nich ihrer upmåkt, ierst knallt dei Bur dreimål mit dei Pietsch* Gri/Go. Oft in Vergleichen: *'n Mul as 'ne Schün'dör* ein großer Mund vereinz.; *'ne Stull as 'ne Schün'dör* sehr dicke Scheibe Brot Gwd/Ba; *'n Oorsch as 'ne Schün'dör* sehr breites Gesäß Saa/So, Neu/Th. – Ral.: *Mit em kann man Schün'dören inrönnen* er ist sehr dumm Fra/Zi, ähnl. Ank/An, Dra/Dr. *Mi geiht 'n Schün'dör up!* nun wird mir alles klar! Saa/Ja. – Sagw.: *Dat schadt di gornicks, säd de Buer tau dei Schündöör, don was sei em an'n Kopp flagen* HUMGWD 11,20,11. – **2.** großer rechteckiger Honigkuchen, den es früher auf Jahrmärkten gab verstr., HUMGWD 9,37,1. – **3.** scherzh., Hosenschlitz vereinz. *Em steht de Schün'dör åpen* Stett. – **Schün(en)döschen** n. das Getreidedreschen in der Scheune (im Unterschied zum Hupendöschen) verstr. – **Schün(en)döscher** m. Arbeiter, der Getreide in der Scheune drischt. – Ral.: *äten/fräten as 'n Schünendöscher* tüchtig essen verbr.; *schweite eis so'n Schünedösche* kräftig schwitzen Nau/De. *Dat geiht as bi dei Schünendöschers* das geht sehr flott Gri/Ti. – **Schün(en)döscherstull** f. sehr dicke Scheibe Brot vereinz. – **Schün(en)dur** n. Scheunentor. Übertr.: großer Mund vereinz. *Måk't Schünendur tau, 't kåmen Fleigen rin!* sitz nicht mit offenem Mund da! Dem/De. – Ral.: *Mi geiht 'n Schün'dur up!* mir geht ein Licht auf! vereinz. VPom, [2]VOG 8; *mit'n Schünendur winken* einen deutlichen Hinweis geben Rüg/Pu. – **Schün(en)fack** n. abgeteilter Raum in der Scheune zum Lagern von Getreide und Stroh verbr. *Kuurn in't Schün'fack ståken* Rüg/Bi. Vgl. Schün(en)tass. – **Schün(en)flur** m./n. wie Schün(en)däl verbr. MPom HPom, sonst selt. *De Schünaflor is mit Lehm utstampt* DKr/La. – **Schün(en)kåter** m. 'Scheunenkater' Mensch mit starrem Blick vereinz. VPom. – **Schün(en)tass** m./n. wie Schün(en)fack vereinz. MPom HPom, Fla/Ta, POP 177. *Dat Kôn ward in'n Schün'tass ümmer schichtwies packt* Reg/Rg. – **Schün(en)ul** f., TiN, Schleiereule °Rüg, Stral.

Schunkel f., *Schungel* Dem/Pi, *Schonkel* Ran/Ro, mf. °Pyr, Saa/Jk, Schaukel verbr. im mpom. Keil, sonst verstr. HPom, [2]MIS 75. Zur Wortgeographie s. Kt. *Schockel*. *De Jong' sitt in d' Schunkel un schunkelt sich* Ran/Pe. – **schunkeln** sw., *schonkeln* Ran/Ro, mf. °Pyr, selt. ZPom. **1.** schaukeln, auf der Schaukel hin und her schwingen verbr. MPom SPom, sonst vereinz. *De Kinner schunkeln (sich)* Ran/Sr. – **2.** etwas oder jmd. in schaukelnde Bewegung versetzen, wiegen vereinz. *Schonkel ni' so mit'e Beenen!* Pyr/Pe. Aufforderung zum Tanz: *Will wi 'n Happen schunkeln?* Stett. Veralt.: buttern mit dem Schaukelbutterfaß Dem/Sa, °Kös, [4]WIN 154. – **3.** sich schwankend hin und her bewegen vereinz. *Dat Boot schonkelt* Gbg/Gp. *Hei schunkelt so dei Stråt lang* °Fra. – **Schunkelweig** f. Kinderwiege Uec/Pa.

Schüpott m. Sauciere Fra/Bn, Rüg/Wi, Ank/An, Lau/Vl.

Schupp f., Pl. *-en*. **1.** Pl. *Schêpe* Büt/Wu [5]KNO 1,24, Fischschuppe verstr., LAUWB 321[b], [2]MIS 33. *Dei Schuppen von'n Boo(r)s gåhn schlicht af* Gri/Mi. – **2.** Kopfschuppe Nau/Db, Reg/La. Gebräuchlicher ist Schinn.

Schüpp f., Pl. *-en*. **1.** Schaufel, Schippe. *'ne Schüpp vull Sand* Gwd/Ba. *Stell den Spåden weg un hål di 'ne Schüpp!* Gwd/Wi. *Hei mutt mit'e Schüpp arbeede, sien Öllre hewwe em nischt leere laute* seine Eltern haben ihn nichts lernen lassen Neu/Ns. – Ral.: *einen up dei Schüpp nähmen* jmd. zum Narren halten verstr.; *dei Schüpp (in dei Hand) nähmen* mit einfacher Arbeit sein Geld verdienen verbr.; *ein' dei Schüpp vör dei Dör stellen* dem Arbeitgeber den Dienst aufsagen verstr. *Dat kast hollen mit Schipp orrer Spåden* das kannst du halten, wie du willst Uec/Pa; *mit Schüpp un Steia* [Stiel] ganz und gar Net/Hf. Syn. Schüffel. – **2.** Dim. *Schüpping* Gri/Go, Gwd/Ba, (mißmutig) vorgeschobene Unterlippe. *Hei lett dei Schüpp hängen* schaut verdrießlich Fra/Bn. In fester Vbdg.: *'ne Schüpp måken/trecken* den Mund verziehen verbr. – **3.** Pl. – **3.1.** lange Fingernägel selt. MPom HPom. – **3.2.** Farbe Pik im Kartenspiel vereinz., HOMWB 169[b]. – **4.** Dim. *Tschippke*, Prise, kleine Menge Büt/Wu BLFPVK 3,68.

Lautvar.: *Schübb(e)* nördl. °Kol, *Schipp(e)* verstr. MPom, sonst vereinz., *Schepp(e)* Nau/Wa, °Kös, °Lau.

schuppen sw. Fisch von Schuppen reinigen vereinz. *Boors schuppen is 'n äklig Stück Arbeit, dei Schuppen sitten so fast* Rüg/Ae. Vgl. afschuppen.

Schuppen m., *Schubbe* Reg/Kt, Sch/Pk, *Schoppe* Rum/Ru, vereinz. NOPom. **1.** wie hd. vereinz. Vgl. Schur^2. – **2.** Heuboden über dem Stall vereinz. HPom. *Hebb ji jûer Hei un Stroh all up'm Schoppe?* Sto/Gl.

schüppen sw., *schippen* verbr. MPom, selt. HPom, *schübbe* Reg/Kt, schaufeln, mit der Schaufel arbeiten. *Sand schüppen* Gwd/Ba. *Dai Kies scha up aine Hope schippt ware* LAUWB 309^a. *Wat hest du ümmertau mit mi tau schüppen?* was willst du immerzu von mir? Fra/Pu. Syn. schüffeln. – **Schüppenas** n. Pik-As im Kartenspiel vereinz. Auch: Karo-As selt., GRO 31. – **Schüppenbur** m. Pikbube vereinz. Auch: Karobube selt., GRO 31. – **Schüppensœben** f. Pik-Sieben vereinz. – Ral.: *dorsitten as Schüppensœben* träge, antriebslos dasitzen Rüg/Zi, Ghg/Li, Lau/Vl. – **Schüppenstäl** m. Stiel der Schaufel. *Dei höllt sich bloß an'n Schüppenstäl fast* ist faul °Fra, Gwald. Iron.: *Hei hett so dull arbeit't, dat em dei Schüppenstäl afbråken is* Cam/Ca. – **schüppenvull** Adj. gedrängt voll Sch/Sk.

Schuppstauhl m., hist., *Schipp-* Ghg/Bo, *Schüpp-* Pyr/Wi, Saa/So,Te, Schandkorb, in dem Verbrecher zur Schau gestellt wurden. Heute nur noch ral. erhalten: *einen denn Schuppstauhl vör dei Dör setten* jmd. hinauswerfen, entlassen vereinz. – **Schuppstund** f., *Schubb-* vereinz., REX 37, Dämmerstunde verstr. VPom, sonst selt., HUMGWD 6,21,1. *Großmudding vertellt uns in de Schuppstund ümmer Läuschen* Rüg/Dm. → Schummerstund.

Schur^1 n., vereinz. m., Pl. *Schuren, Schuern.* **1.** Regenschauer. *Nimm dat Tüg von'e Lien, dat gifft glieks 'n Schur!* Gwd/Ba. Scherzh. von einem starken Regenfall (mit Anlehnung an Schur^2): *Dat was eie Schur un gliek de Schün dorbi* Kös/Sr. – **2.** Kälte-, Angstschauer selt., DLP 2,90. *Mi löppt a' Schur œwe* Kol/Pr. – **3.** übertr., meist Pl., Stirnrunzeln, böse Miene verbr. *Wat treckst du för Schuern vör'n Kopp?* Rüg/Ae. *Allmählich vertrecken sich de Schur'n von sin verdreetlich Gesicht* HUMGWD 4,27,11.

Schur^2 n. **1.** offener Schuppen zur Unterbringung von Wagen u. Gerätschaften verbr. *De Wågen steht unner't Schur* Uec/Ue. *Bring denn Plaug in't Schur!* Dem/Tp. In solchen Schuppen wurden auch Handwerkertätigkeiten, bes. Stellmacherarbeiten ausgeführt. *Dei Stellmåker arbeid't in't Schur* Gwd/Ba. Vgl. Hauschur, Schuppen. – **2.** Schutzdach an der Hausfront Fra/Po, Gwald.

Schur^3 f. Schafschur vereinz. – Im Spruch: *Son' Säg, son' Farken. So'n Schap, so'n Schur, – so'n Meßhof, so'n Bur* HUMGWD 12,24,8, ähnl. Ank/An. – Sagw.: *Dat weer eie scharp Schur, secht de Voß, as hei 'ne Schuß up'e Pelz kreech* Gbg/Vi. Häufiger in der Zs. Schåpschur.

schuracke sw. schwer arbeiten Lau/Sl. Vgl. PRWB 5,486: *schuracken.* – **Schurarbeider** m. Stellmacher verstr. VPom, Lau/Lg. Vgl. DWA 9, Kt.8. → Stellmåker.

schuren sw., auch *schuern,* schauern, kurz und heftig regnen vereinz. Im Spruch: *Hüt schuurt't, morgen suert't, œwermorgen rägent't* Reg/Kt, ähnl. vereinz., POMHTSTE 1928,9,36^b. – **schurig** Adj. **1.** regnerisch verstr. *schurig Wäder* Stolp. – **2.** schaurig, gruselig selt., DLP 2,88. *Dat höört sich schurig an, we' dei Wind buten so hüült* Gbg/Gp.

schurigeln s. schaurigeln.

Schuring f., *Schurig* Cam/Ca, windgeschützte Stelle °Uec. Vgl. Schul, Schuling. – Zu Schur^2.

Schurlüd s. Schurmann. – **Schurmann** m., Pl. *Schurlüd,* Hafenarbeiter, der Fracht lädt und löscht verstr. vpom. Küste.

Schurr f., Pl. *Schurre,* altes, mageres Pferd Saa/So, vereinz. NOPom. Auch: alte Kuh vereinz. NOPom; verkümmertes Schwein HOMWB 179^b. → Zoss.

Schürr s. Schüdd.

Schurrback f., *Schurre-* selt. **1.** Kartoffelpuffer vereinz. östl. ZPom, NOPom, sonst selt., HTKÖS 1927,15,1. Früherer Silvesterbrauch, damit ein Baum gut trägt: *Ne Schurrback ward anne Boom bunge* Büt/Wu BLFPVK 7,88f. Syn. Rutschback^2, Schurre. – **2.** in der Pfanne oder über offener Glut gebackener Brotteig vereinz. NOPom, °Fla. – **Schurrbåhn** f. Rutschbahn auf Schnee oder Eis ^{2}KNO 85. Vgl. schurren. – **Schurrbuck** m. **1.** TiN, Libelle Ran/Pl,Sl, Ghg/Ko, westl. °Pyr. Vgl. DWA 2, Kt.54. → Wåterpierd. – **2.** Bez. für den Wind °Kös, Lau/Vl, Net/Hf.

Schurre f. Kartoffelpuffer Ran/Ku,So, mf. °Pyr, vereinz. SPom ZPom, Arn/Ha,Li,RD, DKr/La. *Hüt Middag heww ik schön Schurri jäte* Saa/Le. Syn. s. Schurrback. **Laut- u. Formvar.:** *Schurri* Ran/So, °Pyr, Saa/Le, °Sch, *Schuri* Nau/Db. – Pl.: *Schurres* Pyr/Ks, Dra/Jn, °Sch, *Schurris* Pyr/Dö, *Schurries* Saa/Zg, *Schürres* Pyr/Wi, *Schurrn* Pyr/Py, wie Sg. *Schurre* Saa/Te.

schurren sw., *schorre* Saa/Ja, *schure* Nau/De, *schuəre* °Rum ^{2}MIS 29. **1.** geräuschvoll über den Boden schleifen. *Schurr nich ümmertau mit'n Stauhl, dat måkt Schramm'!* Rüg/Ae. *Schurr dat Sofa bäten wierer!* Dem/Tp. *De Schläden schurrt* schleift über sandigen Boden Gwald. *Dei Acker ward schurrt* wird mit einem schweren Gerät geglättet Lau/Vl. – Ral.: *De schurrt all up de Flüchten* steht kurz vor der Pleite Ank/An, ähnl. vereinz. – **2.** schlurfend gehen verbr. *Bör dien Fäut up un* *schurr nich so!* Dem/De. Litspr.: mühsam durchs Leben gehen. *Dor schurrt 'n von einen Dag in 'n annern un von ein Johr in 't anner* [5]BAND 222. – **3.** über das Eis gleiten, schlittern Dem/Tp, Saa/Ja. Vgl. Schurrbåhn. – **schurrig** Adj. schlurfend, schleppend (vom Gang) Reg/Kw. – **Schurrkåhn** m., fischerspr., kielloser Kahn zum Fischfang in flachen Gewässern verstr. °Gbg.

schürrköppen s. schüddköppen.

Schurrmurr m./n., f. Ran/Pe, Sto/Wd, *Schumurr* Gri/Go, Gwald, Nau/De, unbrauchbares, wertloses Zeug verbr. *Bring doch denn Schurrmurr up'n Bœn!* Stett. *In sin' grote Kist is blot* [...] *Schurr=Murr un en groten Hupen vullschräben Poppir* [2]TIB 55. Vgl. Schamur. – **schurrmurrig** Adj. unordentlich, unaufgeräumt Sto/Dö,Wd.

schurwarken s. schörwarken.

schüs s. adschüs.

Schuschke s. Schischke.

schuß Adv. aus, vorbei vereinz. Meist in der Vbdg.: *mit ein' schuß sin* mit jmd. nichts mehr zu tun haben wollen. *Mit di bün ik schuß up ewig!* Saa/Ja. – **Schuß** m., Pl. wie Sg., wie hd. **1.** Schuß aus einer Feuerwaffe. *He hett een' Schuß afschåten* Ran/Pe. *De Hås hett den ganzen Schuß krägen* die ganze Schrotladung abbekommen Pyr/Lt. In fester Vbdg.: *wiet (af) von'n Schuß* zeitlich oder räumlich weit entfernt verstr. *Dat sei friegen ward, dat is noch wiet af von'n Schuß* Gri/Go; *in Schuß sin* in Ordnung, in gutem Zustand sein. *Se hüllt dat ganz Hus in Schuß* Pyr/Wa. Vgl. Schott[3]. – **2.** eine kleine Menge Flüssigkeit. *Giff mi 'n Schuß Rum in'n Tee!* Dra/Ga; *'n Schuß Ätsch* [Essig] Uec/Pa. *Hei kricht 'n Schuß in't Gesicht* bekommt einen Guß Wasser ins Gesicht Sch/Pu. – Scherzfr.: *Wecker Schuß deit nich weh? = de Schuß Rum mank 'n Tee* Uec/Pa. – **3.** Anzahl Brote, die ein Backofen faßt vereinz. VPom. *dree Schuß Brot* Stral. – **4.** fachspr., Gesamtheit der in Querrichtung gespannten Fäden am Webstuhl vereinz., REI 11.

Schussel m., *-ss-* zumeist sth. **1.** zerstreuter, vergeßlicher Mensch verbr. Auch: Dummkopf vereinz. – **2.** liederliche Person vereinz. – **schuss(e)lig** Adj. **1.** gedankenlos, vergeßlich verbr. *Sei is so schusselig, dei Hälft vergett sei* Ank/An. Auch: dumm, einfältig vereinz. – **2.** unordentlich gekleidet vereinz. VPom, Sch/Pu. *Sei hett sich so schusslig antreckt* Gri/Ti. – **3.** wackelig (im Gang) Gri/Mi, Uec/Pa. – **schusseln** sw. unsicher, torkelnd gehen vereinz.

schüsseln sw. langsam gehen Gwald, Ank/An. Gebräuchlicher in der Zs. losschüsseln.

schussen sw., *-ss-* stl. **1.** unsicher und wackelig gehen (meist von Betrunkenen) vereinz. VPom, Uec/Pa. – **2.** eilen, schnell laufen selt. VPom, [9]HAAS 20. *[He] schusst, as wenn he't up enen awsehn här, ut de Dör* DEI 65.

Schussen s. Schossen.

schüssing s. adschüs.

Schustranz m., fischerspr., Arbeitsposten bei der Eisfischerei, der das Netz beim ersten Eisloch (Letschner) abladen mußte Sto/Gd STOHTBL 13,205, JOSTWB 95. – Etym. unklar.

schut Interj., kindspr., Ausruf des Spotts, der Schadenfreude verstr., [3]LUCH 16. *Schut, schut, hest di wat in de Bücksen måkt!* Ran/Wl. *Schut, schut, schäm di, all Lüd sehn di!* Uec/Pa.

Schut[1] f., Pl. *-en.* **1.** breitrandiger, haubenartiger Hut verbr. VPom, sonst vereinz. *Sett di dei Schut up, wenn du tau Fell geihst, dei Sünn brennt so!* Dem/Tp. Auch: großer, altmodischer Damenhut vereinz. *Wat hest du di för 'ne Schut upsett't?* Rüg/Ae. Vgl. Helgolänner, Schut(en)haut. – **2.** Mützenschirm verstr. VPom, sonst selt. *Dei Mütz hett 'ne Schut* Fra/Zi.

Schut[2] f., seem., Pl. *-en*, flacher Lastkahn vereinz. *De Schut hett schwer låden* Stett. *Wi hålen dat Heu von dei lütt Insel in'e Schut* Fra/Zi. – Mnd. *schûte.*

Schüten n. Kosew. für einen Hund selt. VPom, HUMGWD 8,16,2. *De Scheper steiht* [...] *an'n Bom lähnt un knütt't. Sin Schüten paßt up de Schap up* HUMGWD 4,18,10.

Schut(en)haut m. breitrandiger Damenhut vereinz. VPom MPom, °Cam. Vgl. Schut[1].

Schuterie f. unredliches Tauschgeschäft verstr., HUMGWD 76,56f.,4. *Wat sall de Schuterie, beholl dat vör di!* Gwald; *bi so'ne Schuteri* [*is*] *ümmer Jedwerein bedragen* [1]BRE 91. Auch: Streit, Zank °Dem, °Cam, Rum/Pr, LUCIA 66; übermütiges Spiel SPI 62.

schutern[1] sw. einen kleinen Tauschhandel betreiben VPom, vereinz. MPom, Dra/Bu. *All dei Gören in'e Schaul schutern mit Griffels un Bliestiften* Dem/Tp. *Sei schutern mit Breifmarken* Ank/An. Refl.: *Un'n Taschenmetz un Dauk hew ik mi schutert* beim Tausch erworben PAL 149. Auch: bei einem Handel oder Tauschgeschäft unredlich handeln verstr. VPom, Uec/Ge,Pa, Ghg/Li, BLFPVK 1,130, [2]TIB 206. *Wecker Lust tau schutern hett, hett uck Lust tau bidreigen* HUMGWD 10,46,11.

Lautvar.: *schurern* Gwd/Ba,Ze, *schudern* selt. VPom, BLFPVK 1,130, *schuddern* Fra/Bn,Pu, *schuttra* Dra/Bu, *schuten* Fra/Ln, Rüg/Ae, Ghg/Li.

schutern[2] sw., *schuddern* Fra/Pu, Metallknöpfe oder Münzen gegen eine Wand werfen und dort abprallen lassen (Kinderspiel) °Fra, Rüg/Wi. Vgl. Klingpfennig.

Auch: Bohnen oder Murmeln in ein Loch schnipsen Gri/Ti, Dem/De.

Schuthåmen m., fischerspr., großer Kescher Saa/Kl.

Schutschke n. kleine Person Neu/Th, selt. NOPom.

Schutt s. Schott[4].

Schütt[1] m., *Schütz* vereinz., Pl. *-en.* **1.** Schütze. Spez.: Mitglied eines Schützenvereins. *Dit is uk so'n Schütz, de nüscht treffen deit* Ran/Pe. – **2.** Sternzeichen Schütze selt. *Unner'n Schützen scheeten de Planten hoch* im Sternzeichen des Schützen gesäte Pflanzen schießen schnell in die Höhe Ran/Gl.

Schütt[2] n./f., *Schitt* vereinz. HPom, Slo/La, *Schett* Lau/Ke, Pl. *-en.* **1.** eiserne Klappe zum Verschließen des Backofens vereinz. *Dat Schitt am Backåwa möt got schluta* Saa/Ja. Vgl. Schott[1], Schüwer. – **2.** einsetzbare Trennwand. – **2.1.** vorderes und hinteres Verschlußbrett am Kastenwagen Ran/Pe, vereinz. HPom. *To'm Kastewaje here hooch Sidebräder* [...] *as Schitte inschave* JOSTWB 83. Syn. s. Schott[1]. – **2.2.** Stauwehr in Bächen und Wassergräben verstr. *Dat Schitt am Wåtergråwe möt hochtreckt wara, dat de Wisch afdröga kann* Saa/Ja. Müllerspr.: Schleusentor zur Regulierung des Wasserzulaufs der Wassermühle vereinz., LAUWB 322[a]. *De Möller treckt de Schütten up* Fra/Zi. Vgl. Schott[1]. – **3.** fachspr., Weberschiffchen verbr. HPom, Fla/Ta, Slo/La, [4]ROSF 509.

Schütte n., *Schüdde* Reg/Kt, Schützenfest Gbg/Gp,Wo. *Am drürre Pingstdag is in Griefenbarg ümme Schütte* Gbg/Gp. – **Schüttenfest** n. dass. *Schüttefest duert dree Dag, de König ward utschåta un Ümmarsch måkt* Dra/Ga. – **Schüttengill** f. **1.** veralt., Schützengilde, -zunft vereinz. – **2.** n. Ghg/Wt, Reg/Rg, Schützenfest Ghg/Kh,Si, Pyr/Sa,Py, °Nau. *Ik wür König up't Schüttenjüll* Ghg/Wt. – **Schüttenplatz** m. **1.** Platz für das Schützenfest vereinz. – **2.** Schützenfest Dra/Bu,Dr, Lau/Ne, Fla/Ta.

Schüttsch f. **1.** Kosew. für ein kleines Mädchen vereinz. – **2.** ungepflegte Frau vereinz.

Schützel m., vereinz. n. **1.** Schieber, mit dem Brot in den Ofen geschoben wird vereinz. MPom, °Nau, mf. °Saa, DKr/La, [1]HOLS 176. *Mit'n Schützel ward dat Brot in'e Åwe schåwe* °Saa. Syn. Schüwer. – **2.** Kratzer zum Säubern des Backofens Ghg/By, Pyr/Wi, Saa/Jk, DKr/La, [3]JAHN 340, KRKLBEL 1932,65. Syn. Krück. – **3.** Schutzwand der Torfstecher gegen Wind und Wetter °Ran, HÜCKA 96. *Bi Rägen güng't hinner't Schützel* °Ran.

schuulsch Adj. **1.** heimtückisch, hinterhältig. *Ik trug em nich, he is ümmer so schuulsch* Dem/Tp; *schuulsche Knäp* gemeine Streiche vereinz. VPom, Ghg/Li, Lau/GW; *'n schuulschen Hund* hinterhältiger Mensch Ghg/Wt. – **2.** schielend vereinz., [4]GIL 118. *He kiekt schuulsch* Pyr/Lt. Paarformel: *schuulsch un dœmlich* dumm und dämlich vereinz. Von schmackhaftem Essen: *Dor äten se sich schuulsch un dœmlich an* Gwald. *Ik künn mi schuulsch un dœmlich lachen* kann mit dem Lachen nicht aufhören Dem/Tp. – **3.** scheu, mißtrauisch vereinz. VPom, HUMGWD 4,9,1, SPI 54. *Tau Frömde is hei 'n beten schulsch* BERL 7.

schuusche[1] Interj. vereinz. östl. HPom. Nur im Wiegenlied: *Schuusche patuusche, wat ruschelt im Stroh?* °Kol, ähnl. Büt/Wu [5]KNO 1,9. – **schuusche[2]** sw., *schuse* Büt/Bt, Lau/GW. **1.** ein Kleinkind in den Schlaf wiegen vereinz. NOPom. *Karl schricht so, gåh hen un schus em eie bitzke!* Lau/GW. – **2.** schlummern, leicht schlafen Büt/Bt. Vgl. PRWB 5,494: *schuschen.*

schuwen s. schuben.

Schüwer m., Pl. *-s,* Schieber. **1.** langes, schmales Brett, mit dem Brot in den Backofen geschoben wird. *Lech man de Brot up'm Schüwer, un ik schuf s' rin in'n Backåwen!* Ran/Pe. Syn. Schützel. – **2.** Kratzer zum Säubern des Backofens Fra/Pe,Zi, Ank/An. – **3.** Schieberiegel am Türschloß vereinz., DÄHWB 417[a]. – **4.** großes Eisenblech zum Verschließen des Backofens vereinz. *Sett man denn Schüwer vör'n Backåwen!* Ran/Pe. Auch: Zugklappe im Ofenrohr vereinz. *De Schüwer möt to, süss geht de ganze Hitt ut'n Schosteen!* Gwald. Vgl. Schott[1], Schütt[2]. – **5.** großes Stück Holz vereinz. *Schmiet man noch 'n Schüwer Holt en'n Owe!* Lau/Ke.

Lautvar.: *Schüber* Ank/An, SPI 7, *Schiewer* Sto/Dö,Gl, HOMWB 169[a], *Schiebe(r)* Rum/Pr, Lau/GW, *Schęiwer* Rum/Km [5]TITA 52, *Schuwer* selt.

Schuwerie f. 'Schieberei' Vetternwirtschaft, Korruption Büt/Bt.

schuwig Adj. **1.** auf der Milch abgesetzt, fertig zum Abschöpfen (von Sahne) Rüg/Pu, Lau/GW, [4]WIN 128. *De Såhn is all schuwig* Rüg/Pu. – **2.** langsam, schleppend Pyr/Sh, Lau/GW: *Hei jeht all so schuwig.*

Schüwwels n. kindische Frau vereinz. ZPom.

Schwabbel m. **1.** seem., Scheuerbesen aus altem, aufgedrehtem Tauwerk Stral, Uec/Ue, Lau/GW. Syn. Schwabber. – **2.** Morast, durchweichter Boden Gwd/Ze. – **schwabb(e)lig** Adj., *schwaww(e)lig* selt. **1.** weich, wabbelig. *Dei Botter is so schwawwlig* Gbg/Gp. *Mi is janz schwabblig to Mot* mir ist ganz elend, übel Ran/Ro. Vgl. schwabbig. – **2.** federnd, gut biegsam vereinz. HPom, Net/Hf. *Dat Ies is all schwabblig* ist dünn und schwankt Nau/We. – **3.** redselig, schwatzhaft Ghg/Li, Pyr/Lt. – **Schwabbellies** f. Klatschbase selt., BLFPVK 3,151. Rsyn. s. Quos. – **Schwabbelmul** m. Plappermaul Ank/An, Fla/Wo, DEI 62. – **schwabbeln** sw., *schwappeln* selt. VPom, Uec/Ue, Bel/Sh, DLP 2,282. **1.**

sich hin und her bewegen. – **1.1.** in schwankender Bewegung sein vereinz. *Dat Moor schwabbelt* federt, schwingt Cam/Kw. *Dat Wåter schwabbelt* schlägt Wellen ans Ufer °Dem. *Dat Fleesch is so fett, dat schwabbelt ma so* Ghg/Wt. – **1.2.** sich (ungeschickt) im Wasser bewegen. *Kiek eis, wie dei Kleine im Wåter schwabble!* Sto/Gl. *Dei Fleig schwabbelt in'e Melk* Gwd/Ze. – **1.3.** *swaffeln* Fra/Bi BLFPVK 2,51, wimmeln, von einer unruhigen Menge erfüllt sein vereinz. *Dei ganze Mark* [Markt] *schwabbelt von Minschen* Gri/Mi. – **2.** viel reden, schwatzen verstr. *De Mäkes stohne up'e Strot un schwabble de janze Owend* Sto/Gl. *Sei schwabbelt ein' dei Uhren vull* Gri/Mi. Vgl. Geschwabbel.

schwabbenfett Adj. sehr dick, wohlbeleibt °Dem. – **schwabbenvull** Adj. übervoll, bis zum Rand mit Flüssigkeit gefüllt selt. *Dat Emmer wier schwabbenvull* Sch/Sd.

Schwabber m., seem., Scheuerbesen aus altem, aufgedrehtem Tauwerk vereinz. vpom. Küste, NET 216. Syn. Schwabbel. – **schwabbern** sw., seem., das Deck mit dem Schwabber scheuern Rüg/Sn, Gwald.

schwabbig Adj., *schwappig* selt. **1.** weich, wabbelig vereinz. *schwabbig Hult* morsches Holz Sto/Dö. Vgl. schwabb(e)lig. – **2.** schwingend, federnd vereinz.

schwäben sw., *schwäwen* vereinz., *schwewen* selt., schweben. **1.** in der Luft gleiten vereinz. *Blot en witte Vagel swewt tau Nest allein* WUTA 188. *Dei Luft schweeft so* flimmert bei großer Hitze Lau/GW. – Ral.: *Man wett nich, wat noch all in de Luft schwääft* was die Zukunft bringt Ran/Pe. – **2.** unpers., etwas vage in Erinnerung haben vereinz. *Hermann mütt hei woll heiten, dat schwääft mi so in'e Gedanken* Gri/Lo. Wenn einem etwas nicht gleich einfällt: *Dat schwääft mi up'e Tung* Fra/Zi, ähnl. vereinz. – **3.** leichtfüßig gehen, den Erdboden kaum mit den Füßen berühren selt. *Tanten Lite swewte ut de Husdör* [2]TIB 55. – **4.** torkelnd, schwankend gehen Uec/Pa, Cam/Ca, Sto/Dö, Fla/Ta, DÄHWB 478[b]. – **5.** Korn durch Werfen in die Luft reinigen Gwd/Ha.

schwack Adj., *schwåk* Büt/Bt, wie hd. *schwach* vereinz., schwach. **1.** kraftlos, matt. *Hei is olt un schwack* Gwd/Ba. *Nåh de Krankheit is hei so schwåk* Büt/Bt. *He kann eene schwack måken mit sien Gedrœn* sein dauerndes Gerede ist anstrengend Pyr/Lt. – **2.** nicht leistungsfähig, wenig belastbar. *Mien Ogen sünn all schwack, ik möt 'ne Brill hemm'* °Dem. *He is schwack up de Bost* kurzatmig Pyr/Lt. *Dei is schwack up de Bein'* stark betrunken Ank/Br; *schwack in'n Kopp sin* dumm sein Gri/Lo. *Dat Hus is swack buugt* nicht stabil genug gebaut Slo/La. *De hett sien schwach Siej* [Seite] *afsehe* seine Gutmütigkeit erkannt und ausgenutzt Pyr/Wa. – **3.** mit geringer Intensität selt. *Hüt weiht 'n schwachen Wind* Ank/Br. – **schwackbeinig** Adj. unsicher, wackelig gehend Ank/Br. – **Schwackbier** n. Dünnbier vereinz. VPom. *In'n Aust* [Ernte] *geef't früher Schwackbier* Gri/Mi. Vgl. Austbier. – **Schwackdrinkels** n. dass. Sto/Kb. – **Schwackheit** f. Schwäche, Schwachheit vereinz., HOMWB 181[a]. *Vör Schwackheit kunn hei kum gåhn* Gwd/Ba. – Ral.: *Bill di bloß keine Schwackheiten in!* mach dir keine falschen Hoffnungen! Stral. – **schwacklig** Adj. schwächlich selt. NOPom, HOMWB 181[a]. *Dei is noch so schwacklig up'e Knåken* Sto/Dö.

Schwåd f./n. Reihe gemähten Grases oder Getreides. *Heu in Schwore harke* Use/Da. *De Håwern möt upbunnen warn, he licht noch up't Schwadd* Gwd/Bo. Auch: das mit einem Sensenschnitt abgemähte Gras oder Getreide. Vgl. Grasschwåd, Hickschwåd.

Laut- u. Formvar.: *Schwadd* verstr., *Schwå'* vereinz. VPom ZPom, Pyr/Ma, Sto/Kb, *Schwar* vereinz., *Schwor* Insel Wollin, verstr. HPom, *Schwaur* verstr. nördl. ZPom, *Schwåg* Pyr/Kö. – Pl.: *Schwåden* vereinz. VPom, *Schwåre, Schwore* Use/Da, vereinz. ZPom, [5]TITA 59, Pl. wie Sg. vereinz.

schwaddeln sw. schwatzen selt. VPom. *Hei schwaddelt allerhand dumm Tüg* Gri/Mi. – **schwaddern** sw. dass. Stett, HOMWB 181[a].

Schwäden m., f. Saa/So, *Schwäg, Schwäj* Pyr/Wa,Wi, vereinz. °Saa, Wundpflaster Hidd., verstr. °Pyr u. SPom. *Kläf di 'n Schwäden up dien Wehdåg!* Saa/Ja. – Mnd. *swēde* f./n. Wundauflage.

schwåden sw. gemähtes Gras oder Getreide in Reihen zusammenharken. *dat Kuurn schwode* Lau/GW. *Dat schwaud't gaut* gibt guten Ertrag Net/Hf.

Lautvar.: *schwoden* Dem/Re, Ran/Ta, Lau/GW, *schwånen* Gri/So, *schwaure* Gbg/Wo, *schwaudo* Net/Hf.

Schwåder m., *Schwårer* vereinz. **1.** Heuwender vereinz. – **2.** Dampfmaschine zum Betreiben des Dreschkastens Gri/Gm, Uec/Ge, Cam/Kw, Lau/GW. *Dei döscht mi'm Schwåde(r)* Cam/Kw.

schwadronieren sw., *schwadrunieren* vereinz. VPom, *schwadruneire* °Gbg, unaufhörlich reden verstr.

Schwäf f. Schwebe. **1.** ungewisser, offener Zustand. Nur in der Vbdg.: *in'e Schwäf sin. Of wi Taulåg krieje, dat is no' in'e Schwäf* Reg/Me. *Bi dei is werrer wat in dei Schwäf* sie erwartet wieder ein Kind Gwd/Ze. – **2.** *Schwäif* DKr/La, frei hängendes Brett, um Lebensmittel sicher vor Ungeziefer zu lagern verstr. *Sei* [...] *süht up dei Swäw 'ne Schöttel stahn* HUMGWD 10,49,7.

Schwåf m., Pl. *Schwåben, Schwåwen.* **1.** Schwabe. – **2.** TiN, Küchenschabe verstr. *Sei hemm' so väl Schwåben in'e Kœk* Gwd/Ba.

Schwäfel s. Schwäwel.

Schwåger m., Pl. *-s*, Schwager. **1.** Ehemann der Schwester, Bruder des Ehepartners. *Hei is 'n Swager an* *mi* ist mein Schwager Rüg/Ae. Scherzh., wenn man sich den Ellenbogen stößt: *Mîə Schwåje lött mi grüße!* Pyr/Wi. – Sprw.: *Dei 'n böses Wief hett, hett 'n Düwel taun Schwåger* Ank/An, ähnl. HUMGWD 11,49,6. – **2.** scherzh. Bez. für jmd., der einem anderen ähnelt oder ähnliche Tätigkeiten ausübt vereinz., HTKÖS 1931,7,12. *Dat is denn Schmitt sien Schwåyer* der Stellmacher Arn/Rb. – **3.** veralt., Postkutscher Fra/Ln. – **4.** freie Stelle im Acker Ghg/Li, Pyr/Wa, °Sch, Net/Hf. Auch: stehengebliebener Streifen beim Pflügen Sto/Gl, Lau/GW. *Du hest jo so 'n Schwoger stohne låte* Sto/Gl.

Lautvar.: Zur Realisierung des Stammvokals s. PWB 1,1, LXI, Kt.5.

Schwägersch f. Schwägerin verstr., [2]ASM/KNO 83. – Sagw.: *Dat blifft in'e Frindschaft, sär de Bur o pußt* [küßt] *de Schwägersch* Sto/GS.

Schwäkbom m. 'schwankender Baum'. **1.** Hebebaum am Ziehbrunnen vereinz. VPom. – **2.** hoch aufgeschossener, schwächlicher Mensch vereinz. VPom. – Sagw.: *Wat dau ik mit so'n Schwäkbom von Kierl, sär dei Diern, wenn dei Wind puust, stött hei mi em üm* Rüg/Ae. – **schwäken** sw., *schwåken* selt., (vor Schwäche) unsicher gehen, schwanken verbr. VPom, sonst vereinz. *Dei is krank un kann kum gåhn, hei schwääkt man so* Fra/Zi. – **Schwäken** m. **1.** *Schwåke* MAH 85, lange, dünne Stange vereinz. HPom. – **2.** *Schweken* FRA 72, fischerspr., Schwimmer mit Fähnchen, der den Beginn einer Reihe von Fangnetzen im Wasser markiert verstr. pom. Küste, ADL 66, [1]PEE 165, RAS 54, [1]RUD 30. Syn. Steurer. – **Schwäkenlien** f., fischerspr., Leine, die den Schwimmer am Netz mit dem Netzanker verbindet vereinz. vpom. Küste, [1]PEE 177, RAS 55. Vgl. Bojenlien. – **Schwäkspon** m. Schwächling, weichlicher Mensch verstr. VPom. *Dien Mann steht di jo gor nich bi, de is woll 'n Schwäkspon!* Rüg/Zi. – **schwäkspönig** Adj. schwächlich, gebrechlich vereinz.

Schwäl f., Pl. *-en*, Schwiele vereinz. Gebräuchlicher ist Ques'.

Schwaldauk n./m., fischerspr., verballhornt auch *Schwalbendok* Gwd/La, Uec/Mn, letztes, am Ende des Zug- oder Treibnetzes angeheftetes Netzstück Use/Zm RAS 69. – Zu Schwalg.

schwälen sw., *schwäile* Neu/Gc, schwelen, unter starker Rauchentwicklung schwach brennen. *Dat Füer in'n Åben schwäält so, de hett woll keenen richtgen Tog* Rüg/Pu. *Dei Lamp schwäält* flackert und rußt Cam/Ca. *Dat schwäält unner de Asch* Pyr/Lt. – Ral.: *Dat schwäält mi so in Gedanke* ich muß immerzu daran denken Pyr/Wa. – **Schwäler** m. Arbeiter bei der Holzteergewinnung Fra/Br.

Schwalf f., Pl. *Schwalwen* verbr., *Schwalben* selt. **1.** TiN, Schwalbe. *Hier buut de Schwalf een Nest* Ran/Pe. *De Schwalben jilpen* zwitschern Ran/Sr. – Wetterr.: *Wenn d' Schwalwe scheete* [niedrig fliegen], *jifft't Rägen* Pyr/Wi, ähnl. verbr. – Volksgl.: *Secht ward, dat de Schwalf 'n Glücksvågel is* Gri/Bt. *Wo an Schwalw buucht, schleet de Blitz ni' e'* Dra/Dr. *Kümmt 'ne Schwalf an't Fenster orer in d' Stuf, denn jifft't 'n Leewesbreef* °Ghg. Syn. Schwœlk. – **2.** Ohrfeige selt. VPom. – **3.** Pl., müllerspr., tiefere Furchen im Zentrum des Mahlsteins, durch die die Körner besser auf die Mahlfläche gelangen Gwd/Bn,Wo, Use/Li, [2]REH 18. – Mnd. *swal(e)we.*

Laut- u. Formvar.: *Schwalw'* vereinz., *Schwaaw* °DKr [3]TITA 16, *Schwolf* Use/Km, °Sto, Lau/Os, *Schwolb* vereinz. ZPom, *Schwol* Sch/Nm, Rum/Lu. – Dim.: *-ke* verbr., *Schwolftje* östl. °Neu, *Schwalftch* nordöstl. °DKr, Neu/Rt, [10]TEU 245, [3]TITA 14, *Schwalftsch(e)* südöstl. °Neu, *Schwalfte* Neu/Ra, *Schwalwje* Fla/Ta, *Schwaafk* °DKr [3]TITA 16.

Schwalg m., fischerspr., hinteres Ende des Treibnetzes verstr. am Stettiner Haff, ZIMU 86. Vgl. Schwaldauk. – Mnd. *swalch* Schlund.

schwälig Adj. schwelend vereinz. *Denn 't is hüt buten 'ne swelige Hitt* eine unerträgliche Hitze [4]HOEFE 63.

Schwalkbrett n., fischerspr., Trennwand im durchfluteten Fischraum des Bootes Use/Nh. – **schwalken** sw. **1.** umherstreifen, sich herumtreiben vereinz. Seem.: *Wi schwalken* [*up See*] *von Osten na Westen* HUMGWD 75,348f.,4. – **2.** schwankend, unsicher gehen vereinz. *So swalkden wy noch ene lange Streck* RUN 395. – **3.** schwappen, überfließen selt. vpom. Küste. *Dat Wåder in't Boot schwalkt* Use/Nh. – **Schwalker** m., seem., schlingerndes, unruhig fahrendes Schiff Gwald. Vgl. MWB 6,1129: *Swalker.*

schwalt(e)rig Adj. schwatzhaft, redselig vereinz. VPom. *He is so swalterig un lött keenen to Wuurt kåmen* Rüg/Zi. – **schwaltern** sw. **1.** viel reden, lebhaft erzählen vereinz. VPom, °Uec, [4]GIL 118, HUMGWD 14,47,5. *Wenn wi so tosåmen sitten un schwaltern, denn kœnen wi gor keen Enn' finnen* Rüg/Dm. – **2.** hist., refl., sich (in einer Notlage) Gott anbefehlen selt., DÄHWB 477[a]. [...] *em blödd* [blutet] *as en Schwien. He kann sich driest swaltern* HÖF 63. Vgl. MWB 6,1129: *swaltern.*

schwalwen sw., *schwalben* vereinz. Nur in der Fügung: jmd. *ein' schwalwen* jmd. eine Ohrfeige verpassen verstr. *Ik schwalf di een, dat du di beschittst!* Saa/Jk.

Schwalwennest n. Schwalbennest. – Volksgl.: *Schwalbennester up't Gehöft bringen Glück* Uec/Ue. *Wo eie Schwalwenest im Kauhstall is, schleet keie Jewitter rinne* °Reg. – **Schwalwenschwanz** m. **1.** scherzh., Frack, Gehrock verbr. *De hett 'n Schwalbenschwanz antreckt to d' Hochtiet* Ran/Pe. → Schniepel. – **2.** TiN, Schmetterling mit schwarzgelben, spitz auslaufenden Flügeln Gwd/Ba. – **3.** PflN, Breitwegerich (Plantago major) Ran/Pt. – **4.** fachspr., Verbindung zweier Holzstücke mittels eines schwalbenschwanzförmigen Zapfens und einer entsprechenden Aussparung Gwd/Ba.

Schwamm m., *Schwåm* Lau/Ke, Pl. *Schwämm* verbr., [5]TITA 73, *Schwamme* Nau/Fg,Rh, Net/Sl. **1.** wie hd. *mit'n Schwamm afwaschen* Gwd/Ba. *De is so week as'n Schwamm* ist willensschwach, nachgiebig Uec/Pa. – **2.** Feuerschwamm (Pilz) vereinz. Auch: das daraus hergestellte Zundermaterial vereinz., HOMWB 181[a]. – Kinderr.: *As ik noch so lütting wier, scheet ik up'n Damm. Keemen drei Studenten an, dachten, dat wier Schwamm. Steeken sich wat in'e Piep, pfui, dat wier jo Kinnerschiet!* Fra/Br, ähnl. vereinz. – **3.** Bläschen im Mundraum von Kleinkindern, Mundfäule verstr. *De Schwämm bi kleen Kinner wara mit Rosenwåta bewischt* Saa/Ja. – **Schwammdos** f. unterer Teil der Tabakpfeife mit einem Stück Schwamm zum Auffangen des Tabaksaftes vereinz. – **schwammig** Adj., *schwampig* Gwd/Da, Nau/Fg,Rh. **1.** weich, ohne feste Konsistenz vereinz. *Dat Fleesch is all schwammig* nicht mehr frisch Stett. *Dat Brot is schwammig* nicht ausgebacken, klitschig Ank/An. *Dat Lerrer is schwammig* porös Gri/Sv. – **2.** aufgeschwämmt, aufgedunsen selt. *Dat Gesicht is schwammig* Pyr/Lt.

Schwån m., TiN, Pl. *-en, -s*, Schwan. In einer Wetterr.: *Dei Schwånen kråschen, dat gifft Frost* Rüg/Wi. – Im Kinderlied: *Krune krane witte Swan wer will mit nah Engelland gahn?* [2]BIEL 28. – Volksgl.: Der Schwan galt bes. auf Rügen, aber auch in anderen Teilen Pommerns als Kinderbringer (oft nur im Winter, wenn der Storch fortgezogen ist) ADL 175, BOR/KAI 5, [6]KAI 146, UP 13,177. *Dar sall de Swaan kamen* die Frau wird ins Kindbett kommen DÄHWB 475[b].

Laut- u. Formvar.: Zur Realisierung des Stammvokals mit den Hauptvar. *Schwån, Schwaun* und *Schwon* s. PWB 1,1, LXI, Kt.5.

schwånen sw., *swaanden* DÄHWB 475[b], unpers. **1.** etwas vorausahnen, im Gespür haben verstr. *Mi schwånt 'n Unglück* Dem/Tp. *Dat heff ik mi nich schwånen låten* damit habe ich nicht gerechnet Ank/An. – **2.** sich vage an etwas erinnern vereinz. *Dat schwånt mi noch so* Fra/Br.

Lautvar.: Zur Realisierung des Stammvokals s. PWB 1,1, LXI, Kt.5.

Schwånenhals m. **1.** Hals eines Schwans. – **2.** schwanenhalsförmig gebogene Kufe des Pferdeschlittens vereinz. – **Schwånenkind** n., *Schwåns-* vereinz., Neugeborenes, das nach dem Volksgl. vom Schwan gebracht wird verstr. °Rüg, sonst vereinz., BLFPVK 7,184, [1]HAAS 113, [6]KAI 146, [3]JAHN 390. *Heff di man nich as'n Swånskind!* benimm dich nicht so kindisch! Fra/Be, ähnl. selt. VPom, Lau/Vl.

schwanger sw. wie hd. *Sei geiht schwanger* ist schwanger Gwd/Ba. – Volksgl. u. Volksbr.: *Wenn e' schwangere Fru dörch't Schlœtelloch kiekt, ward dat Kind scheile* schielen °Use, ähnl. vereinz., BLFPVK 10,93. *Is een jung Mäken schwanger, darf se de janz Tiet nich de Kirch besöken* Ghg/Li, ähnl. vereinz. Eine schwangere Frau darf nicht zur Beerdigung gehen, sonst stirbt das Kind vereinz. Weiteres s. LAUWB 391.

Schwåning f., bes. litspr., Ahnung, dunkles Vorgefühl selt. VPom. *du weetst dat woll edder hest doch so eene Swaning dåvan* ARN 95f.

Schwankbom m. als Hebelarm dienende Querstange am Ziehbrunnen vereinz. ZPom. Syn. Püttschwank, Schwankraut, Sodschwengel. – **Schwankraut** f., *Schwang-* selt., BLFPVK 2,47, dass. vereinz., [10]ROSF 164. – Sagw.: *Wo de Welt up un dål gêt! saed' de Voss un sêt up de Schwangrode* [1]HOEFE 28. Auch: die daran herabhängende Stange, an der der Schöpfeimer befestigt ist vereinz. ZPom, Slo/La.

Schwanz m., Pl. *Schwänz, Schwinz* Pyr/Lt, Dra/Dr, verstr. NOPom, HOMWB 181[b], wie hd. **1.** Fortsatz der Wirbelsäule über den Rumpf hinaus (bei Wirbeltieren). *wenn sei* [die Kühe] *dat Husmäten bi't Melken mit'n Swanz üm de Uhren slögen* [2]BAND 15. *Da lope twei Föß mit erre lange Schwinze* HOMWB 181[b]. *Dat Kuurn hett all Schwänz* ist lang ausgewachsen °Gri. In fester Vbdg.: *kein Schwanz* nicht einer, niemand verstr. *Dor wier kein Schwanz tau Hus* Gri/Ti. Ausruf des Ärgers: *Ik künn mi rein de Schwanz utriete!* Kol/Go, ähnl. verbr. Syn. Stiert. – **2.** fachspr. – **2.1.** Ende des Aufzugsgarns am Webstuhl vereinz., [4]ROSF 503, REI 11. – **2.2.** Handgriff am Pflug Pyr/Lt, Nau/Sr,Wa, Sto/Gl. – **2.3.** müllerspr., äußerer Steuerbalken, mit dem die Bockwindmühle in den Wind gedreht wird Ghg/Bk, Pyr/Lt, Kol/Sö. – **2.4.** fischerspr., überstehendes Ende der Leine am oberen Netzrand Rüg/Bi, Gwd/Fr, RAS 52. – **3.** derb, männl. Glied. *He hett sich denn Schwanz verbrinnt* sich eine Geschlechtskrankheit eingefangen Pyr/Wi. *Dei Schwanz kiekt ehr ut dei Ogen* sie ist mannstoll Gri/Bo.

Phras. zu 1.: Ral.: *denn Schwanz inklemmen/intrecken* klein beigeben, sich (beschämt) zurückziehen vereinz. VPom; *denn Schwanz drågen* als Letzter in einer Reihe gehen, nachhinken vereinz. – Sprw.: *De Schwanz kimmt hinderan* die Nachteile zeigen sich oft erst im Nachhinein Sto/Wd.

schwänzel(iere)n sw., *schwinzlieren* vereinz. **1.** sich bei jmd. einschmeicheln verstr. Häufiger in der Zs. rümschwänzel(iere)n. – **2.** ziellos umherlaufen vereinz. – **3.** mit dem Schwanz wedeln vereinz., [2]VOG 74. *Kiek bloß, wie de Köter mit denn Schwanz schwänzleert!* Uec/Ge. – **Schwanzgeld** n. Trinkgeld für den Knecht beim Viehverkauf verbr. *Wenn 'ne Kauh verköfft würd, un de Schlachter se ut den Stall hålt, müsst he 'n Schwanzgeld gäben* Uec/Pa. – **Schwanzpåhl** m., fischerspr., letzter Stützpfahl am Ende der Reuse Rüg/Vt, Gwd/Fr, RAS 132. – **Schwanzreimen** m. hinterer Ledergurt am Pferdegeschirr, der mit einer Schlinge um den Schwanz des Pferdes gebunden wird verbr. *Måk dat Peerd denn Schwanzreem' up!* Ran/Pe.

Schwäp f., selt. m./n. **1.** Peitsche verbr. VPom, sonst vereinz., LAUWB 324[a]. Spez.: Peitschenschnur verstr. *Hei haugt dat Pierd mit de Schwäp œwer* Fra/Zi. *Dat geiht, as wenn dor einer mit dei Swäp achteran is* es geht sehr schnell Fra/Bn. – **2.** Gerte, dünner, biegsamer Stock vereinz., LUCIA 62. Prügelandrohung: *Ik nimm mi 'ne Schweep, wi wille ma' horke, von wo dat Hülen kümmt!* Sto/Gl. – **3.** Flederwisch oder Strohbesen, bes. zum Reinigen des gedroschenen Korns vereinz. Vgl. Schwäper. – Sagw.: *Gottswuurd in vull Flüchten, sä' de Jung, dunn hadd hei den Katechismus in de Schwäp* HUMGWD 5,6,3. – **4.** fischerspr., Ruder mit langem Blatt, bes. zum Schieben des Kahns Gwald, Fra/Bn, [1]SEG 51. – **5.** *Schwäpen måken,* Ausflüchte suchen, Umschweife machen vereinz. VPom.

Laut- u. Formvar.: Zur Realisierung des Stammvokals s. PWB 1,1, LXII, Kt.7. Darüber hinaus *Schwepp* °Dem, LAUWB 324[a], *Swepp* Rüg/Vt. – Pl.: zumeist *-en, -s* KRKLNEU 1933,157.

Schwäpels n. vom gedroschenen Getreide abgefegte Spreu selt. ZPom, °Büt. – **schwäpen** sw., *schwepen* selt., *schweppe* Starg. **1.** mit der Peitsche schlagen vereinz. VPom, DÄHWB 478[a]. – **2.** gedroschenes Korn auf der Scheunendiele mit einem Besen reinigen HUMGWD 12,17,12, [5]KNO 1,13, HOMWB 181[b]. – **3.** fischerspr., mit nur einem Ruder vom Bootsheck aus stehend in Blickrichtung rudern °Fra [2]RUD 53. – **4.** sich herumtreiben, amüsieren gehen vereinz. ZPom, sonst selt., HOEFAMSC 478[a]. *He hett de ganz Nacht schweept* Nau/Db. – **Schwäper** m., *Schwepe(r)t* Sto/Pf, Gänseflügel oder Strohbüschel zum Reinigen des gedroschenen Korns vereinz. Vgl. Schwäp.

schwapp Interj., *schwaps* selt., [2]SEG 19, lautm. für ein klatschendes Geräusch vereinz., HUMGWD 4,17,2. *Schwapp! haugt sei em ein an't Mul* Gwd/Ba. *Un swabb ligg ick up de Näs!* [1]BRE 14. – **Schwapp** f. Peitsche selt. – **Schwappdeckel** m. hölzernes Kreuz, das auf die Flüssigkeit im Eimer gelegt wird, um ein Überschwappen zu verhindern Cam/Rn. Syn. s. Schülperkrüz. – **schwappen** sw., *schwabben* vereinz. **1.** ein klatschendes Geräusch verursachen vereinz. *Hei gaff em ein Ohrfieg, dat schwappt ma so* HOMWB 181[a]. – Ral.: *ein' eine schwabben* jmd. ohrfeigen Pyr/Sa, Dra/Rt, Slo/La. – Sagw.: *Dat schwappt, seggt de Kester o scheit* [schiß] *in de Asch* Sto/Ku [3]KNO 59. – **2.** in einem Gefäß plätschernd hin und her schwanken, überlaufen (von Flüssigkeiten) verstr. *Dat Wauta schwappt im Emma* Dra/Dr. Auch: Flüssigkeiten in schwingende Bewegung versetzen, verschütten vereinz. – **3.** schwingen, federn vereinz. *Dei Raut* [Gerte] *schwabbt orig* Gri/Mi. – **Schwappraut** f. biegsamer, dünner Zweig Ran/Pe, °Cam, °Gbg, Kol/Go. – **Schwappschiet** m. Durchfall verstr. *Dei rönnt, as wenn hei de Schwappschiet hett* er hat es sehr eilig Net/Hf. Rsyn. s. Schieterie.

Schwäpstock m. Peitschenstiel. *Ick war di mit dem Schweebstock eis gewe, wenn du nich geist* HOMWB 181[b].

Schwär f./n., *Schwer* °Slo, WAR 46, *Schweie* Net/Hf, Pl. *-en,* Geschwür. *Ik glöf, ik krieg 'n Schwär an'n Finger* Ran/Pe. *De sitt vull Schwären* hat viele Geschwüre Uec/Ue.

Rsyn.: *Fispel, Geschwür, Pauf, Pestbul, Schwiensbul, Tauhopdråg.*

schwären sw., *schwere* vereinz. HPom, *schwaire* Neu/We, *schwören* Pyr/Lt, eitern, ein eitriges Geschwür ausbilden. *Dei Wunn' schwäärt* Ank/An.

Schwark f./n., m. vereinz. VPom, *Schwå(r)k* Ghg/Bk,Li, Gbg/We, Rum/Ru, *Schwurk* Sto/Go, Pl. *-en,* dunkle Regen- oder Gewitterwolke verbr. *Dor flög grad' wedder so'n schwarten Schwark äwer dat Dörp weg, – ock wedder mit Hagel mank* HUMGWD 6,42,2; *'n Schwark treckt up* Cam/Ca. Auch: Regenschauer vereinz. *Dat weer een schön Schwark* Ran/Sr. Vgl. Dauschwark, Gewitterschwark, Hangelschwark. – Mnd. *swerk, swark.* – **schwarken** sw., *schwårken* vereinz. MPom HPom, *schwauke* Cam/Ni, sich bewölken, mit dunklen Wolken beziehen. *Wi mäte* [müssen] *seihne, dat wi dat Hei rinnerkrieje, dat schwårkt all ganz mächtig* Büt/Bt. *Dat is hüt so warm, dat schwarkt all tum Gewitter* Cam/Rn. Syn. schwulken. Vgl. beschwarken, upschwarken. – **schwarkig** Adj. schwül, gewittrig Ran/Pe, Saa/Ja.

Schwarm m., *Schworm* Cam/Ca, Pl. *-s,* wie Sg. Dra/Dr, *Schwärm* Pyr/Lt, Bienenschwarm verstr. *Dat Volk ward bald 'n Swarm afjågen* ein Teil des Bienenvolkes wird bald den Stock verlassen Rüg/Ae. Nur vereinzelt auf Schwärme anderer Tiere bezogen: *åwends späle dai Mieje* [Mücken] *im Schwarm* LAUWB 323[b]; *ein Schwarm Jäs* [Gänse] Reg/Kw. Vgl. Bienenschwarm, Immenschwarm. – **schwarmen** sw. **1.** schwärmen, sich im Schwarm fortbewegen (bes. von Bienen). *Dat sitt alles schwart vull ve'm Loch, dei Imme schwarme* Reg/Me. – **2.** die Nacht durchmachen, sich amüsieren gehen selt. *Du hest woll d' Nacht schwarmt* du siehst übernächtigt aus °Pyr. – **Schwarmtiet** f. Zeit des Ausschwärmens bei den Bienen vereinz. Übertr.: Zeit unsteten Lebens, Wanderzeit. *In sien Schwarmtiet is hei wiet rümkåmen in'e Welt* Gwd/Ba.

schwart Adj. schwarz. **1.** von dunkelster Farbe. *Dei Nacht is schwart* Dem/Tp; *schwart Land* nährstoffreicher Boden Pyr/Lt. *Schwart Land gifft wat in'e Hand* bringt guten Ertrag Sch/Ac; *schwart Saft* Zuckerrübensirup Sch/Pk; *schwart Wurscht* Blutwurst Sto/Wd; *schwart Aust* Zeit des Torfstechens °Cam. *Nu treckt dat schwart un dick rup* es ziehen dunkle Wolken auf Uec/Pa. *De geht schwart* trägt Trauerkleidung Pyr/Wi. *Ehr wür ganz schwart vör Ogen* sie wurde ohnmächtig Ank/An. Scherzh. von einem Adligen: *Dei hett 'n schwarte Noors* Nau/Fg, ähnl. vereinz. Subst.: das Gedruckte, Geschriebene. Von einem Analphabeten: *Em is bi't Läsen dat Schwart in'n Wech* Fra/Zi, ähnl. vereinz., HUMGWD 9,12,11. Salopp: *Ik möt mi ierst 'n Schwarten* [etwas Kautabak] *in'n hollen Tähn lengen* Gwald. – Ral.: *Dor kannst du up luren, bit du schwart warst!* darauf wartest du vergeblich! Fra/Br, ähnl. verstr.; *einen schwart måken* jmd. anschwärzen, verleumden vereinz. *Du stehst bi mi noch schwart* hast noch Schulden bei mir Uec/Ge, Lau/GW, auch: hast bei mir kein gutes Ansehen Reg/Nt. – Sagw.: *Wenn't Herz man schwart is, seggt dei Burjung un drög bi de Beierdigung 'ne rode West* Gri/Mi, ähnl. Gri/Ge, Sto/Ku. – **2.** dreckig, schmutzig. *De Waschfru will dat schwart Tüüch* [dreckige Wäsche] *hebben* Ank/An; *schwarte Feite* [Füße] Cam/Rn; *schwart Kœk* verrußter Raum unter dem offenen Schornstein Dem/De; *dei Schåp schwart schere* die Schafe ungewaschen scheren Reg/Rg. Scherzh. Entschuldigung, wenn man sich schmutzig gemacht hat: *Schwart Schwin ware ok fett* °Sch HTKÖS 1923,6,6. – Ral.: *Dat is nich so väl as't Schwart unner'n Någel* das ist nicht viel, unbedeutend wenig Rüg/Zi, ähnl. verstr. – Sprw.: *Schwart Hand gifft fett Mul* harte Arbeit lohnt sich vereinz., HUMGWD 7,4,11, POMHTKL 1924,4. Auf den Schmied bezogen: *Je schwarte dei Schmitt, je blanker dat Jild* Kol/Go, ähnl. vereinz. – **3.** schlecht, negativ, unheilvoll. *Dat's de schwart Siet* die Schattenseite des Lebens Sto/KP. *De hett hüt ehren schwarten Dag* hat schlechte Laune Ghg/Li. *Ick ward mi häuden 'n Unschülligen in sonen schwarten Verdacht tau bringen* [11]WORM 24. – **4.** subst., m. – **4.1.** Teufel verbr. *Di sall doch dei Schwart håle!* Lau/GW. Ebenso in der Fügung: *de Schwart mit'n Peerdsfaut* Sto/Gl. → Düwel[1]. – **4.2.** als scherzh. Berufsbezeichnung. Spez.: Schornsteinfeger verstr.; Pastor vereinz.; Schmied vereinz.

Lautvar.: *schwatt* vereinz. VPom, sonst selt., *schwåt* °Sch MAH 34, *schwårt* Ghg/Gr, *schwort* nördl. °Lau STRI 29. – Flektiert sind vereinzelt lenisierte Formen belegt: *schwarde(n)*.

Phras. zu 1.: Sagw.: *Dor hemm wie Gotts Wurt schwart up witt, säd de Buer, don seeg hei den Paster up'n Schimmel* HUMGWD 11,34,8. *Dor hest du dat swart up witt, sär dei Schosteinfäger, don slog hei denn Möller* Rüg/Ae. – Rä.: *Dat ierst is swart, de beiden annern sind brun, dat Ganze is gäl, ät nich toväl!* = *Pannkoken* Stral. *Schwârt schmît 'ck 't int Water, rôd kümmt wedde rût* = der Krebs Dra/Dr BLFPVK 3,133.

Schwartbörger m., Schimpfw., schmutziges Kind vereinz. VPom. – **Schwartbråk** f. mehrjährig brachliegender Acker vereinz. – **Schwartbraum** f./m., PflN, Brombeere östl. °Gbg. Vgl. DWA 10, Kt.1. Rsyn. s. Brummelbeer. – Das Grundwort zu Bråm[1]. – **Schwartbrot** n. Schwarzbrot, dunkles Brot aus Roggenmehl verstr. *Schwartbrot mit Kees schmeckt gaut* Gwd/Ba. – Volksmed.: *Schwartbrot mit Honnig beschmeert ward kaugt un op't Geschwür lecht, dat treckt ut* Saa/Ja, ähnl. °Ghg. Syn. Groffbrot, Roggenbrot. – **schwartbrun** Adj. schwarzbraun vereinz., HOMWB 181[b]. – **schwartbunt** Adj. schwarzbunt. *Dei hett luter schwartbunt Veih* Fra/Ff. – **Schwartdraussel** f., TiN, Schwarzdrossel, Amsel vereinz. – **Schwartduurn** m., PflN, Schwarzdorn, Schlehe (Prunus spinosa) vereinz., HOMWB 181[b], PRIT/JES 318[b]. – **schwartdüüster** Adj. stockdunkel, finster vereinz. VPom, BRU 12. *In'n Keller wier 't swartdüüster* Gri/Mi; *swartdüstre Nacht* NIB 187. – **Schwartelbeer** f., verkürzt *Schwa(r)tel* Saa/Le, DKr/Ro, PflN. **1.** Heidelbeere, Blaubeere verbr. HPom, DKr/La, Slo/La, PRI/TEU 229, [5]TITA 42. *Sei plücke Schwartelbeern* Nau/Db. *Jeje Diaree* [Durchfall] *helpe jedrööcht Schwartelbeere* °Dra. → Bick(s)beer. – **2.** Brombeere °Ran. Vgl. DWA 10, Kt.1. → Brummelbeer. – **Schwartels** n. Farbstoff zum Schwärzen Gwd/Da. – **schwarten** sw. schwarz färben verstr. *de Schauh schwarte* mit schwarzer Schuhcreme polieren Sto/Bu. Unpers.: *Dat schwart't* es ziehen dunkle Wolken auf Nau/Db. – **Schwartkœkendör** f., TiN, Amsel Fra/Bi BLFPVK 9,174. – **Schwartkopp** m. **1.** Mensch mit dunklem Haar verstr. *Sei is ümmer noch so'n Swartkopp un hett noch nich ein grieses Hor* Rüg/Ae. – **2.** TiN, Lachmöwe °Rüg. – **3.** verhüllende Bez. für den Teufel Sch/Sl. – **schwartköppt** Adj. dunkelhaarig vereinz. – **Schwartmähl** n. minderwertiges, grobes Mehl vereinz. VPom, Ran/Pe. *Schwartmähl köfften de Gootsbesitter för ehre Lür, dor wür morgens Mählsupp von kåkt* Rüg/Pu. – **schwartplackig** Adj. schwarz gefleckt selt. *'n schwartplackig Schåp* Gri/Go. – **Schwartpöppel** f., PflN, Schwarzpappel Pyr/Lt. – **Schwartrock** m., scherzh., Pastor vereinz. → Paster. – **Schwartsucht** f. Eifersucht, Neid ARN 146: *een van sinen Kamraten [...] kreg de Swartsucht, as he Hansen dem Wiwervolk so in dem Schot sitten sach.* – **Schwartsur** n. Schwarzsauer, nach dem Schlachten zubereitetes Gericht aus gesäuertem Blut, Backobst, kleinen Fleischstücken und Innereien von Gans, Rind oder Schwein. *Vo' dem Blaut vo' de Gâs* [Gans] *ward Schwartsur kåkt* Saa/Le; *Schwartsur un Klüt* °Ghg. Vgl. Rawwelbeinen. – **Schwartwörtel** f., PflN. **1.** Gemeiner Beinwell, Schwarzwurz (Symphytum officinale) vereinz., HOMWB 181[b]. – **2.** Garten-Schwarzwurzel (Scorzonera hispanica) vereinz. Auch: das Wurzelgemüse dieser Pflanze vereinz. – **Schwartwull** f. ungewaschene Wolle vereinz.

Schwärwunn' f. eitrige Wunde Ank/An.

schwäugen s. schwögen.

schwaul Adj. **1.** schwül, feuchtwarm. *In'n Holt würd dat nu noch schwauler, wildat kein Lufttog hier to speuren wer* UP 9,246. *Dat is so schwöül, dat ward ball Jewitte jäwe* Gbg/Gp. – **2.** leicht unwohl, beklommen vereinz., [2]TIB 69. *Mi is bi de Såk doch 'n bäten schwol* °Rüg. *Un se danzten un se sprüngen, mi in'n Kopp würd dat ganz schwol* [1]WEN IV.

Lautvar.: *schwäul* verstr. VPom, selt. ZPom, *schwoil* LAUWB 325[a], *schwöl* vereinz., *schwöül* Gbg/Gp,Vi, *schwol* vereinz. °Rüg, verbr. MPom, Nau/Fi, Dra/Bi, HTKLRÜG 1909,78, *schwul* selt. MPom HPom, KRKLPYR 1929,97, RUT 25.

schwäulappen sw., *schweilappen* °Dem, Gwald, Sto/Dö, sich einschmeicheln, beliebt machen vereinz. VPom. Auch: weitschweifig erzählen Gri/Go. *Mien Carlin is in't Dörp un schweulappt, un ick möt ehr dei Wull puken* GAUSS 169.

schwaulig Adj. schwül, drückend heiß Neu/Lt, Sto/Wd,Pf, Lau/GW.

schwaustern sw. schwatzen, viel erzählen selt. VPom, HUMGWD 77,197,1. Vgl. MWB 6,1162: *swaustern.*

Schwäwel m. Schwefel. *Mit Schwäwel rökern wi Immen ut* Gri/Gs. In fester Vbdg.: *tausåmenhollen as Pick un Schwäwel* unzertrennlich sein verbr.

Lautvar.: *Schwäbel* selt. VPom, *Schwœwel* Gri/Ti, Ank/An, *Schwäfel* vereinz., *Schweffel* Sto/KP, *Schweffa(l)* Saa/Te.

Schwäwelbann' f., pejor., 'Schwefelbande' üble Gesellschaft selt. VPom. – **schwäwelgäl** Adj. schwefelgelb. *De Blitz'* [...] *mit ehr swewelgeles Für* HÜCKE 20. – **Schwäwelholt** n. Streichholz vereinz. → Striekholt. – **schwäweln** sw., auch *schwäfeln.* **1.** durch Schwefeldämpfe keimfrei machen vereinz. – **2.** Insekten mit Schwefeldämpfen ausräuchern vereinz. *Dei Immen* [die abgängigen Bienenvölker] *warden schwäfelt* Gwd/Ba. – **Schwäwelsticken** m. **1.** Streichholz verbr. VPom, sonst vereinz., HTSPOM 1935,15. *He söcht Swewelsticken un stickt Licht an* [18]BAND 87. → Striekholt. – **2.** mit Schwefel überzogener Holzstreifen zum Ausräuchern von Fässern vereinz.

Schwed' m., *Schwer* Gbg/De [3]MIS 36, Pl. *-en.* **1.** Bewohner Schwedens. Von einem Blondschopf: *Dat is 'n Schwed'* Stral. Scherzhaft-vertraute Anrede: *Oller Schwed'!* Rüg/Pu. – **2.** Pl. – **2.1.** Streichhölzer vereinz. *Giff mi 'ne Schachtel Schweden!* Gwald. → Striekholt. – **2.2.** Glacéhandschuhe vereinz. VPom, Uec/Ge, Stett, Saa/Zg.

Kinderr.: An die schwedische Besatzung im Dreißigjährigen Krieg erinnert der veraltete Reim: *De Schwed is kamen, hett allens mitnahmen, hett dei Finstern inschmeten und dat Blie rutreten; hett denn Kugeln ut gaten un hett allens verschaten* HUMGWD 76,172f.,4, ähnl. [2]BIEL 20.

Schweden n. das Land Schweden. – Ral.: *Dat kannst du di singen as dei Jungs in Sweden!* dein Vorhaben wird nicht gelingen! Fra/Bn, ähnl. Stral. – **Schwedengägend** f. nördliche Richtung vereinz. *Dei Bülje* [dunkle Wolken] *ståhe in'e Schwedenjäjend* Reg/Rg. – **Schwedenhölter** Pl. Streichhölzer verstr. → Striekholt. – **Schwedentiet** f. Zeit der schwedischen Herrschaft in Vorpommern (1648–1815). *Dat wier noch in'e Schwedentiet* das ist schon lange her Stral. – **schweedsch** Adj., *schweesch* Gwald, schwedisch. *Hei kann schweedsch* beherrscht die schwedische Sprache Gwd/Ba; *schweedsche Farf* rote Farbe zum Anstrich von Brettern Gri/Mi; *schweedsche Hölter* Streichhölzer Gri/Zf. Scherzh.: *schweedsche Handschen* Handschellen Gwd/Kr. – Ral.: *achter/hinner schweedschen Gardinen sitten* im Gefängnis sitzen verbr. *Dat kümmt mi schweedsch vör* ich traue der Sache nicht Gwd/Le,Wu. – **Schweedsch** n., veralt., das Gebiet Vorpommerns nördlich der Peene, das von 1648 bis 1815 zu Schweden gehörte vereinz., FRE 104. *De wåhnt in't Schweedsch* Ank/An.

Schweff n., fischerspr., Pl. *Schwäf* Gwd/Kn, *Schwäw'* selt. VPom, [1]PEE 240, [2]RUD 76. **1.** feste Querwand im Fischerboot, die zugleich als Sitzbank dient vereinz. pom. Küste, [1]PEE 230, [2]RUD 125. Auch: Trennwand zur Abgrenzung des Fischraums verstr. pom. Küste, [1]PEE 256, [2]RUD 47. Vgl. Schott[1]. – **2.** durchfluteter Fischraum im Boot selt. *De hett väl Fisch in't Schweff to sitten* Ran/Pe. Rsyn. s. Sicken.

Schweif m. **1.** Bogen, Krümmung vereinz. *Dor is 'n Schweif uptreckt* da steht ein heller Streifen am Himmel Fra/Br. *De Dissel* [Deichselstange] *kricht 'n Schweif* wird gebogen [10]ROSF 166. – **2.** n. vereinz. nordöstl. HPom, JOSTWB 95, HOMWB 183[a], in die Wand gemauerte Koch- und Feuerstelle mit offenem Rauchabzug verbr. HPom, sonst vereinz. *Voder teiwt* [wartet] *up dat Eten, wat Mudder em im Schweiw torecht mauk* Sto/Qu HTKLOPOM 1933,70. *Im Schweew brenn hell dat Füer* [3]SCHWA 94. – **3.** Rauchfang über dem offenen Herd Pyr/Lt, °Neu, Net/Hf, Stolp. – Die urspr. nd. Wortform ist Schwäp.

Laut- u. Formvar.: *Schweef* verstr., *Schwäf* Ghg/Ke, Reg/Kt. – Pl.: *-s* JOSTWB 95, LAUWB 324[a], *-e* Net/GD.

Schweifhåken m. Haken über dem offenen Herd zum Einhängen des Kessels Dra/Bu, Sch/Sd. *Hing ees de Graupa* [Kochtopf] *up'a Schweefhauka!* Dra/Bu. – **Schweifsåg** f. Säge mit schmalem Blatt Pyr/Lt.

Schweit m. Schweiß. *Dei Schweit leep em von'n Kopp dål* Gwd/Ba; *sich de Schweet afwischa* Dra/Dr; *dei*

Pier in Schweit jågen die Pferde energisch antreiben Fra/Br. *Dei Arbeet kost' Schweit* ist schweißtreibend, anstrengend Nau/De. Von einem Faulen: *Dei mach sienen eigen Schweit nich rüken* Gri/Bo, ähnl. verstr. VPom, Slo/GP. – Ral.: *einen in'n/up'n Schweit bringen* jmd. zur Arbeit antreiben verstr., auch: jmd. in Angst und Schrekken versetzen Pyr/Wa,Wi, Reg/Me; *von anner Lüd Schweit läben* von der Arbeit anderer profitieren vereinz. Vgl. Schwitz.

Lautvar.: Zur räumlichen Verbreitung der Hauptvar. *Schweit* und *Schweet* s. PWB 1,1, LXIII, Kt.9.

Schweitdruppen m., *Schweits-* selt. VPom, Schweißtropfen. [...] *de hellen Sweitsdruppen leipen ehr von't Gesicht* GEB 15.

schweiten sw. schwitzen. **1.** Schweiß absondern. *Worüm hest du so inbött* [eingeheizt], *dor möt man jo bi schweiten* Dem/De. *He schweet vör Angst* Pyr/Lt. *Hei schweit bloots unnre Tung'* er strengt sich nicht an Gwd/Ba. Unpers.: *Mi schweit, dat mi dat Wårer vun'n Lief runnerlöppt* Gri/Ti. Über einen Dummen: *Wenn man em natt gütt, glööft hei, em schweit* Ank/An. Scherzh. Spruch: *De bi'm Äten schweete u' bi de Arbeit freere, dat sünd düchtig Lüj* Pyr/Sa, ähnl. verstr. – Sagw.: *Dor sall een' woll bi schweiten warden, säd dei Diern, don kreeg sei Twääschen* [Zwillinge] Gwald, ähnl. °Sch, [1]HOEFE 17, HUMGWD 74,170f.,4. – **2.** mit Kondenswasser beschlagen, anlaufen verstr. *De Fenstern schweeten* Ran/Pe. – Wetterr.: *Wenn de Steen* [die Hauswände] *schweeten, gifft 't Rägen orrer Däuwedder* Stral, ähnl. vereinz.

Lautvar.: Zur lautlichen Realisierung des Stammvokals s. PWB 1,1, LXIII, Kt.9.

Schweitfaut m. Schweißfuß. *Du mööst dien Sweitfäut purern* [pudern], *dormit sei drög sünd un nich rüken* Gri/Mi. – **schweitig** Adj. **1.** schwitzig, feucht von Schweiß vereinz., HOMWB 183[a]. *Dei hett schweitige Hänn'* Gwd/Ba. *Du büst schweetig, verküll di ni'!* Dra/Bu. – **2.** beschlagen, angelaufen vereinz. *schweitige Finstern* Ank/Br. – **Schweitvoss** m. Schweißfuchs, rotbraunes Pferd mit grauen Flecken vereinz., HOMWB 183[a].

Schwell[1] f., Pl. *-en*, Schwelle. **1.** Türschwelle vereinz. Das aus dem Hd. entlehnte Wort hat älteres nd. Süll kaum verdrängen können. *De kümmt nich œwer mien Schwell!* der betritt nicht mein Haus! Ank/An. *Sei is uk noch nech äuwer d' Schwell wäst* war noch nicht von Zuhause fort Gbg/Gp. – Volksgl.: *Nåh Sünnenunnergang de Stuf nich œwer de Schwell utfägen!* (sonst fegt man das Glück aus dem Haus) Uec/Pa. – **2.** *Schwall* Lau/Sl [3]PIRK 104, unterste Balkenlage auf dem Fundament des Hauses Reg/Kt, °Büt. Vgl. Såhl. – **3.** fischerspr., hölzerner Querverband über dem Bootsboden Gwd/Fr, Uec/Mn [2]RUD 71.

Schwell[2] f., seem., Dünung vereinz. vpom. Küste. *Dor steiht 'ne hoge Schwell* Use/Nh. – Entlehnt aus engl. *swell.*

schwellen st., *schwiala* südl. °DKr [3]TITA 9, eine Schwellung ausbilden, aufquellen. *De Föt sünd schwullen* Pyr/Lt. *Ehr is dei Buk schwullen* sie ist schwanger Gwd/Ba. *De Kierl is so schwollen* ist ein Angeber Ank/An. – Sprw.: *Männicheen süüt fett ut, un is blots schwullen* HUMGWD 74,163f.,3.

Flex.: Präs.Sg.1.: *schwell.* – 3.: *schwellt* verstr., *schwillt* Dem/Tp, Gbg/Gp, *schwäält* Reg/Kt. – Prät.Sg.1. u. 3.: *schwüll* vereinz., *schwöll* Dra/Dr, *schwull* selt., [2]JAHN 252, [2]MIS 59. – Part.Prät.: Ohne erkennbare Raumbildung stehen *schwullen* und *schwollen* nebeneinander.

Schwemm f. flache Stelle eines Gewässers selt., DÄHWB 477[b]. *mit de Peer in de Schwemm riejen* Pyr/Lt.

Schwemmbeise Pl. 'Schwimmbinsen' zu einem Bündel zusammengebundene Binsen als Schwimmhilfe Saa/Le, Gbg/Wo.

schwemmen st., *schwümmen* Fra/Ln, *schwamme* Lau/Ke, schwimmen. *Ik bün œwer denn See schwummen* Pyr/Lt. – Ral.: *einen schwemmen låten* jmd. abweisen, im Stich lassen selt. VPom, Uec/Pa. *Dat låt man schwemmen!* das benötigst du nicht! Rüg/Ae.

Flex.: Präs.Sg.1.: *schwemm.* – 3.: *schwemmt* verbr., *schwömmt* Nau/Db, *schwümmt* Fra/Ln. – Prät.Sg.1. u. 3.: *schwümm* verbr. VPom, Pyr/Lt, Saa/Nr, HUMGWD 74,170f.,4, *schwömm* Dra/Dr, *schwumm* Hidd., Rüg/Ae, Ank/An, LAUWB 324[a], *schwump* °Rum, °Büt, Sto/Wd, JOSTWB 96. – Part.Prät.: *schwummen* Rüg/Ae, Pyr/Lt, °Rum, °Büt, JOSTWB 96, LAUWB 342[a], [2]MIS 59, *schwommen* vereinz. – Nach [2]MIS 59 hat das Verb auch sw. Nebenformen entwickelt.

Schwemmfaut m., zumeist im Pl. **1.** Plattfuß verstr. Auch: klobiger, großer Fuß Gbg/Gp, Sto/Dö. – **2.** nasser Fuß vereinz. Beim Gehen durch nasse Wiesen: *Hier gifft 't Schwemmfäut* Dem/De. – **Schwemmpopp** f., fischerspr., Schwimmer zum Aal- und Hechtfang, um den eine Schnur mit Angelhaken gewickelt ist vereinz. VPom, RAS 161. – **Schwemmwisch** f. tiefliegende, oft unter Wasser stehende Wiese Saa/Te, Dra/Wi, JOSTWB 96.

Schwengel m., *Schwingel* verstr., *Schwangel* Lau/Gn,Kl,Ze, Pl. *-s.* **1.** gebogenes Querholz am Zuggeschirr verbr. Fischerspr.: gebogenes Holz zum Befestigen der Zugleine des Netzes beim Eisfischen Hidd. RAS 181. Vgl. Brack[1]. – **2.** Hebelarm an der Pumpe vereinz. – **3.** PflN, Wasserschwaden (Glyceria aquatica) Gri/Mi. – **4.** derbe Bez. für den Penis verstr. – **schwengelbeinig** Adj. krummbeinig selt. *Dei geiht so schwengelbeinig* Gwald. – **schwengeln** sw. unsicher, wackelig gehen Fra/Bn.

Schwenk f. unstabile, schwankende Lage selt. Fischerspr.: *dat Nett up de Schwenk setten* das Netz so verankern, daß ein Ende frei in der Strömung treibt Rüg/Sn. – **Schwenkbom** m. Hebebaum am Ziehbrunnen Gbg/Wo,Vi. – **schwenkele** sw. schwingend hin und her bewegen Stolp: *Hei schwenkelt mit den Klingelbüdel.* – **schwenken** sw., *schwinken* Ank/Br, Dra/Dr,La, wie hd. **1.** (in der Luft) schwingend hin und her bewegen. *He schwenkt mit'm Hot* schwenkt grüßend den Hut Pyr/Lt. *Hei schwinkt mit de Pietsch* läßt die Peitsche knallen Dra/La. Übertr.: *De schwenkt mit ehr dörch'n Danzsål, dat de Röck man fleegen* Ran/Pe. In der Fügung: *einen schwenken* Schnaps trinken Gwald, Ank/An. – **2.** relegieren selt. *Dat was sin Glück, dat de Herr Direkter desen Fehler makt hadd, süs wir hei swenkt worden* HAU 230. – **Schwenker** m., *Schwinker* Saa/Jk, Dra/Dr, vereinz. °Sto, Gehrock, Frack vereinz. *Bi dei Hochtiet treck ik mi mienen Schwenker an* Gri/Ti. Auch: langer Mantel selt. Rsyn. s. Schniepel. – **Schwenkraut** f. lange Stange am Brunnen, an der der Schöpfeimer befestigt ist vereinz.

Schwennel m., *Schwendel* selt., PflN. **1.** Laichkraut (Potamogeton) Rüg/Bt,Sc,Ti. – **2.** Wasserhahnenfuß (Ranunculus aquatilis) HTKÖS 1929,12,10, PRIT/JES 324ᵇ.

schwer s. schwor.

Schwert s. Schwiert.

Schwester f. wie hd. **1.** weibliches Geschwisterteil. Das Wort verdrängt zunehmend älteres nd. Süster. *Schwestern un Bröjer* Pyr/Lt. *Ik mutt mien klein Schwester verseihe* betreuen Kol/Pr. – Ral.: *'ne Schwester måke* einen Fehler beim Stricken machen Saa/Le. – **2.** oft in der Vbdg. *fromm Schwester*, Diakonisse, Ordensschwester vereinz.

Laut- u. Formvar.: *Schwaster* °Lau STRI 64. – Pl.: *-n* verbr., *Schwestre* vereinz. HPom. – Dim.: *Schwesting* VPom, [1]MASS 112, SPI 64, sonst *Schwesterke(n)*.

Schwesterdochter m., veraltd., Nichte, Tochter der Schwester vereinz. – **Schwestersœhn** m., veraltd., Neffe, Sohn der Schwester vereinz.

Schwetsch s. Zwetsch.

schweuen sw., seem., sich im Wind oder der Strömung drehen (von Schiffen, die vor Anker liegen) selt. vpom. Küste. – Mnd. *sweyen* hin und her schwenken.

Lautvar.: *schweujen* Rüg/Sn, *schweuken* selt. VPom, *schwågen* Rüg/Zu, *schwåjen* Gwald.

Schweukfüer n., seem., rotierendes Leuchtfeuer selt. vpom. Küste. *Arkona hett 'n Schweukfür* °Rüg.

Schwibbågen m., *Schwiebågen* Fra/Pu, Gbg/Wo, Kol/Zw, gemauerter Bogen als Funkenfang über dem offenen Herd vereinz. *Üm denn Swiebågen rüm legen Brä', un dorup stünnen dei Pött* Fra/Pu.

Schwibütt f. Prahler, Angeber vereinz. VPom. – Das Erstglied zu schwippen.

Schwichel[1] f., PflN, rote Bete (Beta vulgaris) verbr. HPom, sonst vereinz. Auch: Saft aus roter Bete °Pyr [1]HOLS 178. – Zu pomor. *čvikła, cvixla*, poln. *ćwikła* Runkelrübe.

Laut- u. Formvar.: *Zwichel* vereinz. östl. HPom, sonst. selt., [3]BIE 160, HOM 1,163, HOMWB 259ᵇ, PRIT/JES 58ᵇ, [2]WIN 279, *Zwickel* PRIT/JES 58ᵇ, *Schwickel* DKr/Ro, *Schwiechel* Pyr/Lt. – Pl.: *Schwichle, Zwichle(s)*.

Schwichel[2] s. Zwichel[1].

schwichten sw., seem., *schwichen* Rüg/Sn, mit Tauen zusammenschnüren vereinz. vpom. Küste. – **Schwichting** f., seem., Tau, mit dem die Wanten straff zusammengezogen werden Rüg/Sn, Gwald. – **Schwichtlien** f., seem., dass. vereinz. vpom. Küste.

schwieg Adj., *schwicht* Sto/Gl, *schweij* Rum/Pr, still, schweigsam Kolbg.

schwiegen st., *schwieje* verbr. HPom, [2]MIS 20, [5]TITA 49, *schweije* °Rum [2]MIS 20, schweigen. **1.** intr., nichts sagen, still sein. *Dorvon schwieg! Ik will nicks dorœwer hüürn!* Gri/Mi. *Schon hett sei denn Mund apen, as wull sei lies un fröhlich ja seggn – dunn schwiggt sei doch* HTKLUEC 1930,64. *He kann nich schwiegen* kann kein Geheimnis bewahren Fra/Bn. Von einer Plaudertasche: *Hei schwicht so lang, bet hei bi Lüd is* Rüg/Lo. Ausruf des Erstaunens: *Nu schwicht jå woll allst!* Uec/Pa. – Sagw.: *Swiegen un denken deit keinein' kränken, sär dei Bur un dreigt sienen Nåhwer denn Noors tau* Rüg/Ae. – **2.** tr., etwas verschweigen verstr. *He süll dat schwiegen* Ran/Ro.

Flex.: Präs.Sg.1.: *schwieg, schwiej*. – 3.: *schwicht* verbr., [2]MIS 57, [5]TITA 67, *schwecht* Gbg/Gp. – Prät.Sg.1. u. 3.: *schweeg, schweej*. – Part.Prät.: *schwägen* VPom MPom, *schwäje* verbr. HPom, [5]TITA 67, [2]MIS 57, *schweije* °Büt [2]MIS 57.

Schwiegerdochter f. Schwiegertochter. *Dei Ollsch kann ehr Schwiegerdochter nich lieden* Gwd/Ba. – **Schwiegermudder** f. Schwiegermutter. Scherzh.: *Wat dau ik mit 'ne Schwiegermudder, wenn sei kein Geld hett?* Gri/Ti. Wenn einem Mädchen ein Haarzipfel aus dem Zopf heraushängt: *Dien Schwiejermutter kåkt Fisch* Cam/Kn, ähnl. vereinz. Wenn der Unterrock hervorschaut: *Dien Schwiejermudder kiekt dürch't Finster* Rum/Gw. – Sprw.: *Schwiegermudder is denn Düwel sien Unnerfudder* verstr., HTKÖS 1930,26,4. – Volksgl.: Wenn man nachschenkt, bevor die Tasse ganz geleert ist, bekommt man eine böse Schwiegermutter verstr. – **Schwiegerollen** Pl. Schwiegereltern vereinz. VPom. *Ik wåhn mit mien Schwiejerollen top* Rüg/Vt. – **Schwiegersœhn** m. Schwiegersohn. Im Tanzlied: *Sühst du nich, då kümmt he schon, de versopen Schwiejersohn* Saa/Ja. – **Schwiegervadder** m. Schwiegervater.

schwiegsåm Adj. schweigsam, wortkarg vereinz. *De König was in'n ganzen sehr swigsam west, äwer doch* *nich unfründlich* HTKLUEC 1934,65. – **Schwiegstill** m. der Mund (als Sprechorgan) vereinz. VPom. *äverst dat is juug woll tau gruglich, un doorvon will ick man minen Schwiegstill hollen* HUMGWD 74,191f.,4.

schwieke sw., *schweike* südl. °Sch MAH 22, schwanken, taumeln °Sch MAH 55. – Mnd. *swîken* weichen.

Schwiem m. Ohnmacht vereinz. *Du haarst mi bald in Schwiem bröcht* hast mich sehr erschrocken Ghg/Li. – Mnd. *swîm(e)*. – **Schwiemel** m., *Schwemel* Gbg/Gp, *Schwämel* Stolp. **1.** Taumel, Schwindel verstr. *Ik kreeg mit ees su'n Schwiemel* Pyr/Wi. – Ral.: *in'n Schwiemel kåmen* Angst bekommen vereinz., auch: in Schwierigkeiten geraten Pyr/Wa,Wi, Reg/Me. Vgl. Schwinnel. – **2.** Täuschung, Betrug HTKLRÜG 1933,77: *mit sonen Schwimel kamen S' nich dörch!* – **schwieme(l)n** sw., *schweemle* Cam/Ni, Gbg/Gp, *schwimmeln* Pyr/Wi. **1.** taumeln, schwanken. *Du schweemelst jo so, hest du eine drunke?* Gbg/Gp. Unpers.: *Mi schwiemelt dat in'n Kopp* mir ist schwindlig Dra/Bu. – **2.** schwärmen, von einem Wirtshaus ins andere ziehen vereinz. – **3.** lügen, Unsinn erzählen vereinz. *Hei schwiemelt, dem darfst ni' löwe* [glauben] Pyr/Sa. – **schwiemig** Adj. schwindlig VHTSTO 1930,10,1: *mi ward schwiemij vääre Ojen.* – **Schwiemler** m. **1.** leichtfertiger, unzuverlässiger Mensch [2]TIB 207. – **2.** Lügner Pyr/Sa. – **schwiemlig** Adj., *schwimmlig* Gbg/Ge, Sch/Pu, *schweemlig* Gbg/Gp, schwindlig, benommen verbr. *Mi is so schwiemelig vör de Oga* Dra/Ga. [*De Kopmann*] *vertellte em von sin Rikdum,* [...] *dat em ganz swimlich würd* HUMGWD 4,33,11. Vgl. schwinn(e)lig. – **Schwiemnis** f. Ohnmacht vereinz. *Holl mi fast, mi kümmt de Schwiemnis an!* Rüg/Pu. – **schwiemschlågen** st. **1.** torkeln, schwankend gehen verstr. – **2.** wehklagen, jammern Fra/Fr, Rüg/Be, Reg/Kw, GEB 12.

Schwien n. **1.** TiN, Schwein. *Dat Schwien sœlt sich in'n Dreck* Ank/An. *De Swien düchdig Schrot un Tüffel gäwen, dat dickt!* Gri/Ge. *Wer Schwien hett, dei hett ümmer Speck* Use/Sw. *Dat is a schöe Schwîəke, dat ka' ball schlacht' warde* Dra/La. *Uns Schwien hett sech verfange* hat die Blähsucht °Lau. Mit den Vorräten ging man früher sehr sorgsam um. Beim Schweineschlachten sollte deswegen immer noch ein Rest von der letzten Schlachtung vorhanden sein: *Dat oll Schwien möt dat niege noch seihn* Dem/De. – In Vergleichen: *dick as'n Schwien* wohlbeleibt Gri/Mi. *He hett fräten as'n Schwien* hat sich reichlich satt gegessen Ank/An; *dumm as 't hinnerst Inn vom Schwien* sehr dumm Nau/Rh, ähnl. verstr.; *besåpen as'n Schwien* völlig betrunken Uec/Pa, ähnl. verstr. – Ral.: *sien fief Schwien nich tausåmen hemm'* verrückt sein verstr. Wenn man unberechtigt geduzt wird: *Wur hebben wi tausåmen Schwien hött?* Fra/Zi, ähnl. verstr. *Mienswejen kannst Schwien heide!* mach, was du willst! Lau/GW, ähnl. vereinz. Wenn jmd. laut schnarcht: *Dei hett Swien verköfft* Cam/Si. Ausruf der Verwunderung: *Nu ward doch dat Schwien in'e Bucht verrückt!* Gbg/Gp. Warnend: *Låt di man nich va' de Schwien bieten!* Pyr/Lt. *Wi warn dat Schwien schon dot kriega!* wir werden die Sache schon regeln! Saa/Ja, ähnl. Rüg/Zi, °Ghg. *Dat is allerhand Wust von ein' Schwien* das ist reichlich, sehr viel Ank/Br. Zu einer ordinären Person: *Hest du mit'e Schwiene ut ein Trog fräte?* Gbg/Gp. Wenn jmd. bei Tisch laut aufstößt: *Dei Schwien sinn satt* Pyr/Wa, ähnl. vereinz. Abweisend auf die Frage: *Wo wist hen? – Schwien waschen!* Gwald. – Sprw.: *Een gaud Schwien frett alles* verstr., HTKLDRA 1933,136, HUMGWD 11,29,5. *Wat 'n Schwien insœlt, dorför möten dei Farken herhollen* Gri/Ti, ähnl. [4]GIL 63. *Wenn de Schwien satt sünd, stöten sei denn Trog üm* vereinz., [14]HAAS 93. – Volksgl.: Von Schweinen träumen bringt Glück Pyr/Lt, Nau/Na, Reg/Kt, HTKÖS 1930,21,6. – **2.** als zumeist pejor. Personenbezeichnung. – **2.1.** schmutzige, ungepflegte Person vereinz. Zum Kleinkind, das sich eingeschmutzt hat: *Du büst 'n lütt Swien!* Gri/Mi. – **2.2.** gewissenloser, schamloser Mensch. *He möckt sich taum Schwien* betrinkt sich und wird unmanierlich °Nau. – **2.3.** saloppe Bez. für den Menschen als ausgeliefertes Geschöpf. *Dat is 'n arm Schwien* ein bedauernswerter Mensch °Gwd. – **2.4.** *kein Schwien*, niemand, nicht einer verstr. *Dat kann keen Schwien läsen* Ank/An. *Dorut ward kein Schwien klauk* Fra/Bn. Scherzh. auf die Frage nach dem Alter: *So ult ward keen Schwien nich!* Neu/Th, ähnl. vereinz. – **3.** *Schwien hebben*, Glück haben verstr. *Dei hett Schwien hatt, hett gliek 'ne Wåhnung krägen* Fra/Zi. Scherzh.: *He hett mihr as Schwien, he hett sogor 'ne Kor dorbi* Stral.

Laut- u. Formvar.: *Schwîə* verstr. HPom, °Fla, *Schwier* Bel/Nm, vereinz. NOPom, *Schweie* Kös/Dw, °Rum, Büt/Gs, [2]MIS 20, [5]TITA 49, BLFPVK 10,10. – Pl.: wie Sg. verbr., *-n* zu den vokalisch auslautenden Formen in HPom, *-e* selt.

Phras. zu 1.: Sagw.: *Wat bist för 'n Schwien, secht de Bur tau'm Schwien, hest all beid Poten im Trog* °Sto, ähnl. vereinz., HTKLUEC 1925,48, OPOMHT 1939,16,10. *Ick gäw mîn Schwin Speck, seggt de Bur, dat sall woll werre kåmen* [4]GIL 7, ähnl. vereinz. VPom. *Ji sind mi ôk en Sort Minschen, seggt Narfin* [FN] *un kikt bi sin Schwin innen Stall* Bel/Sd [4]KNO 16. – Scherzfr.: *Wat is dat Best an't Schwien? = Wat twischen Schnut un Schwanz is* Ank/Br. – Wetterr.: *Wenn de Schwîn spälen un eer Faure terstreun, so kümmt Rëgen* [4]GIL 64.

Schwien- s. auch Schwien(s)-, Schwiens-.

Schwienbunk m./f., TiN, Mistkäfer Sch/Dm. Syn. s. Bussbunk. – **Schwiendrank** m. halbflüssiges Schweinefutter aus Essensabfällen vereinz. – **Schwiendriewer** m. **1.** Schweinehirt verbr. – **2.** umherziehender Schweinehändler vereinz. *Dei Schwiendriewer har 'ne Tasch mit Arften üm, dei schmeet hei twischen dei Schwien un dreef dormit von Dörp tau Dörp* °Reg. – **3.** Schimpfw., schmutzige, liederliche Person vereinz.

Auch: niederträchtiger Mensch vereinz. – **Schwiendriewerjung'** m. Junge, der die Schweine hütet. Im Reim beim Grützekochen: *Röhr üm, röhr üm, de Grütt brinnt an, de Schwiendriewerjong, de schlöppt so lang* Pyr/Wi, ähnl. Uec/Pa. – **Schwiendüwel** m. große Schleppharke zum Zusammenharken liegengebliebener Getreidehalme auf dem Feld verbr. ZPom, sonst vereinz. Vgl. Nåhsœg, Schwienegel. Benennungsmotiv ist das früher übliche Schweinehüten auf abgeernteten Feldern. – **schwiendüweln** sw. Korn mit der Schleppharke zusammenharken verstr. ZPom, Neu/Zi. Vgl. hungerharken, hungern, kötern, nåhharken, schwienegeln. – **Schwienegel** m., *Schwinn-* Fra/Fr, selt. NOPom. **1.** TiN, Igel. *Måk nich denn Schwienägel dot, dei fängt Müs'!* Dem/Tp. *De Schwienegel un de Voss leepen beid to Stried* liefen beide um die Wette Rüg/Pu. – Sagw.: *Dat kümmt up en Verseuk an, saed de Swinegel tau 'n Håsen, doa süll hei mit em tau Strîd lôpen* Saa/Sh BLFPVK 6,42. – Sprw.: *Ut'n Schwienegel sien Huut lett sik keen Bostdauk maken* HUMGWD 76,39f.,4. Vgl. Egel[1]. – **2.** Schmutzfink verbr. *Du Schwienäjel, wo sühst du ut!* Uec/Pa. Wenn jmd. niest: *Prost Schwienägel!* Gwald. – **3.** unanständiger, hinterhältiger Mensch vereinz., [2]TIB 93. *Hür nich tau, wat hei secht, hei is 'n ollen Schwienägel!* Dem/Tp. *Hemm' se denn Schwienägel nu inspunnt?* Gwd/Ba. – **4.** große Schleppharke Fra/Da, Dem/Si, °Ank. Vgl. DWA 14, Kt.8. Syn. s. Schwiendüwel. – **5.** Ackerwalze mit eisernen Zähnen Dem/Kt. – **6.** vom Schneider verwendeter Stoffrest zum Anfeuchten der Kleidung beim Bügeln selt. VPom, Ran/Ro, Lau/GW. – **schwienegeln** sw. **1.** *schwieniejle* LAUWB 324[b], Zoten erzählen, ordinär reden verstr. – **2.** mit der Hungerharke loses Korn auf dem Feld zusammenharken Kol/Go, LAUWB 324[b]. Syn. s. schwiendüweln. – **Schwienemmer** n. Eimer für das Schweinefutter vereinz. – **Schwienerie** f. **1.** Schweinezucht selt., HOMWB 183[a]. *Mit siene Schwienerie is he up de Höcht* er züchtet erfolgreich Schweine Uec/Pa. – **2.** schmutziger, schlimmer Zustand vereinz. – Sagw.: *Nä, Moder, de Swinerie in de Stadt is to grot, sä de Jung, dor snuwwt se sik de Näs in 'n Dook ut un nehm dat mit nah Huus!* HUMGWD 14,3,10f. *Dat is jo 'ne Schwienerie, sä' dei Bur, as em alle Schwien dotbleewen* Ank/Br. – **3.** Unanständigkeit, Zote vereinz. *Hei vertellt luter Schwienerien* °Gri. – **Schwienfauder** n. Schweinefutter. Übertr.: ungenießbares Essen vereinz. *Hüt Merrag dat wier dat reine Schwienfaurer* Gwd/Ba. – **Schwienfleisch** n. Schweinefleisch. *Schwinfleisch un Plumme* °Bel BLFPVK 7,122; *sur Schwienfleisch* Fra/Zi. – Sagw.: *Dat kümmt wedder, säd de oll Fru un geef ehr Schwien Schwienfleisch to fräten* Ank/An, ähnl. HUMGWD 5,24,7. – **Schwienfråß** m. schlechtes Essen vereinz. *So'n Schwienfråß krieg ik nich runner* Gwd/Ba. – **Schwiengras** n., PflN, Vogelknöterich (Polygonum aviculare) vereinz. – **Schwienhäuder** m. **1.** Schweinehirte verstr., [4]GIL 63. Zu einem Kind, das nicht lernen will: *Mienetwägen kast Schwienhäurer ware!* Nau/Fg. – **2.** TiN, Bachstelze Gwd/Bg, Ran/Mw, Pyr/Sh. → Wippstart. – **Schwienheir** m. Schweinehirte vereinz. östl. HPom, HOMWB 183[a], [4]KNO 12. – **Schwienhund** m. **1.** Hund zum Hüten der Schweine selt. – Sprw.: *Manch eener is 'n Schwienhund un bitt uk Köj* [Kühe] Stett. – **2.** Schimpfw., Schuft, niederträchtiger Kerl verbr. – **Schwienjack** m., Schimpfw., Scheusal, boshafter Mensch verstr. – **Schwienkasten** m. Kasten mit Handgriffen zum Transport von Schweinen vereinz. HPom. *Im Schwiakasta ward de Sœg nåh'm Beera* [Eber] *bröcht* Dra/La. – **Schwienkœk** f. Raum, in dem das Viehfutter vorbereitet wird vereinz. *In'e Schwienkœk würe de Patüffle vo' dat Veih kåkt* Cam/Kw. – **Schwienkœksch** f. Mädchen, das die Schweine füttert vereinz. – **Schwienkråm** m. **1.** schmutziger Zustand selt. *dunn makt dat „schnirks" un [dat Bier] löpt mi up de Stäwel. Son Swinkram* SPI 78. Scherzh.: *Dat is Schwienkråm, wenn man up Sœgen* [Säuen] *ritt* °Dem. – **2.** ärgerliche Sache, Mißstand vereinz. – **3.** etwas Unanständiges, Anstößiges vereinz. *Dat is all so'n Schwienkråm, dor mach man nich von räden* Fra/Zi. – **Schwienmajur** m., scherzh., Schweineknecht verbr. *De Schwienmajor forert de Schwien* Ran/Sr. – **Schwienmamsell** f. Mädchen, das sich um die Schweine kümmert vereinz. – **Schwienmess** m. Schweinemist vereinz., POP 150. Übertr.: *De hett ümmer Schwienmess up'e Schüpp* redet immer unanständiges Zeug Gbg/Gp.

schwienplietsch Adj., *schwiens-* Gri/Lo, Saa/Ja. **1.** schlau, gewitzt, verschlagen verbr. VPom, sonst vereinz. *[en groten Mann] mit en por swinplitsche Ogen* [2]TIB 26. *Dei is nich so dœmlich, as hei utsüht, dei is ganz schwienplietsch* Fra/Zi. *Klok bruukt de Buer nich to sin, äwer swienplitsch mütt he sin* HTKLUEC 1925,48. – Sagw.: *Mien Uller is schwienpolitsch, sär de Fru, hei treckt sich nich ehre ut, as hei tau Bedd geht* Cam/Bn, ähnl. HUMGWD 10,16,8. Vgl. plietsch. – **2.** komisch, eigenartig vereinz. VPom, Ran/Al. *Dei hett schwienplietsche Ansichten* Fra/Br. *Dat is 'ne schwienplietsche Såk* eine undurchsichtige Sache Dem/Tp. – Das Erstglied nach NDJB 42,142f. zu mnd. *swinde* listig, aufgeweckt. Volksetym. zu *Schwien* gestellt.

Schwienpott m. Kochtopf zum Dämpfen von Futter, bes. für Schweine vereinz. *'n Schwienpott to'n Dämpen von Tüffel för dat Veeh* Rüg/Pu. Vgl. Dämper. – **Schwienpreister** m. **1.** scherzh., Schweineknecht vereinz. – **2.** Schimpfw. für eine schmutzige, ungepflegte Person Pyr/Wa,Wi. – **Schwien(s)blås** f. Harnblase des Schweins. Sie wurde früher vielseitig verwendet: *Ut'e Schwiensblås ward 'n Tobaksbüdel måkt* Dem/Sa. *In'e Schwiensblås kümmt Presskopp* [Wurst aus Kopffleisch und Schwarten] Gwd/Ba. Als Lärminstrument: *In'e*

Schwiensblås komme Arften rin tum klödere [klappern] Nau/Wn. – Ral.: *He pråhlt mit dei lerrig Schwiensblås* tut sich wichtig Büt/Bt. – **Schwiensblåsenbüdel** m. aus einer Schweineblase gefertigter Tabaksbeutel verstr. – **Schwien(s)bohn** f., PflN, Saubohne (Vicia faba) verbr. – **Schwiensborst** f. Schweineborste. Scherzh.: *Hei hett Schwiensborsten up'm Kopp* hat kräftige, struppige Haare Ran/Ro. – **Schwien(s)bråden** m. Schweinebraten. Scherzh.: *De Hunger drifft 't rin, un wenn 't Schwienbråjen is* Pyr/Lt, ähnl. vereinz., BLFPVK 6,174. *Hüt gifft dat Schwiensbråden mit Musik – un Fleisch keinen Happen* heute gibt es ein kärgliches Essen Dem/Tp, ähnl. vereinz. – **Schwien(s)bucht** f. **1.** abgetrennter Verschlag im Schweinestall verbr. *De Schwien hewwe e' Brett von'e Schwienbucht afstött* Saa/Le. Drohung an ein Kleinkind: *Du kümmst jliek i' d' Schwienbucht!* Gbg/Gp. – **2.** eingezäunter Auslauf für Schweine Fra/Pe, Rüg/Ls, Gbg/Wo. – **Schwiensbul** f. Furunkel, Geschwulst vereinz., HUMGWD 75,8f.,1. → Schwär. – **schwiensch** Adj. **1.** schmutzig, schmierig. *Dei Teller süht so schwiensch ut* Gbg/Br; *schwiensch Wärer* regnerisches Wetter Cam/Rn. Auch: unmanierlich vereinz. *schwiensch äten* Pyr/Lt. – **2.** niederträchtig, gemein. *De Minsch hett 'n swiensch Benähmen* Gri/Ge. Auch: anstößig, ordinär. *Wi kast du bloß so schwiensch räden!* Uec/Ge. – **3.** außergewöhnlich vornehm und modern wirkend (bes. von Kleidung) verstr. VPom, Uec/Pa. *Dat ward 'n schwienschen Ståt mit dat niege Kleed* Gwald. – **Schwienschiet** m./f. Schweinekot. – Ral.: *De is dumm as Schwienschiet* ist sehr dumm Stral. *Dei kann Schwienschiet in'n Düüstern rüken* ist überklug Dem/Kt, ähnl. verstr. – **Schwienschmolt** n. Schweineschmalz. *Schwienschmolt is tau düer tau'm Backen* °Gwd. *Wenn dei Kauh 'n schwullen Üder* [Euter] *hett, mutt man mit Schwienschmult schmäre* Nau/Db. – **Schwienschnieder** m. jmd., der Schweine kastriert. *Morgen kümmt dei Swiensnierer, hei sall dei Farken snieden* Rüg/Ae. – Ral.: *Dat kannst du hollen as 'n Schwienschnieder* das kannst du halten, wie du willst Ran/Ro, ähnl. Lau/Ke. – **Schwienschnut** f. **1.** Schweineschnauze. Beliebtes Gericht: *Dick Arwten un Swinsnuten un Poten* HUMGWD 5,2,11. – **2.** übertr., (mißmutig) vorgeschobene Unterlippe Ran/Ro, Ghg/Wt, Pyr/Wa. *Treck nich so 'ne Schwienschnut!* Ghg/Wt. – **Schwienschrot** n. grobes Schrot für Schweine verstr. – **Schwienschwanz** m. Schweineschwanz. Zu einem Vergeßlichen: *Du hest Gedanken as 'n Schwienschwanz, einmål rüm un denn is 't all* Gri/Tm. – Sprw.: *Ut'n Swienschwanz lett sich kein sieden Halsdauk måken* Rüg/Ae, ähnl. HTKLANK 1935,85, HUMGWD 12,16,6. – Volksbr.: Beim Schlachten wurde einer Person heimlich der abgeschnittene Schweineschwanz angesteckt vereinz. – **Schwien(s)distel** f., PflN. **1.** Gänsedistel (Sonchus) vereinz. – **2.** Kohl-Kratzdistel (Cirsium oleraceum) Gri/Mi. – **Schwiensdraff** m. 'Schweinetrab' langsamer, gemächlicher Gang vereinz. VPom. *in'n Schwiensdraff lopen* Gri/Ti. Vgl. Schwiensgalopp. – **Schwien(s)fisch** m. **1.** TiN, Schweinswal selt. VPom. – **2.** Bez. für kleinere Fischarten, die als Schweinefutter verwendet werden Stral, Ank/Km, Uec/Ge. – **Schwiensgalopp** m. Schweinsgalopp. *in'n Schwiensgalopp* in Eile, schnell verstr. *Ik leep in'n Schwiensgalopp achteran* Fra/Zi. Vgl. Schwiensdraff. – **Schwien(s)gräffnis** n./f., veralt., 'Schweinebegräbnis' das Schlachten eines Schweines und das damit verbundene Schlachtfest Ran/Pe,Sr. – **Schwien(s)gräft** f. dass. Fra/Br, vereinz. °Rüg, Stral, [2]FIND 30, HTKÖS 1923,12,11. *Denn keemen all tohop, un denn ward Swiengräff vertehrt* °Rüg. – **Schwien(s)haud** f. 'Schweinehütung'. Nur ral.: *dei Schwien(s)haud kriegen* ohnmächtig werden verbr. VPom, Ghg/Ba,Li; *de jöggt uns hir sonen Schreck in, dat wi bina de Schwinhaud krigen* [11]WORM 10. – **Schwien(s)häuden** n. das Schweinehüten. – Ral.: *dat Schwienhäuden kriegen* in Ohnmacht fallen VPom. *Wenn sei Blaut süht, kricht sei gliek dat Schwienhäuden* Fra/Zi. Vgl. Gaushäuden. – **Schwien(s)hor** n. **1.** Pl. Schweineborsten vereinz. – **2.** PflN, Bez. für verschiedene Sauergrasgewächse Gri/Mi, Nau/Wa, Dra/Bu, Lau/GW. *Dei Swienshor sünd nicks vör'e Käuh* Gri/Mi. – **Schwien(s)kåben** m. **1.** kleiner Schweinestall VPom, sonst vereinz. Auch: abgetrennter Verschlag im Schweinestall vereinz. – Ral.: *De hett sik an'n Swienskåben schüert* ist ein Glückspilz Fra/Br, ähnl. verbr. VPom, sonst selt. Wenn man unberechtigt geduzt wird: *In wecken Schwienskåben hemm' wi tosåmen lägen?* Stral, ähnl. vereinz. VPom. – **2.** Schweinetrog vereinz. – Sprw.: *Wat to'n Schwienkåben uthaugt is, ward in'n Läben keen Vigelin* [Violine] Gwald. Vgl. Schwien(s)trog. – **Schwiensklock** f. glockenförmiger Schaber zum Entfernen der Borsten des geschlachteten Schweins vereinz. *Mit dei Schwiensklock geiht dat Schråben fix* Gri/Mi. – **Schwienskohl** m. **1.** PflN. – **1.1.** Kohl-Gänsedistel (Sonchus oleraceus) verbr. VPom, sonst vereinz. *De Schwienskohl is in't Fröhjohr dat best Fauder för de Schwien* Ghg/Hk. Auch: Kohl-Kratzdistel (Cirsium oleraceum) Nau/De. → Distel. – **1.2.** Bärenklau (Heracleum) selt. – **2.** Eintopf aus Mohrrüben und Kartoffeln Rüg/Wi, Lau/GW. – **Schwien(s)kopp** m. **1.** Schweinekopf. *Schwienskopp un Gräunkohl* beliebtes Fastnachtsgericht Gwd/Ba. Wenn jmd. den Kopf in die Hände stützt: *Morgen gifft't Schwienskopp, hei is all up'e Röst* Gri/Ti, ähnl. verstr. – Sagw.: *Dat is en recht Gesicht! säd de Buer, don keem de rökert Schwienskopp up 'n Disch* HUMGWD 10,22,5. – **2.** fischerspr., runde Leinenführung aus Holz an der Spitze der Kammerreuse Rüg/Nu [1]PEE 204. – **Schwien(s)kœtel** m. Kotballen vom Schwein. Zu einem Wutentbrannten: *Biet in'e Schwienkœtel!* beruhige dich! Pyr/Wi. – **Schwien(s)-krut** n., PflN. **1.** Rauher Beinwell (Symphytum asperum) vereinz. – **2.** Gartenmelde (Atriplex hortensis) Rüg/Dm, Sto/Dö. – **3.** Vogelknöterich (Polygonum aviculare) Kol/Pr, Reg/Rg. – **Schwien(s)kumm** m. Futtertrog für Schweine vereinz. MPom HPom. – **Schwiensledder** n. Schweinsleder vereinz. *Dei Bäuker warden in Schwiensledder bunnen* Fra/Zi. *Dei hett 'n Fell as Swienslerrer* ist unempfindlich Dem/Tp. – **Schwien(s)lewark** f., TiN, Haubenlerche °Rüg, Stral, Cam/He, Kol/Zw, [9]HAAS 46. – **Schwiens-og** n. Auge des Schweines. Übertr.: kleines, zusammengekniffenes Auge vereinz. *[Hei] reef sick, noch halw im Droom, sin ulle fründliche Schwiensoogen* [1]NERE 57. – **Schwien(s)porst** m., PflN, Sumpfporst (Ledum palustre) vereinz., HTKÖS 1923,3,7. – **Schwien(s)pot** f. Schweinepfote. *Tum Middag gifft't Schwienpoten* Ran/Pe. Auch: Eisbein Saa/Te, Gbg/Gp. – **Schwiensrügg** m., seem., dicker Holzklotz an der Reling zum Aufsetzen des Ankers vereinz. vpom. Küste. *Dat Anker wir up'n Swinsrügg'n leggt* [3]SEG 105. – **Schwienstall** m. **1.** Schweinestall. *Då süht't ut as im Schwienstall* da herrscht große Unordnung Pyr/Lt. *He is in'n Schwienstall grot worden* er ist ordinär Stral. Wenn man unberechtigt geduzt wird: *In wecken Schwienstall hemm' wi Bräuderschaft drunken?* Gwald. Zu jmd., der eine Glückssträhne hat: *Du büst wull im Schwienstall wäst!* Nau/De, ähnl. verstr. – **2.** scherzh., Hosenschlitz vereinz. *Diə Schwienstall steht up!* Neu/Lt. – **Schwiens-trånen** Pl. **1.** vorgetäuschte, unechte Tränen verstr., JOSTWB 96. – **2.** große Tränen vereinz. *Se weent dicke Schwienstrånen* weint sehr Ran/Pe. – **Schwien(s)trog** m. Trog zum Füttern der Schweine. *Schürr dat Faurer in'n Schwientrog!* Gwd/Ba. – Sprw.: *Wat tau'n Schwiens-trog uthaugt is, ward in'n Läben kein Vigelin* [Violine] verbr., GEB 55, HUMGWD 5,6,1, HTKLLAU 1919,24. Vgl. Schwien(s)kåben. – **Schwien(s)tüffel** f. kleine Kartoffel für das Schweinefutter vereinz., LAUWB 324[b]. *Dei Swientüffel kåmen in'n Korf vör sich* Gri/Mi. – **Schwien(s)tüft** f. dass. vereinz. VPom, Uec/Pa. – **Schwiens-uhr** n. **1.** Ohr eines Schweins. *Schwiensuhren waren sur kåkt* Gwd/Ba. Übertr., Pl.: große, abstehende Ohren vereinz. *De hett 'n Por schöne Schwiensohren an'n Kopp* Ran/Pe. – Sprw.: *Ut 'n Schwiensuhr lett sick meindag' keen sieden Geldbüdel maken* HUMGWD 13,24,11. – **2.** Blätterteiggebäck in Form einer doppelten Spirale vereinz. – **3.** PflN. – **3.1.** Drachenwurz (Calla palustris) selt. – **3.2.** Wiesen-Bärenklau (Heracleum sphondylium) Dra/Bu. – **Schwiensvesper** n. Zwischenmahlzeit am Nachmittag selt. VPom, HECK 58. Auch: zweites Frühstück Lau/GW,Vl. – **Schwientrekker** m. **1.** Person, die zum Verkauf stehende Schweine von einem Ort zum anderen treibt selt., [1]TIB 67. – **2.** Schimpfw., Schuft, Schweinehund verstr. VPom, Uec/Ge. *Dissen Schwientrecker war ik ees bi de Schlafitten kriegen!* Rüg/Dm. – **3.** veralt., SpottN für die Einwohner Anklams verstr. VPom, [6]KNO 103, DLP 2,19, HTKÖS 1930,1,7, HUMGWD 3,41,10, POMHTSTE 1928,12,47[a].

Schwiepen Pl., *Schwippen* Uec/Ge, Pyr/Mö, Dim. *Schwippkes* °Ran, Pyr/Wa,Wi, Gbg/Gp, Dummheiten, Streiche, Betrügereien verstr. MPom, sonst selt.

schwieren sw. zechend umherziehen verstr., SUNN 1861,47, [2]TIB 110. *Hei sitt in'n Kraug un schwiert* Fra/Bn.

Schwierigkeit f. wie hd. – Sagw.: *Dat hett kein Schwierigkeit, säd de Bäcker, dun hett hei dat Brot to licht måkt* Ank/Pu, ähnl. APHDEM 1936,96, HUMGWD 12,32,11, SUNDTR 2,28.

Schwiert n., *Schwaiet* Dra/Bu, wie hd. *Schwert* vereinz., Pl. *-er*. **1.** Schwert, Hieb- und Stichwaffe. – **2.** fachspr., große Holz- oder Stahlplatte im kiellosen Boot, die durch eine Öffnung in Längsrichtung ins Wasser gelassen wird, um das Abdriften zu verhindern. *Treck dat Schwert up!* Sto/Kb. – **Schwiertflücht** f. seitlich abstehender Nebenflügel von Gänsen und Enten vereinz.

Schwiet f., Pl. *-en*, *Schwiede* Reg/Kt, *Schwieter* selt. HPom, Dim. *Schwietkes* Sto/Dö, *Schwittkes* Sto/Gl. **1.** Schar, größere Gruppe vereinz., [1]EBE 150. *As ik in'n Krog seet, keem 'ne ganze Schwiet Kierls rin* Rüg/Dm; *een Schwiet Inten* Ghg/Wt. Auch: Gefolge selt., HILL 58. *He keem mit siene ganze Schwiet in'n Sål* Rüg/Pu. – **2.** Dummheit, Streich verbr. Zumeist im Pl.: *He hett allerhand Schwieten in'n Kopp* Pyr/Lt. *Måk blos nich so 'ne Schwieten!* °Dra. – Zu frz. *suite*. – **schwietisieren** sw. Streiche verüben, Schabernack treiben Ank/An. – **Schwietjee** m., *Schwietjöö* Gri/Zf, Stral, Neu/Gc, Sch/Pu, Pl. *-s*. **1.** leichtlebiger, zu Streichen aufgelegter Mensch verstr. *Mit so'n Schwietjee war ik mi ni' afgäwa!* Dra/Bu. – **2.** Betrüger, Halunke vereinz. – **Schwietjist** m., *Schwietgist* Ank/Km, *Schweetjist* Uec/Pa, *Schwiejist* °Kol. **1.** Leichtfuß, schalkhafter Mensch verstr. *Dat is 'n schönen Schwietjist, de måkt blot Schwieten* Stett. – **2.** Gauner, Schwindler verstr.

Schwindsucht f., *Schwiend-* Pyr/Wa,Wi, *Schwien-* LAUWB 324[b], wie hd. *Hei hett sich dei Schwindsucht weghålt* Kol/Pr. Scherzh.: *Schwindsucht in't Portmonné hebben* kein Geld mehr haben vereinz.

Schwing f. **1.** Flachsschwinge, Gerät zum Flachsreinigen vereinz. – **2.** flacher, ovaler Korb, bes. Futterkorb verbr. Solche muldenförmigen Körbe wurden daneben auch zur Aussaat oder zum Saatreinigen benutzt vereinz. Vgl. Kiep. – **3.** *Schwink* selt., gedrehtes Ende der Peitschenschnur, mit dem man knallt vereinz. Vgl. Schwings. – **Schwingblatt** n. scharfkantiges Brett mit Handgriff zum Flachsschwingen Rüg/Li, Pyr/Lt. – **Schwingblock** m. Gestell, auf dem die holzigen Teile des Flachses mit der Flachsschwinge ausgeschlagen werden vereinz. HPom, DKr/Ro, HOMWB 183[a]. – **Schwingbuck** m., *Schwingel-* Sto/Dö, dass. Rüg/Ae, Ghg/Wt, LAUWB 324[b]. – **Schwingelheid** f., *Schwinnel-* Nau/Ro, °Fla, *Schwing-* Pyr/Wi, [4]ROSF 484, grobe Hede, holziger Abfall beim Flachsreinigen verbr. *Von dei Schwingelheed würden Säck wääft* Pyr/Dö. Vgl. Flassheid, Schwingelschäf. – **schwingelheiden** Adj. aus grober Hede vereinz. *schwingelheirn Hemd* grobes Leinenhemd Dra/La. – **Schwingelschäf** f. wie Schwingelheid Reg/Rg, Kol/Go, Bel/Rö ALBELG 16,6.

schwingen st. **1.** holzige Reste des Flachses ausschlagen verbr. *Dat Flass ward schwunge, dat de Schäf affüllt* Saa/Le. – **2.** schwungvoll hin und her bewegen selt. Refl.: sich schwingend fortbewegen: *Hei schwüng sich an denn Reip in'e Höcht* Gwd/Ba. Übertr.: *Hai hätt ain jaur Räär schwunge* er hat eine gute Rede gehalten LAUWB 325[a].

Flex.: Prät.Sg.1. u. 3.: *schwüng* vereinz., *schwung* °Rüg, Rum/Km [5]TITA 68, LAUWB 325[a]. – Part.Prät.: *schwungen* verbr.

Schwingmaschin f. Vorrichtung mit windmühlenartigen Flügeln zum Schwingen des Flachses, die über eine Tretvorrichtung oder Handkurbel bedient wird vereinz. HPom. *Wenn dat Flass bråkt is, ward dat up de Schwingmaschin schwunge* Saa/Le. Vgl. MWB 6,1228, Abb.1f. – **Schwingplaug** m. Pflug ohne Radvorgestell, sodaß der Pflugkörper auf- und abschwingt verstr. Auch: Kehrpflug, wechselseitig wendender Pflug Fra/Br, Ank/Br, DKr/La, LAUWB 325[a]. – **Schwingraut** f. lange Stange am Ziehbrunnen, an der man den Schöpfeimer befestigt Rüg/Zi, Lau/Vl. – **Schwings** f., *Schwinks* Kol/Pr, *Schwengs* Kol/Ge [3]MIS 38, gedrehtes Ende der Peitschenschnur, mit dem man knallt Nau/Db, Reg/Kw. Vgl. Schwing.

schwinn' Adj. schnell, geschwind. *Lop schwinn' nåh Hus!* Pyr/Wi. *Dat jeht ümme schwinn'* geht flott voran Reg/Me; *dat Kind dheed alles mit Lust* [...] *un begrep swind* ARN 107.

Laut- u. Formvar.: *schwind, swind* Gwald, Uec/Pa, [3]JAHN 418, ARN 107, *swing* [3]NERE 1,41; 2,38, *schwing* HOMWB 183[a]. – Dim.: *schwinning, swinning* Dem/Tp, Fra/Ln, [1]VOG 35, *schwinnke* Reg/Me, °Sch MAH 77, *schwinnkes* Lau/Gr BLFPVK 9,63.

Schwinnel m., wie hd. *Schwindel* vereinz., *Schwingel* °Rum, °Büt [2]MIS 36, *Schwienel* Kol/Go, Schwindel. **1.** Taumel, Schwindelgefühl. – Ral.: *in'n Schwinnel kåmen* Angst bekommen vereinz., auch: in Bedrängnis geraten vereinz. Vgl. Schwiemel. – **2.** Betrug, bewußte Irreführung vereinz. *Dat's jo luder Schwinnel!* Gwd/Ba. *Denn Schwinnel måk ik nich mit!* Pyr/Lt. – **Schwinnelbüdel** m., scherzh., Würfelbecher °Dem, Rüg/Pu, Gwald. – **schwinnelecht** Adj. schwindelfrei °Ghg. Vgl. koppfast. – **schwinn(e)lig** Adj., *schwienlich* LAUWB 324[b], schwindelig, taumelig vereinz. *Mi ward bi 't Danzen ümmer schwinnlig* Pyr/Lt. Gebräuchlicher ist schwiemlig. – **schwinneln** sw., *schwienle* LAUWB 324[b], wie hd. *schwindeln* selt. **1.** unpers., von Schwindelgefühl befallen werden selt. *mi swinnelt de Kopp* SPI 76. – **2.** lügen, Unwahres erzählen vereinz. *Minsch, du schwinnelst, dat sich de Balken bögen* Ank/An.

schwinnen st., *schwiene* LAUWB 324[b], schwinden. **1.** geringer werden, abnehmen vereinz. *Dat Licht schwünn allmählich* Gwd/Ba. – **2.** entschwinden, verschwinden vereinz. *Hei leet em swinnen* er hat ihm gekündigt Fra/Bo. Unpers.: *Dat is mi janz schwunnen* das habe ich ganz vergessen Ghg/Li.

Flex.: Prät.Sg.1. u. 3.: *schwünn* vereinz., *schwuun* LAUWB 324[b]. – Part.Prät.: *schwunnen* vereinz., *schwune* LAUWB 324[b].

schwipp Adj. **1.** behende, flink verbr. *Uns Vadder is noch schwipp tau Been* Cam/Rn; *dei ein Ort langsam un bidächtig, dei annern ielig un schwipp* HUMGWD 12,34,1. *De Bengel is bannig schwipp mit 't Mul* ist sehr vorlaut Rüg/Pu. Subst.: *im Schwippen/Schwibben* in kurzer Zeit, im Handumdrehen verstr. MPom HPom, Arn/Si, Net/Sl. *Se weer weg un weer e' Schwippe wedder hier* Saa/Le. – **2.** klug, aufgeweckt vereinz. – **Schwipp** f. gedrehtes Ende der Peitschenschnur, mit dem man knallt Fra/Ri, Gwd/Ho, Use/Sw, Ran/Gl. Auch: biegsame Weidenrute Net/Sl. – **schwippen** sw., *schwibben* Gwd/Ze. **1.** hin und her schwanken in einem Gefäß, überlaufen (von Flüssigkeiten) vereinz., HOMWB 183[b]. – **2.** wippen, auf und ab schwingen vereinz., [1]HOLS 224. – **3.** eilig hin und her laufen selt., [9]HAAS 20. – **4.** mit der Peitsche knallen LAUWB 325[a]. – **schwipp(en)natt** Adj. triefend naß, durchgeweicht °Ghg, Nau/Db. – **schwippenvull** Adj., *schwibbenvull* selt., *schwippendigvull* vereinz. VPom, bis zum Überlaufen voll vereinz. *Dei Tass is schwibbenvull gåten* Gri/Gm. Von einem Prahler: *Hei nimmt dat Mul ümmer glieks swibbenvull* Rüg/Ae. [*Hei*] *schenkte sick sin Glas* [...] *ganz swibbendig vull* [2]BRE 163. Übertr.: *Hei is schwippendigvull* ist betrunken Dem/Kt. – **schwippig** Adj. schnell, flink vereinz. °Nau. *Dei is nåh' ehrem Üller recht schwippig* Nau/Bo. – **Schwippraut** f. biegsame Rute zum Korbflechten vereinz.

Schwips m. leichter Alkoholrausch verstr., NACK 35.

Schwirr f. wildes, ausgelassenes Kind selt. – **schwirren** sw. **1.** mit surrendem Geräusch durch die Luft fliegen selt. Übertr.: *Dat schwirrt mi noch 'n bäten* ich erinnere mich dunkel °Nau. Vgl. schwurren. – **2.** sich herumtreiben, amüsieren gehen vereinz. *Dei schwirrt von einen Kraug tau 'n annern* Fra/Br. – **Schwirrholt** n. an einer Schnur befestigtes Brettchen, das beim Schwingen surrende Laute erzeugt (Kinderspielzeug) Fra/Bn.

schwitschere sw. zwitschern der Vögel Sch/Sd. Vgl. Geschwitscher.

Schwitz m. Schweiß °Ghg, Pyr/Lt, Fla/Wo, HomWb 183[b]. *De Schwitz löppt mi den Rüggen runner* Pyr/Lt. – Ral.: *einen up'e Schwitz bringen* jmd. auf Trab bringen Ghg/Bo, Fla/Ta. Von einer schweren Arbeit: *Dat gifft Schwitz!* Pyr/Lt. Vgl. Schweit. – **Schwitzmähl** n. Mehlschwitze Dra/Bu,Dr.

Schwof m. öffentliche Tanzveranstaltung verstr. *Ik gåh hüt up'n Schwof un will mi 'ne Brut söken* Stett. – **schwofen** sw. tanzen verbr. *Hei geiht jeden Åwend schwofen* Dem/Tp. *He hett mit ehr so richtig schwooft* viel und schnell getanzt Ran/Sr.

schwögen sw. **1.** überschwänglich erzählen, viele Worte machen. *Hei kann nich ruhig vertellen, hei schwöögt tau väl* Dem/Tp. *Sei schwöögt giern in hoge Tön'* redet gern geschwollen Rüg/Wi. Auch: lügen, Unwahrheiten erzählen vereinz. *Tanten Lite wir ganz weg un schwögte dat Blage von den Himmel herunner* [2]Tib 155. – **2.** klagen, jammern verstr. *Sei schwööjt, dat dei annert so väl hett un sei hett nüscht* Reg/Pl. *As nu dei Börgers 1604 werre mal äwer ehren Raad swögen müßten* [...] [2]Adam 23. – **3.** erstaunt sein, sich verwundern verstr. *He schwööjt so, as wenn he so wat noch narens* [nirgends] *sehn hett* Uec/Pa.

Lautvar.: *schwäugen* Dem/Tp, Ank/An, °Cam, Nau/Fg, *schwöje* vereinz. HPom, *schwuije* Dra/Nt,Rt, *schwujero* Net/Hf.

Schwögerie f. **1.** *Schweugerie* [9]Worm 10, geschwollene, übertriebene Redeweise vereinz. *Dien Schwögerie is nich mit antohüren!* Rüg/Pu. – **2.** Gejammer, wortreiches Klagen selt., DähWb 480[b]. – **Schwögnis** f. Ohnmacht selt. VPom, DähWb 480[b], PomMag 5,24.

Schwol f., Pl. *-s*, dunkle Regen- oder Gewitterwolke Darß, Gwald, Sun 1832,28. – Zu schwaul.

Schwœlk f., TiN, Pl. *-en* verbr., *-es* nordöstl. HPom, JostWb 95, Schwalbe. *Dei Schwœlken hollen Schaul* sitzen aneinandergereiht auf der Stromleitung Gri/Bo. *Weck Lür sejje, dat dei Schwålke im Harfst ni' wechtrekke, dei schoile sich im Sump verpuppe* Reg/Rg. Scherzh.: *Dei Schwölken bitahlen ehr' Meid mit Meß* HuMGwd 10,25,5. – Bauernr.: *Bugen dei Schwölken in 'n April, giwwt 't Fauder un Kurn as de Buer will* HuMGwd 9,14,3. – Wetterr.: *Dei Schwölken fleigen so deip, dat gifft Rägen* Rüg/Ae. – Rä., das nach der Schwalbe fragt: *Ick kenn 'n Vagel, dei is lütt, hei sitt an jeder Waterpütt, nachts flüggt hei an'n Huswand ran un backt un klüüstert da wat an* Cam/Ca HtKlCam 1935,2. – Volksgl.: *Wenn d' Schwålke in 't Hus fleije, starft eie* Rum/Pr, ähnl. vereinz., HtKös 1930,20,2. Syn. Schwalf. – Mnd. *swāl(e)ke*, Dim. zu mnd. *swāle*.

Lautvar.: Hauptvar.: *Schwälk* Uec/Ue, Ran/Al, Cam/Ke, *Schwäulk* vereinz. westl. ZPom, *Schwölch* selt. VPom, *Schwöl* Gwd/Gü, Sch/NR, *Schwalk* vereinz., *Schwålk* Ghg/Hi, verstr. ZPom, vereinz. NOPom, [5]Tita 42, BlfPVk 5,60, LauWb 323[a], *Schwolk* vereinz. MPom NOPom, *Schwaulk* verbr. nördl. ZPom. Weitere Seltenheitsbelege s. DWA 15, Kt.10.

Schwœlkenblaum f., PflN, Wildes Stiefmütterchen (Viola tricolor) Rum/Br, Sch/Ac, HtKös 1929,12,10. – **Schwœlkennest** n. Schwalbennest. – Volksgl.: *Schwaulkeneste im Stall bringe Glück* Gbg/Gp. – **Schwœlkenog** n., PflN, Leberblümchen (Hepatica nobilis) Stolp. – **Schwœlkenschwanz** m., scherzh., Gehrock, Frack vereinz. VPom ZPom, Lau/GW,Vl. → Schniepel.

Schwönn f., veralt., *Schwönd* vereinz., [4]Gil 35, *Swönde* [2]Adam 108, DähWb 480[b], Schwere, Gewicht vereinz. VPom, sonst selt. *Wur väl dat Stück kosta deet? Dat kümmt ganz up d' Schwönd a'!* Dra/La.

schwor Adj. schwer. **1.** von großem Gewicht. *Dat is schwor as Iesen* Gwd/Ba. *Dat Kuurn steht schwor* die Getreideähren hängen herunter Lau/GW. *Sei geiht all schwor* ist schwanger Gwald, ähnl. vereinz. – **2.** anstrengend, mühselig. *Dat Pierd hett swor tau trecken* Fra/Bn. *Sei mutt so schwer arbeide* Saa/Le. *De kricht dat schwor to Kopp* ist schwerfällig im Denken Dra/Wi. – Sagw.: *Dat was en schworen Dag, säd de Buer, don har hei 'n halwen Dag Göös hött* HuMGwd 8,14,5. – **3.** schwierig, kompliziert. *wat dei Upgaw 'en ganz Deil swönner makte* [2]Bre 169. *Måk di doch dat Läwen nich so schwer!* Use/Sw. – Sagw.: *Dat is nich schwer, seggt de Bäcker, don backt he dat Brot to licht* Stral.

Lautvar.: Überwiegend bereits wie hd. *schwer, schwår* vereinz., [5]Tita 48, HomWb 181[a], LauWb 323[b], *schwar* Cam/Bn,Go, Gbg/Zt, JostWb 95, *schwaue, schwaur* Gbg/Gp, °Saa, Dra/Bu, Net/Hf, °DKr [3]Tita 12.

Flex.: Komp., veraltd.: *schwönner, swönner* vereinz., HuMGwd 5,12,8, [2]Bre 169, Päch 72, Pal 60, *schwenner* Fra/Zi, Ank/An, Sch/Gu,Pu, °Rum, JostWb 95, [2]Mis 55, *schwäner* °Büt [2]Mis 55, HomWb 181[a]. Jüngere Formen: *schworer/schwerer*.

Schwor f., *Schwår* vereinz., *Schwårt* vereinz., [2]Mis 8, [5]Tita 42, *Schwaue* Gbg/Gp, Kol/Go, Pl. *-en,* Schwarte, derbe Haut am Schweinefleisch. *Dat Schwien hett 'ne dicke Schwor* Gri/Mi. *Os Vadde mag dei knusprig Schwaue so jee(r)n* Gbg/Gp; *am Bråre sitt dai dick bruun Schwår* LauWb 323[b]. – Ral. auch auf die menschliche Haut bezogen: *He arbeit', dat em de Schweet von'e Schwor löppt* er arbeitet hart Stral. Prügelandrohung: *Du krist gliek weck' up'e Schworen!* Gwd/Pn. *Dat gifft wat, dat dei Swor knackt!* Ank/An. *He hett 'ne dick Schwår* ist unempfindlich Pyr/Lt.

schwören st., selt. sw., einen Eid ablegen, feierlich geloben vereinz. *Dat schwör ik bi Gott!* Ghg/Li. – Ral.: *up einen schwören* jmd. völlig vertrauen selt. *In dees Såk kann ik up mien Fru schwören* Ank/An.

Lautvar.: *schwären, swären* °Rüg, Rum/Km, Slo/La, [5]TITA 69, [2]HOEFA 381, *schwäärə* °Lau STRI 15.

Flex.: Präs.Sg.1.: *schwör* vereinz., *schwär, swär* vereinz. °Rüg, °Reg, Rum/Km [5]TITA 69. – 3.: *schwört* vereinz., *schwärt, swärt* vereinz. °Rüg, *schwirt* Rum/Km [5]TITA 69. – Prät.Sg.1. u. 3.: *schwör* vereinz., *swur, swür* vereinz. °Rüg, *schwaur* Rum/Km [5]TITA 69. – Part.Prät.: *schwor(e)n* Gwd/Ba, Ank/Br, Nau/We, *schwåren, swå(re)n* vereinz. °Rüg, vereinz. HPom, DKr/La [5]TITA 69, *schwört* selt. VPom.

schworfällig Adj. schwerfällig, unbeholfen selt., HTKLANK 1920,66. – **schworhürig** Adj. schwerhörig vereinz. – Ral.: *Up dat Uhr is hei schwerhürig* das will er nicht hören Fra/Br. – **schwormelksch** Adj. schwer zu melken Dra/Ga, [4]WIN 21.

Schwucht[1] f. **1.** größere Menge, zu tragende Last vereinz. *Du hest jå 'ne schön Schwucht Hult up'm Puckel* Saa/Ja; *'ne Schwucht Heu* Gwald. – **2.** Benommenheit verstr. Bei großer Hitze: *Dår kann ma' rein de Schwucht krieje* Sto/Dö. Auch: Schwindsucht vereinz. – **Schwucht**[2] m. arbeitsscheuer Mensch, Nichtstuer vereinz. *Eh de ull Schwucht in'n Jang kümmt, dat duert wat!* Dra/Bu. – **Schwuchtbrauder** m. Herumtreiber, Trinker [4]GIL 40. – **schwuchten** sw. **1.** eine schwere Last tragen, schwer arbeiten vereinz. *Bi d' Aust* [Ernte] *hebbe wi schwuchte möte* Saa/Ja. – **2.** schleppend, schwerfällig gehen Pyr/Wa,Wi, Gbg/Gp: *Hei schwucht all eis e' ull Jroßvodde.* – **3.** tanzen Rüg/Pu, Ghg/Li. – **schwuchtig** Adj. **1.** faul, untätig vereinz. – **2.** schwerfällig, schlapp selt. – **3.** schwül, drückend heiß vereinz. MPom, Sto/Dö, Stolp. *Dat's 'n schwuchtig Såmer* Uec/Ge. – **Schwuchtjee** m. Faulenzer, Nichtsnutz Dem/De, Ghg/Li.

schwuddern sw. **1.** unpers., Schwindelgefühl haben, benommen sein Pyr/Wa,Wi. – **2.** unpers., vage in Erinnerung haben selt. SPom, Lau/GW. *Mi schwuddert dat so, as we' ik dat uk all ees hört hatt* Dra/Bu. Auch: etwas (Unheilvolles) vorausahnen Saa/Jk, Net/Hf. *Mi schwuddert dat so im Kopp, as wenn dor wat passeere ward* Saa/Jk. – **3.** liederlich leben, sich herumtreiben [2]TIB 110, HOEFAMSC 481[a].

Schwulk f. dunkle Regen- oder Gewitterwolke vereinz. VPom. *In'n Westen steiht so 'ne Swulk, dat ward glieks pladdern* Rüg/Ae. – **schwulken** sw., *schwolke* °Büt, sich bewölken, mit dunklen Wolken beziehen verbr. VPom, sonst vereinz. *Dat swulkt hüt so, ik glöf, dat gifft noch Rägen* Rüg/Ae. Syn. schwarken. – **schwulkig** Adj. schwül, gewittrig verstr. VPom, sonst selt. Übertr.: *don würd de Luft all werre schwulkig, denn siet 1756 was werre Krieg mit Preußen* HUMGWD 4,26,1.

schwulmen sw. sich mit Gewitterwolken bedecken Ghg/Hk, Nau/Fg, verstr. °Sch. – **schwulmig** Adj. **1.** drückend heiß, gewitterschwül selt. – **2.** ängstlich, beklommen Gbg/Gp, Kol/Pr.

Schwulst f./m., n. Fra/Zi, Ank/An, *Schwuls* Rüg/Zi, *Schwolst* Net/Hf, Pl. wie Sg. Fra/Pu, *Schwülsten* Uec/Pa. **1.** Geschwulst, Schwellung. *Ik heff mi an dat Schapp stött un heff dorvon 'ne lütte Schwulst krägen* Rüg/Dm. *Dei Kauh hett all Swulst in't Ürer* hat ein geschwollenes Euter vor dem Kalben Fra/Pe. – Ral.: *De vertellt 'ne dull Schwulst* redet geschwollen daher Uec/Pa. Vgl. Geschwulst. – **2.** Schimpfw., dicker Mensch °Saa, Net/Hf. – **schwulstig** Adj. **1.** mit einer Schwellung versehen, angeschwollen Dem/Tp, Ank/Br, °Ghg. – **2.** übertrieben, gespreizt (in der Rede) vereinz. *Hei räd't ümmer so schwulstig, dat is nich taum Uthollen* Dem/Tp. – **schwulstrig** Adj. schwül, gewitterschwer Gwald.

Schwummel m. Schwindel, Taumel Uec/Ge, Ghg/Li, Pyr/Sh, Lau/GW. – **schwumm(e)le** sw. taumeln, schwanken Sto/Gl. – **schwumm(e)lig** Adj., *schwum(e)lig* selt. **1.** schwindlig, benommen, unwohl verbr. *Mi ward schwumlig, ik mutt mi erst hensette* Sto/Dö. – **2.** ängstlich, bange selt. – **3.** schwül, drückend heiß vereinz. – **schwumm(e)re** sw., unpers., etwas dunkel in Erinnerung haben Neu/Aa: *Dat schwummert mi noch so.* – **schwumm(e)rig** Adj. **1.** schwindlig, taumelig vereinz. – **2.** beklommen, ängstlich Stett, Neu/Aa. – **3.** gewitterschwer, schwülwarm selt. *Hüt is't so schwummerig, dat gifft woll 'n Gewitter* Fra/Zi.

Schwung m., gesprochen zumeist *Schwunk, Schwonk* Gbg/Gp, Reg/Kt, Pl. *Schwüng'*. **1.** wie hd. *Dor sitt kein Schwung hinner* es geht nur langsam voran Dem/Tp. *Nu mit Schwung ran an d' Arbeet!* LAUWB 325[a]. Drohung: *Ik war di up'n Schwung bringen!* Ank/An, ähnl. verbr. *He hett sienen Kråm in Schwung* hält seine Sachen in Ordnung Pyr/Lt. – Sagw.: *So kümmt Gottes Wuurt in Schwung, seggt de Düwel, don schmitt hei sien Großmurrer de Bibel an'n Kopp* °Rüg, ähnl. Büt/Wu. – **2.** größere Menge, Anzahl vereinz. MPom, Gbg/Gp, Dra/Bi, Net/Hf, LAUWB 325[a]. *Dor löppt 'n Schwung Jäns* Ran/Bd; *'n Schwung Holt* Ran/Pe. – **Schwungplaug** m. Pflug ohne Radvorgestell Fra/Br, selt. ZPom, POMMBL 50,226. – **Schwungraut** f. Hebelarm zum Wasserschöpfen am Brunnen Fra/Zi, Ank/Br. – **Schwungschläden** m. als einfaches Karussell auf dem Eis dienender Schlitten, der an einem Pfahl befestigt und um diesen herum gedreht wurde Fra/Br,Ln, [16]HOLS 80.

schwunken sw. **1.** intr., schwanken, hin und her schwingen vereinz. *Dei Böm schwunken bi'n Wind* Gwd/Ba. – **2.** tr., schwenken, herumschlenkern selt. *Hei schwunkt dei Diern man so* tanzt flott mit ihr Gwd/Ba.

Schwupp m. kurze, schnelle Bewegung, Schwung vereinz., NIB 195, LAUWB 325[a]. *Mit einem Schwupp weer ik buten* Uec/Ge. In fester Vbdg.: *in'n Schwupp* in kürzester Zeit, sehr schnell vereinz. *In'n Schwupp hett hei dat taurecht* Gwald. – **schwuppen** sw., *schwubben* selt. **1.** in schwankender Bewegung sein, überfließen (von Flüssigkeiten) vereinz. *Dat Wåter schwuppt in'n Emmer* Saa/Le. – **2.** schwingen, federn vereinz. *De Roj* [Rute] *schwuppt* Pyr/Wi. – **3.** unsicher, schleppend gehen °Ghg, Saa/Le. – **Schwupper** m., *Schwubber* vereinz., Pl. *-s*, Fehler, Mißgeschick verstr.

schwups Interj. für eine plötzliche, rasche Bewegung verstr., [2]ADAM 60. *Schwups, föl hei œwer'n Süll in'e Dör* Gwd/Ba. Vgl. schnups.

Schwur m., *Schwår* Reg/Kt, *Schwauer* HOMWB 181[b], wie hd. vereinz. – Ral.: *taum Schwur kåmen* zur Entscheidung kommen vereinz., [2]TIB 26.

schwurren sw. schwirren, sich geräuschvoll durch die Luft bewegen. Übertr.: *Dat schwurrt mi no' so im Kopp* daran erinnere ich mich noch vage Pyr/Wi. Ablautend zu schwirren.

Schwutsch[1] f., *Zwutsch* selt. VPom MPom. **1.** Weidenrute vereinz. VPom, Ghg/Li, Lau/GW,Vl. – **2.** Kartoffelsuppe Gri/Mi, Stral, Ank/Br, Uec/Pa. – **3.** Schimpfw., liederliche Frau, Herumtreiberin vereinz. *Dei olle Swutsch hett all männigen gauden Kierl up 't Gewissen* Rüg/Ae. – **Schwutsch**[2] m., *Zwutsch* Pyr/Sh, Pl. *-en.* **1.** schnelle, kurze Bewegung vereinz. Meist in der Vbdg.: *in einen Schwutsch* in kürzester Zeit, sehr schnell. – **2.** Tanzvergnügen vereinz. VPom. *up'n Schwutsch gåhn* Gri/Bo. – **Schwutschbrauder** m. Herumtreiber Dra/Bu. – **schwutschen** sw., *swutzen* Use/Us, *zwutschen* vereinz. VPom MPom, Lau/GW. **1.** platschende Geräusche von sich geben, waten selt. VPom. *Wi sünd dörch dat natte Gras swutscht* Rüg/Ae. – **2.** mit klatschendem Geräusch schlagen verstr. VPom, Uec/Ge, Kol/Kr, Lau/GW. *Låt di man nich 'n poor schwutschen!* laß dich nicht ohrfeigen! Gri/Ti. – **3.** tanzen verstr. VPom, Uec/Ge,Pa, Pyr/Wi. Auch: sich amüsieren gehen vereinz. VPom, Stett. – **4.** zügig vorangehen, vorankommen vereinz. *Dat schwutscht man so bi't Neigen* Dem/Tp. – **Schwutscher** m., Pl. *-s*, Herumtreiber vereinz. VPom. – **Schwutscherie** f. kleine Tanzveranstaltung vereinz. VPom, Uec/Pa. *In'n Krog is hüt Schwutscherie* Rüg/Pu. – **schwutschnatt** Adj. völlig durchnäßt selt. VPom. *Mi sünd dei Beinen swutschnatt, dei Stäwel hollen nich dicht* Rüg/Ae.

Sebastiån m. Kalendertag des Heiligen Sebastian (20.1.) verstr. *Sebastiån is de Dag all üm 'ne ganze Stunn länger* Stral. Oft in der Vbdg. *Fabiån Sebastiån*, weil der 20. Januar auch der Kalendertag des Heiligen Fabian ist. Deshalb in einer Bauernr.: *Fabiån Sebastiån lett denn Saft in dei Böm ringåhn* Gwald. Vgl. Bastiån.

Sechser m., veralt., Fünfpfennigstück (urspr. die Sechspfennigmünze, nach 1874 auf das neu eingeführte Fünfpfennigstück übertragen). *Dat is keinen Sechser wiert* ist völlig wertlos Gri/Sv. – Ral.: *Leiwe 'n Sechser hewwe as 'n Grösche krieje* Nau/Fg. *Dickdaun is min Läben, leihn mi 'n Sechser!* HUMGWD 10,31,5. Abweisung: *Du kannst mi mål för'n Sechser!* Fra/Zi, ähnl. verstr. Vgl. Sössling. – **Sechserkees** m. (billiger) Stangenkäse aus Sauermilch vereinz., [4]WIN 240. – **Sechserrentjee** m. Rentner mit geringem Einkommen vereinz. Vgl. Dreipenningsrentjee, Sössdreierrentjee.

sedder s. sörre.

See[1] f., Pl. *-n.* **1.** das Meer. *Hei geiht all lang tau See* ist ein erfahrener Seemann Dem/De. Scherzh. Ausruf, wenn es stürmt: *Nu up See un denn kein Schipp!* Gwd/Ba, ähnl. verstr. – **2.** ohne Pl., Seegang. *Wi hemm' hüt väl See in't Wåter* Gwald; *rullen See* Seegang mit langgezogenen Wellen Gwd/Wc. Syn. Seegang, Seeschlag. – **3.** Welle, Woge. *Bi Storm kümmt eine grote See nåh de anner œwer Buurd* Rüg/Ae. *Bi de Stormflaut wieren hoge Seen* Fra/Zi. *Dei Seen hemm' Schumköpp* Fra/Bn. – **See**[2] m., n. HOMWB 183[b], JOSTWB 96, Pl. *-n*, *-s* LAUWB 325[a], Binnensee. *Sei raudern up'n See* Gwald; *in'n See schwemmen* Dem/Kt. *Dat kast in'n See schmieten!* das taugt nichts! Ran/Pe. – Rä.: *Up'n witten See schwemmt 'ne rode Ros'* = Brief mit Siegel Stral. – **seebefohren** Adj., seem., zur See gefahren. *Dat's 'n seebefohren Kierl* ist ein erfahrener Seemann Fra/Zi. – **Seeblaum** f., PflN, Seerose (Nymphaea) LAUWB 325[a]. Syn. Dodenblaum, Schinnblom, Seeros'. – **Seeboot** f./n., fischerspr., kl. Segelboot mit Kiel für die strandnahe Heringsfischerei mit Treibnetzen °Rüg, [1]PEE 246f. Vgl. Nettenboot. – **Seebull** m., TiN, Seehase vereinz. °Rüg. Syn. s. Seehås.

Seech, seechen s. Seig, seichen.

Seedåk m. Seenebel verstr. vpom. Küste. *Dei Seedåk wier so dick, dat man kein twintig Schritt seihn künn* Gwd/Ba. – **Seedank** m., PflN, Seetang vereinz. *Seedank ward uk as Mess up'n Acker führt* Gwd/Ba. Vgl. Dank[2]. – **Seedüker** m., TiN, Bleßhuhn °Nau. → Zapp. – **seedull** Adj. seekrank vereinz. *Hei wier so seedull, dat em dat Noorslock ut'n Hals hüng* Fra/Bn. – **seedun** Adj. dass. vereinz. – **Seedüwel** m., TiN, Knurrhahn Rüg/Gl. Vgl. Seehåhn. – **seefast** Adj. **1.** seetüchtig. *Dat Schipp is seefast* Rüg/Sn. – **2.** gegen die Seekrankheit immun. *Hei kann nich Seemann bliewen, hei is nich seefast* Fra/Zi. – **3.** gegen Verrutschen bei starkem Seegang gesichert (von Gegenständen an Bord). *alles seefast zurren* Uec/Ue. – **Seefisch** m. wie hd. Scherzh.: *Dat gifft hüt Seefisch un Feldhäuhner* Hering und Pellkartoffeln Dem/De. – **Seefladder** f., TiN, Qualle vereinz. VPom. Syn. s. Quall. – **Seeflamm** f. dass. verstr. VPom, SUNDTR 1,90. – **Seefohrer** m. Seemann vereinz. – **Seefohrt** f. Seefahrt. *Hei is bi dei christliche Seefohrt* er fährt zur See Rüg/Sn. – **Seegang** m. wie hd. vereinz. *Wi hebben so hogen Seegang, de Wellen schlågen man ümmer so œwer dat Schipp rœwer* Gwald. Üblicher ist See[1]. – **Seeglor** f., TiN, Qualle verstr. VPom. *Wi hebben in'n Sommer in'e Ostsee väl Seeglor, denn vertrekken sik dei Fisch* Gri/Mi. Syn. s. Quall. – **Seegras** n., PflN, wie hd. *Dei Strand licht vull Seegras, wenn dat drög is, kümmt dat in'e Madratzen* Gwd/Ba. – **Seehåhn** m., TiN. **1.** Haubentaucher vereinz. – **2.** Roter Knurrhahn selt. Vgl. Seedüwel. – **Seehås** m., TiN, Seehase vereinz. Syn. Klutfisch, Schmoltkœter, Seebull. – **Seehund** m. wie hd. vereinz. Spruch: *Tau Noot is Seehund uk en Fisch* HUMGWD 75,229f.,3. – Scherzfr.: *Wecker Hund is tau dat Schåphäuden nich tau bruken?* = *dei Seehund* Gwald. Gebräuchlicher ist Sålhund. – **Seejumfer** f. **1.** Seejungfrau, weiblicher Wassergeist. Zu Volkssagen, die in Pommern mit Seejungfrauen verbunden sind, s. BLFPVK 8,21, DLP 4,120, HTKÖS 1926,8,10, ROG 63. – **2.** TiN, Libelle vereinz. MPom HPom. Vgl. DWA 2, Kt.53f. → Wåterpierd. – **Seekarpen** m., scherzh., 'Seekarpfen' Hering vereinz. Vgl. See-oss. – **Seekist** f. Truhe, in der Seeleute früher ihre Habseligkeiten mitführten. – **Seekohl** m., PflN. **1.** Meerkohl (Crambe maritima) selt. VPom, SUNDTR 1,90. – **2.** Krebsschere (Stratiotes aloides) HTKÖS 1923,3,8. – **seekrank** Adj. wie hd. *Ik war bi Storm up See licht seekrank* Gwd/Ba. Vgl. seedull, seedun. – **Seekutten** Pl., seem., Risse in den Händen Fra/Bn.

seel Adj., nur attr., selig, verstorben verstr. *Mien seel Mudding hett dat ümmer so secht* Rüg/Dm. – Ral.: *Dat kümmt anners as mit dei seel Fru!* es geschieht nicht so, wie es bislang der Fall gewesen ist! Gwald, ähnl. verstr. Vgl. selig.

Seel f., *Sêa* verstr. SPom, DKr/La, Net/Hf, Pl. *-en*, Seele. **1.** Gemütskraft des Menschen, Psyche. – Ral.: *sik in'e Seel verfieren* sich heftig erschrecken verstr. *Mi friert dei Seel in'n Lief* ich friere sehr Gri/Go. *Dat is mi ut de Seel språken* das empfinde ich ebenso Rüg/Zi. – Sagw.: *Duk di dål, leif Seel, hier kümmt 'n Platzrägen, säd dei Bur, don nähm hei 'n groten Schluck ut dei Schnapsbuddel* Gwald. – **2.** im religiösen Verständnis als unsterblich empfundener, körperloser Teil des Menschen. – Ral.: *einen dei Seel ut'n Lief frågen* jmd. mit Fragen sehr bedrängen verstr. Floskelhafte Bekräftigung einer Aussage: *bi mien Seel!* verbr. *Dat weit ik bi mien Seel nech!* das weiß ich ganz bestimmt nicht! Gbg/Gp. – Sagw.: *Mien Seel krichst du nich, säd dei Knecht tau denn Düwel, don stäk hei denn Kopp in'n Heuhopen* vereinz. VPom. – **3.** emotionale Bez. für einen Menschen. *Hei is 'ne truge Seel, wat dei secht, dor kannst du di up verlåten* Rüg/Ae. *Dei Wittfru is 'ne arme Seel, sei deit mi leed* Fra/Pe. – Sagw.: *Schöne Seelen finnen sik, säd dei Voss, don har hei dei Gaus tau fåten* Gwald. – **4.** Schwimmblase von Fischen verstr. Vgl. Hieringsseel.

Seelenbarger m., seem., Rettungsring verbr. vpom. Küste. – **Seelenfänger** m., scherzh., Pastor vereinz. → Paster. – **Seelengang** m., veraltd., erster Kirchgang einer Frau nach der Entbindung vereinz. – **Seelenkliester** m., scherzh., dicke Mehlsuppe, Mehlgrütze verstr. VPom, selt. MPom HPom. – **Seel(en)klock** f. Sterbeglocke verstr. *De Seelklock lüüjt, eener mutt storwe sinn* Saa/Za. – **Seel(en)sack** m., scherzh., der menschliche Körper verbr. VPom, sonst selt. *Mi deit de ganze Seelensack weih* Gwald. – Ral.: *Dat geiht up mienen Seelsack dål* man lästert über mich Ank/An, ähnl. verstr. VPom. – **seelensgaut** Adj. seelengut, von Herzen gut verstr. *Dei Oll is seelensgaut, œwer hei kann uk kattendreckig* [gemein] *warn* Gri/Go. – **Seelenverköper** m., pejor. **1.** seem., schlechtes, nicht seetaugliches Schiff oder Boot. *Versöp di man nich mit denn ollen Seelenverköper!* Gwd/Ba. – **2.** betrügerischer Vermittler, Makler. Spez.: Heiratsvermittler vereinz. ZPom. Seem.: Stellenvermittler für Seeleute. Vgl. Bås[1], Hüerbås. – **Seelenwarmer** m., scherzh. **1.** dreieckiges Schultertuch aus Wolle für Frauen, das über der Brust gekreuzt und mit Bändern auf dem Rücken verknotet wird. – **2.** (starker) Schnaps. – **seeltågen** sw. **1.** veralt., todkrank daniederliegen vereinz. VPom. – **2.** beim Abschiednehmen jammern selt. VPom.

Seelüd s. Seemann.

Seem m. Seim, dickflüssige Speise (bes. Haferschleim) verstr. *Kåk em man 'n bäten Seem, denn ward dei Måg werrer in Ornung kåmen!* Gwd/Ba. *Seem deit gaut, œwer dor sitt nicks in* Seim ist nicht sehr nahrhaft Gri/Ti. Zs. Håwerseem. Vgl. semen, semig.

Seemann m., Pl. *Seelüd*, wie hd. *Dei Seemann möt ümmer Planken unner dei Fäut hebben* Fra/Zi. *Dei Seelüd, dei weigen, wenn sei gåhn* haben einen schaukelnden Gang Gwald. – **Seemannschaft** f., seem., seemännische Fachkenntnisse. – **Seemannsfru** f. Seemannsfrau. *Mi dücht, so'ne Seemannsfru hett dat swor, dei Mann is ümmer blot 'n por Wäken tau Hus* Rüg/Ae. – **Seemannsgoorn** n. Seemannsgarn. *Seelüd vertellen giern Seemannsgoorn* Fra/Zi. Vgl. Schümannsgoorn. – **Seemannstru** f., PflN, 'Seemannstreue' Stranddistel (Eryngium maritimum) Fra/Br, Stral. – **Seemöf** f., TiN, Seemöwe. – Wetterr.: *Wenn dei Seemöwen schriegen, gifft't Storm* Gri/Go.

Seemsbläder Pl. Sennesblätter, (stark abführend wirkende) Blätter verschiedener Arten der Kassie (Cassia) verstr.

Seemyrt f., PflN, Wasserpest (Elodea) vereinz. – **See-oss** m., scherzh., 'Seeochse' Hering vereinz. HPom. Vgl. Seekarpen.

Seep m., *Seip* selt. VPom, *Sēip* °Lau STRI 23, Seife. *Seep kåken* Seife sieden Dem/Kt. *Wat büst du schmuddelig, wasch di düchdig mit Wåter un Seep!* Gri/Gm. In fester Vbdg.: *gräun Seep* Schmierseife verstr. *Ik möt denn Dreck mit gräun Seep afschüern* Gwd/Ba. Zu einem Kind, das um Süßigkeiten bettelt: *Leckertähn, magst uk grön Seep?* Rüg/Be, ähnl. verstr. Ironisch zu einem Dummkopf: *Wenn wi eis dei Schwien båden, kast du dei Seep drägen!* Gri/Bo, ähnl. vereinz. Vgl. sepen. – **Seep(en)blås** f. Seifenblase. – Ral.: *Dat räjent Seepblåse* es regnet so, daß sich in den Pfützen Blasen bilden Lau/GW. – **Seep(en)blaum** f., PflN. **1.** wie Seep(en)krut Gwd/Ba. – **2.** Wiesenschaumkraut (Cardamine pratensis) Sch/Pk. – **Seep(en)bütt** f. Holzfäßchen für Schmierseife vereinz. – **Seep(en)krut** n., PflN, Seifenkraut (Saponaria officinalis) vereinz. Syn. Seep(en)blaum. – **Seep(en)kübel** m., selt. n., größeres Holzgefäß zum Einweichen der Wäsche vereinz. HPom. – **Seep(en)pill** f. Zäpfchen aus Seife, das man früher bes. Kleinkindern bei Verstopfung in den After steckte vereinz. *'ne Seeppill in'n Noors helpt gägen Hartliewigkeit* Gri/Bo. – **Seep(en)proppen** m. dass. vereinz. – **Seep(en)schoort** f., selt. n., Seifenschale vereinz. HPom. – **Seep(en)seider** m., *-sieder* verstr., Seifensieder. – Ral.: *Nu jeht mi 'n Seepensieder up!* jetzt wird mir alles klar! Stett, ähnl. vereinz. – **Seep(en)tubben** m. kl. Holzfaß für Schmierseife verstr.

Seepock f., TiN, Seepocke, im Meer lebendes Krebstier mit kegelförmiger Schale vereinz. – **Seeråf** m., TiN, Kormoran selt. VPom, [4]GIL 1,85. Syn. Scholwe. – **Seeros'** f., PflN, Seerose. *Dat gifft witte Seerosen* (Nymphae alba) *un gäle Seerosen* (Nuphar lutea) Gwd/Ba. – Volksgl.: *Seerosen sall man nich mit in't Hus nähmen, dat bringt Unglück* Fra/Br, ähnl. verbr. Syn. s. Seeblaum. – **Seeröwer** m. **1.** Seeräuber, Pirat. Scherzh. zu ungebärdigen Kindern: *Töövt ji Seerövers, ik krieg juuch woll!* [5]TRI 5. – **2.** scherzh., Salzhering vereinz. – **Seesack** m. wie hd. *Wat 'n richtigen Seemann is, dei kennt keinen Kuffert, dei hett 'n Seesack* Gwd/Ba. – **Seeschlag** m. **1.** Seegang verstr. *Dat is in'n Seeslag follen* ist über Bord gegangen Fra/Bn. Syn. s. See[1]. – **2.** Meeressaum verstr. VPom. *In'n Seeschlag kann man Barnstein finnen* Fra/Zi. – **Seesoldåt** m., scherzh., Salzhering vereinz. – **Seesük** f. Seekrankheit vereinz. VPom. – **seetau** Adv. wie seewarts selt., JOSTWB 96. – **Seetreckerie** f., fischerspr., (nächtliches) Heringsfischen mit Treibnetzen auf der offenen See Hidd., [1]PEE 175. – **seewarts** Adv. seewärts, in Richtung des Meeres. *Dat Jewitte(r) treckt seewarts* Gbg/Gp. Syn. seetau. – **Seewasch** f., TiN, Qualle vereinz. vpom. Küste. Syn. s. Quall. – **seewehrig** Adj. seetüchtig verstr. vpom. Küste. – **seeweik** Adj. leicht seekrank werdend vereinz. VPom.

Segg n., gesprochen *Sech*, Gerede, Gerücht verbr. SPom, sonst selt. – Sagw.: *Dat's so'n Sech, secht dei Voss, dat s' mi tum Jashäudo* [Gänsehüten] *neihmo* Net/Hf. Vgl. Schnack.

seggen sw./unr. sagen. **1.** (Wörter, Sätze) aussprechen, artikulieren. *Hei secht kein drei Wür* er ist sehr schweigsam Gwd/Ba. *Dei kann dat blot plattdüütsch seggen* Gri/Gm. – Ral.: *nich witt un nich schwart seggen* gar nichts sagen, stumm (vor Schreck) sein vereinz. *Dor lett sik nicks (nich) up seggen* das ist tadellos °Rüg. Ausruf der Verwunderung: *Wat secht de Welt dortau!* Dem/Kt. – Sagw.: *Nicks seggen! säd dei Diern, don kreech sei denn iersten Kuß* Gwald. – **2.** mündlich mitteilen, über etwas informieren. *Hei hett mi dat secht, un ik heff em dat glööft* Use/Zm. *He hett em de Wohrheit secht* Pyr/Lt. *Dat sär he mi janz drög* darüber informierte er mich ganz ohne Feingefühl Ghg/Wt. Floskelhaft, wenn man unbedingt etwas mitteilen möchte: *Wat ik noch seggen wull!* Gwd/Nu. – **3.** vorschreiben, befehlen. *Wenn ik di dat seggen dau, hest du dat tau måken!* Use/Sw. *Vadding hett blot wat tau seggen, wenn hei allein tau Hus is* Gwald. Scherzh. Antwort auf die Frage: *Wat sechst du dortau?* = *Ik heff nicks tau seggen, ik schlåp achtern!* Dem/De, ähnl. vereinz. Subst.: das Sagen, die Befehlsgewalt. *Tau Hus hett sien Ollsch dat Seggen, hei is man 'n armen Kierl* Rüg/Ae. – **4.** behaupten, voller Überzeugung aussprechen. *Dat sechst du, åwer wat seggen de annern?* °Ghg. *Dat kann man nich got seggen* das ist sehr zweifelhaft Pyr/Lt. – **5.** nennen, mit einem Namen bezeichnen verstr. HPom, sonst vereinz. *Ne Lüd, seggt mi nich ümme Siegfried, dat hürt sick so schnaksch an* [1]NERE 2. *Bi Nabersch segge se de kleine Junge Willi* JOSTWB 97. – **6.** subst., Gerede, Geschwätz verstr. *Dat is blot so'n Seggen von dei Lüd, dat deit mi nich argern* Rüg/Ae. *Dat wier 'n grot Sengen von de Hochtiet* man hat noch lange über die Hochzeit gesprochen Gwald.

Lautvar.: *seng', sengen* verstr. VPom, vereinz. MPom, *sejje* verstr. HPom, *säje* verstr. ZPom, vereinz. NOPom, LAUWB 299[a], *säge* selt. ZPom, *sęəγə, seəγə* °Rum, [2]MIS 63, [5]TITA 42, *seie* Pyr/Bt,We, [1]TITA 81, *sagge* Lau/Ke,Sl.

Flex.: Während das Part.Prät. schwach konjugiert wird, sind im Prät. unregelmäßige Formen zu verzeichnen. Im Prät.Sg.1. u. 3. dominieren ohne erkennbare Raumbildung die Var. *säd* und *sär*. Außerdem sind belegt: *sä'* verstr. VPom, sonst selt., *sēid* °Büt [2]MIS 63, östl. °Lau STRI 15. – Pl.: *säden* verbr., *sären* selt. VPom, vereinz. MPom HPom, *sēidə* °Büt [2]MIS 63, östl. °Lau.

Sehl ON Sehlen (°Rüg). Der Ort galt früher als besonders arm und rückständig, daher als Ausruf des Bedauerns und des Erstaunens: *Ach Gott ut Sehl!* verstr. °Rüg.

sehr s. sihr.

sehruschke Adv., veralt., *sehruschka* BÖH 170, sehr, in hohem Maß selt. NOPom, HOMWB 183[b]. *Hei argert* *sik sehruschke* Sto/Bu. Vgl. sihr. – Wortbildung mit doppelter slawischer Suffigierung, vgl. [10]WIN 116.

sei **1.** Perspron. – **1.1.** sie (Nom.Sg.f.). *Sei hett ehr Kind up'n Arm* Ank/Pu. *Sei hett mit ehrn Mann väl Last* Stral. *Wenn se nich dor is, is he Herr im Hus* Pyr/Lt. – **1.2.** sie (Akk.Sg.f.). *Ik heff sei leif* Sch/Pu. *Dat Mäken is bannig ful, dau sei nich friegen!* °Dem. Neben *sei* wird auch die ursprünglich dativische Form ehr gebraucht. – **1.3.** sie (Nom.Pl.). *Dei Müggen sünd hüt rein dull, sei bieten mi ümmertau* Gwd/Ba. *Sei wåhnen tau Meid* Gwald. *Sei ware ball hier sinn* Bel/Kw. – **1.4.** ihnen (Dat.Pl.). *Dei Lüd sünd argerlich, ik will eis mit sei räden* Gwd/Ba. *Dei Kinner hüren nich up mi, ik heff sei dat doch all gistern secht!* Gwd/Ke. *Ik schink se dat* Saa/Ja. Vgl. en. – **1.5.** sie (Akk.Pl.). *Wat hest du väl Kinnings, kennst du sei all bi Nåmen?* Use/Zi. *Wur sünd dei Stäwels, hest du sei nich seihn?* Ank/An. – **1.6.** im Pl. in der höflichen Anrede an eine oder mehrere Personen. Im Nom.: *Kœnen Sei mi woll helpen?* Gwd/Nu. Im Objektkasus: *Heww ik Sei* [Ihnen] *dat nich secht?* Dem/Kt. *Ik heff Sei* [Sie] *gistern seihn* Gri/Gm. *Sei* verdrängt in der Anrede zunehmend älteres ji. – Ral.: *Dei räd't sik sülfst mit Sei an* ist sehr eingebildet Fra/Bn, ähnl. verstr. – **1.7.** in Vbdg. mit dem Posspron. *ehr*, bes. in der höflichen Anrede. *Is dat sei ehr Mann?* ist das Ihr Mann? Dem/Tp. *Se ehr Mudder hett dat måkt* Ank/An. – **2.** subst., weibliches Wesen, bes. Weibchen von Tieren. *Dat is kein Sei, dat is eie Hei!* Gbg/Ge. Sehr gebräuchlich ist *Sei* für das weibliche Kaninchen. In Vbdg. mit FN, veraltd.: *Sei Rieksch hett dat vertellt* Frau Riek hat das erzählt Lau/Lt, ähnl. verstr.

Lautvar.: Zur räumlichen Verbreitung der Hauptvar. *sei* und *se* s. PWB 1,1, LXV, Kt.11.

seichen sw. urinieren, pinkeln verbr. *Dei Lütt seicht ümmertau in't Bedd* Gwd/Ba. *Junge Hunnen seichen väl* Gri/Ge. – Sagw.: *Dat will ik mengen, secht dei Katt, don seicht sei mank dat Mähl* Ank/Br. → miegen.

Lautvar.: *seechen* vereinz. MPom, verstr. HPom, LAUWB 325[b], *säje, seje* JOSTWB 80, *seche* verstr. °Gbg, *sejje* Nau/De.

Seidauk n./m. Tuch (bes. aus Leinen), das sich der Sämann umband, um daraus zu säen verstr. Syn. Seilåken.

Seidel s. Seil.

seien s. seigen.

Seier m., *Seiger* vereinz. VPom, *Seje, Säje* selt. SPom ZPom, Pl. *-s, -sch* JOSTWB 97, Säer, Sämann vereinz. *De Seier möt hüt dat Kuurn seigen* Fra/Zi.

Seig f., n. LAUWB 325[b], gesprochen *Seich, -ee-* vereinz. MPom, verstr. HPom, Pl. *Seichen, Seechen.* **1.** ohne Pl., Harn, Urin verstr. *In'e Kœk steiht 'n Pauhl* [Pfütze] *Seig, dat's dei Hund wäst* Gwd/Ba. – **2.** Menge des auf einmal abgesonderten Urins vereinz. MPom SPom. *Dat is een Nachtpott to sœben Seichen* ein sehr großer Nachttopf Ghg/Wt. Vgl. Miegels. – **3.** derbe Bez. für das Bett verstr. *Dei fule Kierl licht ümmer bet Meddag in'e Seig* Gwald. → Bedd. – **Seigäänt** f., TiN, gesprochen nur *Seech-*, Ameise verbr. im Belbucker Abteibezirk. Vgl. DWA 5, Kt.1. Rsyn. s. Eemk. – **Seigbücks** f. kleines, noch einnässendes Kind Gwald, Nau/Fg,Rh. Vgl. Pissbücks. – **Seigbüdel** m. dass. Stral, Saa/Te, Nau/Fg,Rh. – **Seigeemk** f., TiN, gesprochen nur *Seech-*, Ameise vereinz. östl. ZPom. Vgl. DWA 5, Kt.1. → Eemk.

seigen sw. säen. *Wi möten hüt Weiten seigen* Gwd/Da. *Wurväl Rongen hest du seigt?* Ank/Br. *Wi seigen dat Kuurn mit'e Hand* Rüg/Bi; *Röben säjen* Ran/Bo; *Mess seje* Kunstdünger streuen Nau/Gi. – Ral.: *Dei seigt man so mit dat Geld* geht verschwenderisch mit Geld um Gwd/Ba. – Bauernr.: *De in't Frühjohr nich seigt, de kann in't Spätjohr nich austen* HUMGWD 8,12,2. *Wer in'n März tau früh deit sei'n, hett oft nahsten nicks tau meih'n* HUMGWD 9,10,1f. *Dei früh seecht, dei früh meecht* wer früh sät, muß (zu) früh mähen Kol/Pr. *Wat ma' seecht, dat bringt ma' in'e Schün* wie man sät, so erntet man °Bel.

Lautvar.: *seien* vereinz. VPom NOPom, sonst selt., *sägen, säjen* vereinz. MPom, *seje* verbr. SPom ZPom, *sêə* vereinz. ZPom, *seesche* (mit sth. Reibelaut) vereinz. im Belbucker Abteibezirk, Sch/Bz, *seije* Stolp, verbr. °Büt, verbr. östl. °Lau, *sijje* Nau/Fg,Rh, Büt/So, *sîəjə* Rum/Wa, Slo/Fl, *sîə* Gbg/Ka, *sîə* (mit stl. Anlaut) Gbg/De.

Seiger[1] m., hist., *Seier* vereinz. **1.** *Säger* HOMWB 161[b], Uhrzeiger (bes. an der Turmuhr). *Seigers twölf* um zwölf Uhr DÄHWB 421[b]. – **2.** Turmuhr. – Mnd. *seyger* Uhrwerk, Turmuhr.

Seiger[2] s. Seier.

Seigkachel f., gesprochen wie die folgenden Zss. *Seech-*, kleines Mädchen, das noch einnäßt Sch/Sd, Neu/We, Slo/La. – **Seiglappen** m. Windel für Säuglinge Sto/Dö,Pf. – **Seigmaratz** m., TiN, Ameise verbr. an der oberen Persante. Vgl. DWA 5, Kt.1. → Eemk. – **Seigmier** f. dass. verstr. HPom. *Låt di nich von de Seechmere bepisse!* Saa/KL. → Eemk. – **Seigpott** m. Nachttopf vereinz. – **Seigsack** m. Bettnässer vereinz. HPom.

Seih f., ohne Pl., 'Seihe' Malzrückstände bei der Herstellung von Bier verstr. VPom, sonst vereinz. *Ik heff 'n Korf vull Seih von'e Brugerie hålt, dat is gaudes Swienfaurer* Gri/Ge. *Uns Schwien kricht jeden Dag Seih* Gri/Mi. – Mnd. *sey*.

seihn st. sehen. **1.** mit den Augen wahrnehmen, erblicken. *Wat is dat düüster hier, ik kann nicks seihn* Gwald. *Dat hebb ik mit mien egen Ogen seihn!* Ghg/Gr.

Ausruf des Erstaunens: *Dat hebben miene Ogen noch nich sehn!* Pyr/Lt. *Hier in't Dörp gifft't nich väl tau seihn* gibt es nicht viel Sehenswertes Dem/Kt. Über einen Eingebildeten: *Dei deit so, as sühst mi woll!* Fra/Zi, ähnl. verstr. Floskelhaft, um den Wahrheitsgehalt einer Aussage zu untermauern: *Wat ik seihn heff, kann ik seggen!* Gwald, ähnl. verstr. Erweitert zum Sagw.: *Wat ik sehn heff, kann ik seggen, secht de Jung', de Farken kåmen ut'n Noors* Uec/Pa. – Sprw.: *Seihn geiht vör't Seggen* was man selbst gesehen hat, ist verläßlicher als jedes Gerede Fra/Pe, ähnl. verstr. – **2.** ansichtig werden, treffen. *Ik heff em all 'n por Johr nich mihr seihn* Gwd/Nu. – **3.** hellsehen, das zweite Gesicht haben. – Volksgl.: *Wer seihne kann, sieht de Geist vom Dode hingerm Sarg gåhne* Sto/Dö. – **4.** erleben. *Dit Johr warden wi 'n kollen Winter seihn* Fra/Pu. *Wi warden noch seihn, dat hei Dokter ward* Gri/Mi. – **5.** erkennen, feststellen. *Ik heff all tiedig seihn, dat dei Jung' nicks dægen deit* Gri/Go. *Man süht an de Stoppeln, wur de gode Weiten steht* Rüg/Pu. Floskelhaft, wenn man sich bestätigt sieht: *Sühst du! Heff ik di dat nich secht?* Gwald. – **6.** dafür sorgen, daß etwas Bestimmtes geschieht. *Du mööst ümmer sehn, dat du (je)nog Geld hest* Stett. – Ral.: *sik tau Kopp seihn* auf seinen Vorteil bedacht sein Gwald, ähnl. vereinz. – **7.** *up wat seihn,* auf etwas achten. *Seih up dien Wür!* paß auf, was du sagst! Gri/Ti. – **8.** aussehen, einen bestimmten Anblick bieten selt., JOSTWB 97.

Lautvar.: *sehn* verbr. °Rüg, verbr. MPom, *seha* SPom, *seihne* selt. ZPom, verbr. NOPom, STRI 17. Veralt.: *seihnge* vereinz. °Gbg, *sīə* Gbg/De PRI/TEU 248.

Flex.: Präs.Sg.1.: *seih* verbr., *seh* verbr. °Rüg, MPom SPom. – 3.: *süht* verbr., *sieht* selt. ZPom, verbr. NOPom, LAUWB 299[a], HOMWB 183[b], [5]TITA 69. – Prät.Sg.1. u. 3.: *seech* verbr. VPom, sonst verstr., *sach* verstr., *seich* Ghg/Jg, vereinz. ZPom NOPom, JOSTWB 97, LAUWB 299[a]. – Pl.: *seihgen* verbr. VPom, *sehgen* verbr. °Rüg, MPom, *sehja* verbr. SPom, *seihje* verbr. HPom. – Part.Prät.: wie Infinitiv. – Im Imp.Sg. ist neben *seih, seh* besonders in VPom auch *süh* (mit stl. Anlaut) belegt.

Seikiep f., *Seigel-* Fra/Pu, flacher, oval geformter Korb zum Säen mit der Hand vereinz. *Dei Seikiep ward an'n Reimen œwer de Schuller drågen* Gri/Mi. Vgl. Seimoll.

Seil n. **1.** dünner Strick aus Hanf verstr. *Dat Seil an'n Emmer is mi räten* Gri/Go. *Wi wille Seile dreie* Lau/GW. – **2.** Strohband zum Garbenbinden verstr. *Dei Garben scheiten ut't Seil, sei sünd nich gaut bunnen* Rüg/Ae.

Laut- u. Formvar.: *Seel, Säl* verstr. °Rüg, vereinz. MPom ZPom, *Seidel* selt. VPom, *Sia* vereinz. SPom. Weitere Seltenheitsbelege s. DWA 12, Kt.10. – Pl.: zumeist *-s*, *-e* vereinz. HPom.

Seilåken n., *Seichlåken* selt. VPom, *Sääch-*, *Seech-* verstr. MPom HPom, Laken aus Leinen, aus dem früher gesät wurde verbr. *Dat Seilåken wür bi'n Seigen ümschlungen* Gri/No. Syn. Seidauk.

Seildänzer m. Seiltänzer. Von jmd., der sehr gut tanzen kann: *Dei danzt as 'n Seildänzer* Rüg/Zi, ähnl. vereinz.

seilen sw. segeln vereinz. vpom. Küste. *üm Kap Huurn seilen* Rüg/Sn. Üblicher ist sägeln.

Seiler m., *Säler* Ghg/Wt, wie hd. vereinz. – Ral., veralt.: *mit'n Seiler Hochtiet måken* erhängt werden Rüg/Vt. Ältere Syn. sind Reiper, Reipschläger. – **Seilpott** m. irdener Topf, der an einem Seil oder Bügel getragen wurde VPom, sonst vereinz. In solchen Töpfen wurde früher das Essen auf das Feld gebracht: *Üm dei Middagstiet keem dei Diern mit'n Seilpott vull Schwienfleisch un Arften* Gwald. – Sagw.: *Proost, secht Joost un drinkt ut'n Seilpott* verstr. VPom.

Seimoll f., *Sääch-*, *Seech-* vereinz. MPom HPom, flaches, muldenförmiges Gefäß zum Säen mit der Hand verstr. Vgl. Seikiep.

Seiss f., Pl. *-en*, Sense. *Dei Bur meigt dat Kuurn mit dei Seiss* Fra/Zi. *Dat Stück is noch nich unner de Seiss* ist noch nicht gemäht Uec/Ge. *Dei Seiss is stump, dor kannst du nich mit meigen* Gwd/Nu. *Dei Seess is so scharp, se singt bi'm Meeje* sie erzeugt beim Mähen ein singendes Geräusch Reg/Rg. *Dei Seiss hett Äwemåt* hat 'Übermaß', faßt mehr Gras, als sie schneiden kann Sto/Dö; *dei Seess e'schlaue* das Sensenblatt am Stiel befestigen Gbg/Vi. Für das Schärfen der Sense mit dem Hammer gelten in Pommern verschiedene Heteronyme: *dei Seiss horen* Rüg/Bi; *dei Seiss kloppen* Gwd/Mz; *de Seiss dengeln* Ank/An. Im Unterschied dazu: *dei Seiss strieken* die Sense mit einem Wetzholz schärfen Gri/Kr. – Ral.: *Dien Seiss schnitt woll nich!* du bist wohl nicht ganz bei Verstand! Stral, ähnl. verstr. – Sprw.: *Fläuten Frugenslüd un klingen* [hell klingende] *Seissen dægen nich* Stral.

Laut- u. Formvar.: Zur lautlichen Realisierung des Stammvokals mit den Hauptvar. *Seiss, Seess* s. PWB 1,1, LXIV, Kt.10. Im östlichen Kreis Lauenburg sind an wenigen Orten *Sens'* und *Sans'* (Lau/Gn,Os,Su) belegt, vgl. STRI 53. Um ursprüngliche Diminutive handelt es sich bei den folgenden, räumlich eng begrenzten Varianten: *Seissel* Pyr/Wi, vereinz. SPom, Nau/Fi, Neu/We, Net/Hf, *Seessel* verstr. SPom, Reg/Kt. Vgl. mnd. *seysel* Handsichel.

Seissel s. Seiss.

Seiss(en)bœgel m. bügelförmiger Aufsatz aus Holz oder Draht am Sensenstiel neben der Schneide. Mit einem solchen Bügel wurde das Ablegen des gemähten Getreides oder Grases erleichtert. Vgl. Bœgelseiss. – **Seiss(en)bom** m. Stiel der Sense. *Dei Jung' kann noch nich meigen, hei fött denn Seissenbom nich richtig an* Dem/De. Zu einem überaus geschickten Mäher: *Du hest woll 'n Kubold im Seissenbom!* Ran/Pe. – **Seiss(en)håken** m. **1.** Sensenaufsatz zum Getreidemähen aus zwei oder drei Holzzinken, die so lang sind wie die Schneide der Sense. Vgl. Håkenseiss, Spitt. – **2.** PflN, Ackerhahnenfuß (Ranunculus arvensis) verstr. VPom, vereinz. °Sto, SUNDTR 1,84. – **Seiss(en)håmer** m. Dengelhammer verstr. MPom HPom. – **Seiss(en)kierl** m. der als Schnitter mit der Sense personifizierte Tod verstr. *Dei Seissenkierl hett em hålt* er ist gestorben Gri/Go. Vgl. Knåkenkierl. – **Seiss(en)mann** m. dass. Vgl. Knåkenmann. – **Seissenschmitt** m. Sensenschmied verstr. – **Seiss(en)sträk** n./f. präpariertes Stück Holz zum Wetzen der Sense verstr.

Seiwer m., *Seiber* selt. VPom, Uec/Ue, Ran/Pe, Pyr/Sa, *Sewer* verstr. °Rüg, vereinz. MPom, Neu/Gc, *Seuwer* HOMWB 185b. **1.** Speichel, Geifer. *Nu rär man nich ümmer so väl, di löppt dei Seiwer all ut'n Mund!* Dem/De. *Bi dem Junga kümmt väl Seiwe, he kricht wo' Tähne* Dra/Bu. – **2.** Tabaksaft in der Pfeife vereinz. *Du hest jo dei ganz Piep vull Seiwer* Sto/Dö. – **Seiwerknuust** m. harte Brotkruste, die man Kleinkindern gibt, um darauf zu kauen vereinz. – **Seiwerlappen** m. Lätzchen für Kleinkinder verstr. *Dei Lütt hett sich denn Seiwerlappen vull spiegt* Rüg/Ae. – **Seiwerlatz** m., selt. f., dass. vereinz.

seiwern sw. Speichel aus dem Mund fließen lassen. *Wenn de Kinner Tähnen kriegen, denn seiwern sei dull* Fra/Zi. *Dei Käuh sünd krank, sei seiwere so* Nau/Rh.
Lautvar.: *seibern* selt. VPom, Uec/Ue, Ran/Pe, Pyr/Sa, *seifern* Gri/Go, Dem/Tp, *sewern* verstr. °Rüg, vereinz. MPom, Neu/Gc, *sebern* Pyr/We, *seuwern* HOMWB 185b.

Sekretär m., Pl. *-s*, wie hd. **1.** Privatsekretär. *Dei Gråf hett all werrer 'n niegen Sekretär instellt* Gwd/Ba. – **2.** Schreibschrank. *Dei Breif licht tau Hus in'n Sekretär* Fra/Ln.
Lautvar.: *Seckertär* verstr. VPom, *Seckeltär* Rüg/Zi, Stett, Dra/Dr, *Sicketär* vereinz. VPom, *Siggetär* Gri/Mi. Litspr.: *Zikkeltär* 1BAND 2,5, *Zekletör* 1NERE 8.

Sekretärsch f. Sekretärin verstr. VPom.

Sekund f., *Sekunn* vereinz., Pl. *Sekunnen*, Sekunde. *Dei kümmt ümmer up'e Sekund* kommt immer sehr pünktlich Gwald.

selig Adj. wie hd. **1.** der ewigen Seligkeit teilhaftig. *Selig sünd dei, dei nich seihn un doch glöben* Ank/Br. – **2.** verstorben. *Dei selig Fru wier ümmer gaut tau mi* Gri/Mi. Vgl. seel. – **3.** überglücklich verstr. Ironisch zu jmd., der sich übermäßig über einen Gewinn, eine Anschaffung freut: *Nu war dor man mit selig!* Gri/Bo. – **4.** wie umgspr., ziemlich betrunken verstr.

Sell m., Pl. zumeist *-s*, *-en* selt., Geselle, Bursche, Kerl verbr. VPom. Während die Bez. für Jugendliche und Erwachsene oft negativ konnotiert ist, wird sie für Kinder überwiegend anerkennend gebraucht. *Dei Jung' is 'n lütten, nüdlichen Sell* Gwald. *Wenn mi åvers doch ees een von de Sells* [von den Lehrern] *wat will* 2TRI 9. *Du büst mi 'n schönen Sell!* du hast mich sehr enttäuscht! Stral. Geringschätzig zu einem Dummkopf: *Wat büst du egentlich för'n Sell?* Rüg/Be. Vgl. Gesell.

sellen[1] Adj. selten verstr. *Sei kämmt sik sellen dat Hor* Gwd/Ba. *Dor is sille eie tau Hus* Lau/GW. *Dat kümmt hier im Dörp silla vör* Dra/Bu.
Lautvar.: *sillen* vereinz., HOMWB 187a, *silla* vereinz. SPom, *silden* Reg/Kt, *seelten* LAUWB 325b, *sela* DKr/La, *söllen* DIES 15, *sülten* Nau/Db, Sch/Ac, *süllen* Stolp, wie hd. *selten* vereinz.

sellen[2] sw., veralt., *sellern* selt. VPom. **1.** in kleinen Mengen verkaufen, Kleinhandel betreiben verstr. VPom. – **2.** geschwätzig sein (wie die Kleinhändler) vereinz. VPom. – **Seller** m., veralt., Pl. *-s*, Kleinhändler, Höker vereinz. VPom.

Sell(e)rie f., PflN, in VPom zumeist mit stl. Anlaut, *Zell(e)rie* selt. VPom, wie hd. – Volksgl.: *Wenn 'ne witte Sellerie* [Sellerie mit weißlichen Blättern] *in'n Goorden steiht, denn möt einer dotblieben* °Fra.

Sellersch f., veralt., Marktfrau, Hökerin vereinz. VPom. *Sei schnackt as 'ne Sellersch* redet ununterbrochen Gwd/Ba. – **Sellerwief** n. dass. verstr. VPom. *Ik heff Fisch bi dat oll Sellerwief an'n Håben köfft* Stral.

Selling f. **1.** Kosew. für die Wirtschafterin auf dem Gutshof verstr. VPom. *Selling ward hüt woll wat Godes kåken* Gwald. Vgl. Mamsell. – **2.** veraltete Anrede für eine junge Dame verstr. VPom, HUMGWD 6,4,4, LUCIA 115.

Sellschåp f. Gesellschaft, Gemeinschaft von Menschen vereinz. VPom. *de ganze Sellschop güng an em vörbi* 2TRI 118. Gebräuchlich ist bereits das hd. Wort. Vgl. Gesellschaft.

Selter f., *Selder* selt. VPom, *Silter* Gbg/Gp, Selterswasser verstr. Scherzh.: *'ne lütt Selter* ein kl. Glas mit klarem Schnaps vereinz. – **Selterwåter** n. Selterswasser.

seltsåm Adj., *seltsaum* vereinz. °Gbg. **1.** *siltsam* HOMWB 187b, seltsam, verwunderlich vereinz. – **2.** selten, rar vereinz. *Hei kümmt nich oft, hei is e' seltsaum Gast* Gbg/Vi.

semen sw. sämig werden vereinz. *Dat Håwermähl seemt gaut* Gwd/Ba. – Zu Seem.

Semerist m., veralt., Seminarist, Auszubildender an einem Lehrerseminar vereinz. Vgl. Semmelchrist.

semig Adj. sämig, dickflüssig verstr. *Dei Supp is 'n bäten semig kåkt* Rüg/Ae.

Semmel f., selt. m., Brötchen aus Weizenmehl verbr. Früher wurden oft zwei oder mehrere dieser Brötchen aneinandergebacken. *'ne Semmel in'n Kaffe stippen*

Gwd/Ba; *'ne Bockwust mit Semmel* Nau/De. – Ral.: *Dat geiht weg as warme Semmeln* das ist heiß begehrt, verkauft sich sehr gut verbr. *Låt dat Kind dei Semmel doch!* laß doch jedem seine Marotten! Gwald, ähnl. verstr.

Laut- u. Formvar.: *Sämel* Gwd/Be, Ghg/Li, Pyr/Lt, vereinz. °Saa, *Seima* Saa/Ja, DKr/La. – Pl.: *-n* verstr., *-s* vereinz., wie Sg. selt.

Semmelbeinen Pl. dicke, krumme Beine vereinz. – Neckr.: *Gust mit de Wust mit'e Semmelbein', hest denn Kierl all danzen seihn?* Fra/Zi. – **Semmelchrist** m., veralt., SpottN für jmd., der an einem Lehrerseminar ausgebildet wird vereinz. Vgl. Semerist. – **Semmelgeld** n. Kleingeld vereinz. – **Semmelhingst** m. SpottN für den Bäcker Kol/Pr. Rsyn. s. Deigåp. – **Semmelknuust** m. mehrteiliges Brötchen aus Weizenmehl vereinz. MPom HPom. – **Semmelpopp** f. eine Figur darstellendes Gebäckstück als Weihnachtsbaumschmuck °Dem. – **Semmelsupp** f. Milchsuppe mit einer Einlage aus kleingeschnittenen Weizenbrötchen vereinz.

Semp m., *Sennep* Mönchg., ADL 159, Senf. **1.** PflN, Weißer Senf (Sinapis alba). *Dit Johr wasst väl Semp up'n Acker* Gri/Mi. *Ik will dor Sennep as Veihfaurer seigen* Rüg/Ae. – **2.** Gewürzpaste aus gemahlenen Senfkörnern. *Semp äten wi giern tau Schinken un Bråtwust* °Dem. – Ral., wenn großer Mangel herrscht: *daue krigt dei Drür* [jeder dritte] *nich Semp* Gbg/Gz UP 9,57. – Sagw.: *Scharp, scharp, säd de Bur, don freet hei denn Semp mit 'n Läpel* Gwald. *Mien Näs, mien Näs, wenn ik bloß mien Ogen noch behöl, sä' dei Bur, as hei tau'n iersten Mål Semp äten dee* Gwd/Ba. Syn. Mossdreck. – **Sempkuurn** n. Senfkorn. *Sempküürn nimmt man tau'n Inleggen von gräunen Hiering un Gurken* Fra/Br.

Senåter m. Ratsherr verstr. Spöttisch zu einem Eingebildeten: *Du bist woll denn Senåter sien Sœhn* Ghg/Li. – **senåtern** sw., *senautre* Kol/Go, übertrieben würdevoll sprechen vereinz. VPom, sonst selt.

Seng' Pl., *Sing'* vereinz. SPom NOPom, Prügel, Schläge verstr. *Wenn du nich mit denn Faxen uphüürst, gifft't noch Seng'!* Gwald. – **sengen** sw., *singe* vereinz. SPom NOPom. **1.** leicht brennen, kokeln verstr. *Hinnerm Åwen dor sengt wat* Pyr/Lt. – **2.** Geflügel absengen verstr. *Gäus waren sengt, wenn sei schlacht't un ruppt sünd* Gwd/Ba. – **3.** bodennahen Bewuchs durch Sengen entfernen vereinz. *dat Mur sengen* die Grasnarbe des Moores für den Torfabbau abbrennen Gri/Lo. – **seng(e)rig** Adj., *singrig* Dem/Tp, Dra/Dr, Gbg/Wo, Sto/KP, *sangrig* Reg/Kt, Kol/Pr, angebrannt, versengt vereinz. *Dat rüükt hier so sengrig* Pyr/Lt. *Dat Äte schmeckt singrig* Sto/KP. – **Sengerklut** m., *Singerklüth* HOMWB 187[b], Rückstand aus Kohle und Eisen, der in der Schmiedeesse anfällt [2]KNO 86.

Senk f., *Sink* Gri/Go, Dra/Dr, vereinz. NOPom, Pl. *-en.* **1.** Senke, vertiefte Stelle im Gelände vereinz. *Unner in de Senk is dat ümmer natt* Uec/Ge. – Ral.: *tau Senk drieben* einsinken, nach unten sinken vereinz. – **2.** fischerspr., wie Senknett vereinz.

Senkel m., *Sinkel* selt., *Sünkel* Kol/Kr, *Sintchel* Fla/Ta, vereinz. °Slo, Schnürsenkel vereinz. Vgl. DWA 18, Kt.8. – **Senkel-ål** m. überaus dünner Aal selt., BLFPVK 7,18.

senkig Adj. **1.** einen Senkrücken aufweisend (bes. von Pferden) verstr. *Dat Pierd is senkig* Gri/Ge. – **2.** zu Boden sinkend vereinz.

Lautvar.: *sinkig* verstr. °Dra, vereinz. NOPom, *seenkig* Gbg/Wo, *sintchig* Fla/Ta, *sendschig* Slo/La.

Senknett n., fischerspr., *Sendsch-* Slo/La, Fischernetz mit quadratischer Grundform, das durch zwei sich kreuzende Bügel gespannt wird und durch sein Gewicht zu Boden sinkt verstr. Vgl. Senk.

senne s. sihr.

sepen sw. **1.** einseifen selt., HOMWB 183[b]. – **2.** weinen, heulen vereinz. MPom HPom. Zu einem ständig weinenden Kind: *Nu seep man werre!* Gbg/Ge. – Zu Seep.

Seperåter m. Milchzentrifuge vereinz. VPom, [4]WIN 133.

September m. wie hd. – Bauernr.: *Wat in'n September sall geråden, dat möt in'n Juli bråden* muß im Juli viel Sonne bekommen Rüg/Zi. *Wenn dei September noch dunnern kann, setten dei Böm väl Bläuden an* Gwald.

septiel Adj., Endsilbe betont, *zeptiel* Fra/Zi, *ziptiel* Gri/Go. **1.** sehr sorgfältig, penibel vereinz. VPom. *Hei is ümmer so septiel in siene Arbeit* Gri/Mi. – **2.** empfindlich, schnell beleidigt vereinz. VPom. – Zu hd. subtil.

Seradell f./m., PflN, Endsilbe betont, *Seredell* selt., Großer Vogelfuß (Ornithopus sativus) verstr. *Seradell gifft got Grönforer* gibt gutes Grünfutter Ran/Pe.

Sermon m., wie umgspr., langatmiges Gerede verstr. *Måk nich ümmer so'n (langen) Sermon, wi weten all, wat du wist!* Rüg/Zi.

Serran m., hist., *Saran* Stral, Fischwehr, bes. für Aale selt. vpom. Küste. Vgl. MWB 6,280. – Mnd. *serân* Wehr mit Aufziehschleuse und Aalkiste.

Servatius m., *Serwaz* vereinz., Kalendertag des Heiligen Servatius (13.5.). Wegen der nächtlichen Frostgefahr bis zu den Eisheiligen heißt es im Spruch: *Wer sien Schåp schert vör Serwaz, hett dei Wull leiwer as dei Schåp* Gwald.

Sett n., fischerspr. **1.** Pl. zumeist *Setten, Setts* Fra 44, Teil des Flügels großer Zugnetze verbr. °Rüg, Adl 62, [1]Pee 206. Vgl. Deipsett, Flachsett. – **2.** n./m., Pl. wie Sg., das Ausbringen eines Netzes verstr. vpom. Küste, Ras 47. *Ik heff twee Sett up Boorsch måkt* Rüg/Zu. – **Settbeinen** Pl. Plattfüße vereinz. – **Settei** n. Setzei, Spiegelei verstr. *Ik war fix 'n por Setteier mit Speck in'e Pann måken* Dem/De. Syn. Bråtei, Speigelei.

Settels s. Sittels.

setten sw., *sedde* Reg/Kt, *satte* Lau/Ke, setzen. **1.** refl. – **1.1.** sich hinsetzen. *Ik bün so mäud, ik möt mi ierst up't Sofa setten* Gwd/Nu. *Sett di an'n Disch!* Ank/Km. *Sett di man noch 'n bäten, du kümmst woll noch nåh Hus!* Rüg/Pu. Derbere Aufforderungen, Platz zu nehmen: *Sett di up'n Hinnelsten!* Dem/De. *Sett di up dien vier Baukståben!* Fra/Bn. *Ik sett mi in'e Huk* in die Hocke Gwald. – **1.2.** nach unten sinken, sich am Boden ablagern. *Dei Prütt* [Kaffeesatz] *möt sich ierst setten* Gwald. *Dei Ier(d) möt sich setten, dat dei Planten anwassen* Gri/Mi. Scherzh.: *De Kaffe hett dat gaut, de kann sich setten, de Tee möt trecken* Gwd/Wc. – **1.3.** nachlassen, weniger stark wehen verstr. *De Wind hett sich nu sett't* Gri/Wd. – **2.** an eine best. Stelle, in eine best. Position bringen. *Sett denn Pott man fix up'n Disch!* Dem/Kt. *Ik will dei Kann in'n Åben setten, dor blifft dei Kaffe gaut heit* Dem/Tp. *Hei sett't keinen Faut ut'e Dör* ist ein Stubenhocker Dem/Tp. *Kiek, wur hei mit dei Beinen sett't* wie komisch er sich fortbewegt Rüg/Ae. *In'e Schaul wür früher sett't* wurden Schüler nach einer best. Rangordnung auf ihre Sitzplätze verteilt Gwd/Ba. *Schröppköpp setten* Gwald; *'n Placken in'e Bücks setten* einen Flicken in die Hose nähen Gwd/Ba. Seem. Ausruf des Erstaunens: *Nu sett mi einer an Land!* Gwd/Wo. – **3.** in einer best. Form aufstellen. *Kuurn un Stroh in'e Miet setten* Gri/Mi. *Wi willen dat Heu in Loppen* [kleine Haufen] *setten* Gri/Mi. *Ik möt Törf setten* Torf zum Trocknen aufschichten Gri/Bo. – **4.** einpflanzen, Saatgut in die Erde bringen. *Planten setten* Rüg/Be. *Wi wille Tuffle sette* Sch/Ng. – **5.** Geflügel zum Brüten veranlassen. *Wurväl Gäus hest du dit Johr sett't?* Rüg/Ae. *Klucken möten en poor Dag nah den Niman sett't warden* [3]Nere 1,101. – **6.** auf etwas wetten. *Wi willen ees setten, wer am düllsten lopen ka'* Ran/Pe. *Dor sett ik dusend Mark gägen* Pyr/Lt. – **7.** an einem Mast aufziehen. Seem.: *Låken setten* Segel setzen Rüg/Sn. – **8.** fischerspr., in das Wasser einbringen. *Netten un Rüsen setten* Use/Kn; *Angeln setten* auswerfen Rüg/Gl. – **9.** in der unpers. Fügung: *Dat sett't (gliek) wat!* es gibt (gleich) Prügel! Gwald.

Phras. zu 1.1.: Ral.: *sich up wat setten* sich auf etwas versteifen, fest mit etwas rechnen verbr.; *sik in'e/in'n Nettel setten* sich Unannehmlichkeiten bereiten verbr. – Sagw.: *Kumm un sett di, leef Vöjelke, sär de Voss, dunn föt he to* Ghg/Hi.

Phras. zu 2.: *ein' up'n Proppen setten* jmd. in eine üble Lage bringen, im Stich lassen allg.; *ein' up'n Frost setten* dass. verbr.; *ein' up'n Pott setten* jmd. gehörig die Meinung sagen verbr.; *einen up'n Sand setten* jmd. versetzen, eine Verabredung nicht einhalten vereinz., auch: jmd. besiegen, bezwingen vereinz. VPom.

Setter m., *Sedder* verstr. VPom, Pl. *-s*, vereinz. wie Sg., kleiner, untersetzter Junge VPom, selt. MPom HPom. *Vör so'n lütten Setter hest du Bammel?* Rüg/Ae. Abweisend zu einem vorlauten Jungen: *Wat will so'n lütten Sedder as du büst?* Rüg/Be. Auch als Kosew.: *Is dat 'n söten Sedder!* Ank/An. – **settig** Adj. kräftig, untersetzt selt. MPom HPom. *Grot is dei Jung', åbe hei mutt noch settig ware* Sto/Dö. – **Settkarpen** m. junger Karpfen, der für die Zucht ausgesetzt wird vereinz. – **Settnett** n., fischerspr., Stellnetz verbr., Ras 45. Auch: ins Wasser gehängtes Netz zum Aufbewahren gefangener Fische LauWb 326[b]. Syn. Stellnett. – **Settrecht** n. gewohnheitsmäßiges Recht, Herkommen verstr. VPom, sonst selt. *Dei Karkstieg möt blieben, dat is Settrecht* Gri/Ge. *Du måkst dor woll Settrecht von!* das wird bei dir wohl zur Gewohnheit! Gwald. – **Settschipper** m., seem., veralt., Kapitän eines Schiffs, das ihm nicht selbst gehört verstr. vpom. Küste. Im Gegensatz zum Frieschipper.

Sibalke f.(?), Pl. *-s*. **1.** Schaukel JostWb 98. – **2.** Schwemmwiese JostWb 98. – Pomor. *zïbωłka* Schaukel; schwankender Moorboden.

Sibufk(e) f. **1.** Schaukel vereinz. NOPom, HomWb 185[b]. – **2.** PflN, Breitwegerich (Plantago major) Büt/Wu [5]Kno 2,15. – Pomor. *zïbuòwka* Schaukel. – **sibufke** sw., teilrefl., auf einer Schaukel oder Wippe hin und her schwingen selt. NOPom, HomWb 185[b], [5]Kno 2,15.

sicher s. säker.

Sicht[1] f. Sieb zum Getreidereinigen Rüg/Ae, Net/Hf. – Zu sichten.

Sicht[2] f., *Secht* vereinz. °Gbg, wie hd. **1.** die Möglichkeit, etwas zu sehen, (in die Ferne) zu blicken. *Hüt is klor Sicht* Ghg/Li. – **2.** Sichtweite. *Gåh nich so wiet, blief mi in Sicht!* °Ghg. Seem.: *Land in Sicht!* Rüg/Sn. – Ral.: *ein' up Sicht hebben* jmd. genau beobachten vereinz. – **sichtbor** Adj. sichtbar vereinz. In fester Vbdg.: *vör mienen sichtboren Ogen* direkt vor meinen Augen, vor mir als Augenzeuge vereinz. *Vör mienen sichtboren Ogen föl dei Diern in't Wårer un verdrünk* Dem/Tp. Vgl. sichtlich.

Sichtels n. ausgesiebte Getreiderückstände verstr. VPom. – **sichten** sw., *sechte* vereinz. °Gbg, *sechde* Reg/Kt. **1.** durch ein Sieb schütten (bes. Getreide, Mehl, Hülsenfrüchte). *Dei Möller mütt dat Kuurn noch eis sichten, dor is noch väl Kaff mank* Rüg/Ae. *Wi bruken dat Säf, wi willen de Arften sichten* Ghg/Wt. *Is dat Mähl all sicht't?* Dra/Dr. – **2.** fein regnen vereinz. HPom, sonst selt. Vgl. säwen.

sichtig Adj. gute Sicht bietend, klar vereinz. *Dat Ies up'n See is sichtig* Fra/Pu. *Dat Wårer is hüt schön sichtig* Ghg/Li. – **Sichting** n., kindspr., Gesicht verstr. VPom. *Hest du dien nüdlich Sichting all afwischt?* Gwald. – **sichtlich** Adj. sehend vereinz. Nur in fester Vbdg.: *vör mienen sichtlichen Ogen* direkt vor meinen Augen vereinz. Vgl. sichtbor.

Sichtmähl n. fein gemahlenes Mehl vereinz. – Zu sichten.

Sicken m., fischerspr. **1.** *Sigger*, Boot mit durchflutetem Fischraum zur Aufbewahrung lebender Fische Gri/Lo. Vgl. PRWB 5,650. – **2.** durchfluteter Fischbehälter im Boot °Sto, °Lau, UP 20,225, BALTST NF 38,415. Rsyn. Bünn, Däken, Schweff.

sickern sw., *siggern* selt. **1.** wie hd. vereinz. – **2.** *siekre* Nau/Fg, Rum/Tr, eitern vereinz. *Dei Wunn' sickert so dull* Gwald. – **sickrig** Adj., *siekrig* Nau/Fg, Sch/Sd, nässend (von Wunden) vereinz. NOPom.

sied Adj. niedrig. **1.** von geringer Höhe. *Dei Heck is tau sied, sei möt noch höger wassen* Gri/El. *Dei Wischen lingen väl sierer as dei Stråt* Dem/Tp. *Uns Stuf is lütt un bannig sied* Rüg/Ae. *Dat Land geiht dor sied dål* hat ein geringes Gefälle Gri/Bo. *In'n Acker is 'ne sieje Stell, dor is dat ümmer natt* Use/Us. *De Wolke hänge hüt so sied* Net/Sl. *De Koken is so sied bläwe* der Kuchen ist nicht richtig aufgegangen Pyr/Wi. In fester Vbdg.: *sied un wiet* weit und breit verbr. *Dor wier sied un wiet nicks tau seihn* Fra/Bn. In derselben Bed. ist auch die Vbdg. *wiet un sied* gebräuchlich. – Sprw.: *Wur de Tun an'n siedsten is, ward rœwerstägen* Gri/Ge, ähnl. allg. Vgl. Siednis. – **2.** seicht, nicht tief. *Dat Wårer in'n Diek is so sied, wi kœnen dörchwåden* Dem/Tp. *Dicht an'n Strand is dat Wåder väl sieder* Rüg/Lo. *De Gråwe is so siej* Pyr/We. Syn. leeg.

Lautvar.: In den flektierten Formen sind neben *siede, sieden* noch belegt: *sieje, siejen* Use/Us, Pyr/We, *siere, sieren* verstr. ZPom. – Komp.: *sieder* verbr., *siejer* Use/Us, Pyr/We, *sierer* vereinz. VPom, verstr. ZPom.

Sied f., *Sie'* verstr., *Sier* vereinz., *Siej* Ghg/Ki, verstr. °Pyr, Seide. **1.** Seidengewebe, Seidengarn. *Sied kricht licht dat Rieten* Seide reißt leicht ein Gwald. *Dat Kleed is ut blåge Sied* Dem/Kt; *mit witte Sied neigen* Gwd/Ba. – Ral.: *Dor is keen Sied bi to spinnen* die Sache bringt nichts ein Rüg/Dm, ähnl. verstr. – **2.** PflN, Flachsseide (Cuscuta epilinum) vereinz. nordöstl. HPom, HOMWB 187[a]. Syn. Flass-sied.

siedbeinig Adj. kurzbeinig vereinz. VPom. *'n gaudes Hauhn möt siedbeinig un breitnörsig sin* Gri/Wd.

sieden Adj. aus Seide. *Sei dröcht 'n sieden Band* Gri/Bo; *'n siern Halsdauk ümbinne* Cam/Rm; *'n siejen Kleed* Pyr/Lt; *de sieren Höut* Zylinderhut Gbg/Vi.

Lautvar.: *siegen* °Ghg BLFPVK 10,171, *siejen* verstr. °Pyr, *sier(e)n* verstr. HPom.

Siedenbrett n. die Ladefläche an den Längsseiten begrenzendes Brett am Acker- oder Kastenwagen vereinz. Fischerspr.: Bordplanke Cam/Dv [2]RUD 109. – **Siedenfack** n. Seitenfach in der Scheune vereinz. – **Siedenschwiert** n., seem., veralt., große Holzplatte, die bei Bedarf an einer Seite kleinerer Segelboote senkrecht ins Wasser ausgelegt wurde, um ein Abtreiben zu verhindern oder die Fahrt zu verringern vereinz. pom. Küste, [1]PEE 247, [2]RUD 80. *Dat Siedenschwiert ward œwersett't* wird auf der anderen Bootsseite ausgelegt Fra/Bn. – **Siedenspeck** n. Bauchspeck von Schweinen verstr. – **Siedenstäken** n. Seitenstechen verstr. *Ik heff Siedenstäken, dat måkt mi ganz mall* Gri/Mi. – **Siedenstück** n. **1.** Speckseite von Schweinen. *Dat Siedenstück ward insolten un rökert* Ran/Sr. – **2.** Seitenteil von Gegenständen. Spez.: Seitenwand am Webstuhl selt., [4]ROSF 501.

Siednis f. Vertiefung im Gelände, Senke vereinz. *In'e Siednis steiht noch alls vull Wårer* Rüg/Ae. *I' de Siednis steht dat best Jras* Reg/Rg. – Zu sied.

Siegel n., Pl. *-s*, wie hd. *Dei Breif hett drei Siegels* Gwd/Ba. – Ral.: *Dat steht noch nich unnerm Siejel* ist noch ungewiß Uec/Ge.

Lautvar.: Die hd. Lautform hat sich nahezu vollständig durchgesetzt, in MPom u. HPom gilt vereinzelt *Siejel.* Mnd. *sēgel* fortsetzende Varianten *Säjel, Sejel* sind dagegen nur noch sehr selten belegt.

Siegellack m. wie hd. Übertr.: unnützer Kram, wertloses Zeug vereinz. *Denn janzen Siejellack müsst man in'n Mess perre!* Kol/Pr.

siegen sw. (Milch) seihen. *Wi möten dei Melk noch siegen* Gwd/Ba. – Ral.: *mit wat tau siegen hemm'* schwer mit etwas kämpfen müssen, mühevoll an etwas arbeiten vereinz. Vgl. Sieh.

Lautvar.: *sieje* verbr. HPom, LAUWB 326[b], *sîe, siehe* vereinz. HPom, *sieche* Saa/Le, *sijje* Rum/Km [5]TITA 49, *siche* Slo/La.

Sieh f. **1.** Seihe, Filtertuch oder feines Sieb für Flüssigkeiten verbr. HPom, sonst vereinz., HOMWB 187[a]. *Dei Melk is all dörch, måk dei Sieh reigen!* Gri/Ge. Vgl. siegen. – **2.** Abtropfschüssel für die Küche LAUWB 326[b].

Laut- u. Formvar.: *Siech* selt. VPom, verstr. HPom, LAUWB 326[b], *Sijj* Rum/Km [5]TITA 49, *Siesch* vereinz. °Slo. – Pl., der selten belegt ist: *Siechs* LAUWB 326[b], sonst *-en.*

Siehdauk n./m. Tuch zum Durchseihen verbr. HPom, sonst vereinz., LAUWB 326[b]. *Dat Siehdauk mütt alle Dåg utkåkt warden, süss ward dei Melk sur* Rüg/Ae. – **Siehpott** m. Topf, in dem durchgeseihte Milch zum Entrahmen aufgestellt wird vereinz. MPom. – **Siehschöttel** f. flache Schüssel, in der Milch nach dem Durchseihen zum Entrahmen aufgestellt wird vereinz. VPom.

siekre, siekrig s. s i c k e r n, s i c k r i g.

sien Posspron. sein, seine. *Dei Kierl hett ümmer sienen Haut up* Gri/Gm. *Dat is sien Schipp* Uec/Pa. *Siene Fru hett hüt Buurtsdag* Ank/An. In fester Vbdg. mit dem best. Artikel: *dat sien, denn sien* dessen. *Dat Hus, dat sien Dack infollen is* Gwald. *Dei Mann, denn sien Kalf weglopen is* Gwald. Zur Umschreibung des Genitivs: *Dat is denn Buern sien Pierd* Rüg/Sn. *Ik heff Vaddern sien Piep intweimåkt* Dem/Kt. *Wat geiht di denn annern sien an?* was geht dich an, was dem anderen gehört? Fra/Zi. Häufig wird *sien* in dieser umschreibenden Funktion ohne abhängiges Substantiv gebraucht. Das gilt besonders, wenn die besitzende Person aus dem vertrauten Umfeld stammt: *Dat is Vaddern sien* das gehört Vater Dem/Tp. *Dat is Korl sien* das ist das Kind oder die Frau von Karl Gwd/Ba. Scherzh. auch in Vbdg. mit anderen Posspron.: *Dat is mien sien, dat anner is dien sien* das gehört mir, das andere dir Bel/Kw. In weiteren elliptischen Konstruktionen: *He hett sien all up* hat seine Mahlzeit schon gegessen Ran/Ro. Auf das Eigentum bezogen: *Wecker sien wechgifft* [weggibt], *is sien los!* Fra/Br. Vgl. d i e n, m i e n.

Lautvar.: *sîə* verstr. ZPom, nordöstl. °Neu, °Büt (mit halblangem Stammvokal) [2]MIS 53, westl. °Lau STRI 54, *sîa* südl. °Saa, °Dra, *sie* auf der Insel Wollin u. auf dem östl. angrenzenden Festland in einem schmalen Streifen am Stettiner Haff, vgl. PRI/TEU 153, *sier* Cam/Br, Kol/Gi, Kös/Vr, *seie* °Rum [2]MIS 53, *sęie* Rum/Km [5]TITA 75, *singe* nördl. °Cam, westl. °Gbg, PRI/TEU 153, *siege* Büt/Wu.

siendåg Adv. zeitlebens. *Dor heww ik mi all siendåg œwer argert* Gri/Gm. *Dat is all siendåg so wääst* ist schon immer so gewesen Reg/Me. *Hei is ziedåg krank wääst* Kol/Pr. *Dei Kierl hett siendåg noch nicks dån* hat noch nie gearbeitet Gri/Ti. *Man ward siendåg nich klauk* man lernt nie aus Dem/Kt. Vgl. a l l s i e n d å g, s i e n l ä d e r.

Lautvar.: *siendågs* vereinz. HPom, *ziedåg* Ghg/Wt, Cam/Kw, Reg/Rg, Kol/Pr, *ziedaug* Gbg/Gp, Fla/Ta, *senndåg* Dra/Bu, *zinndåg* Reg/Kt, *zenndåg* Nau/Na.

sienläder Adv., veraltd., zeitlebens vereinz. VPom. Das Wort ist kontrahiert aus *sien Läfdag*. *Hei hett sienläder winters Frost in dei Hännen* °Dem. *Dei hüürt sienläder nich tau* hört niemals zu Gri/Ti. Syn. s i e n d å g.

Siep f./m., hist., feuchte Niederung, Senke vereinz. MPom SPom. Das Wort ist nur noch in FlN erhalten, vgl. [10]HOLS 211f. – Mnd. *sîpe*.

siepern sw. **1.** eitrige Flüssigkeit absondern verbr. *Dei Wunn an'e Hand is noch nich heil, dei siepert ümmertau* Fra/Zi. – **2.** durchsickern, tröpfeln verstr. *Dat Blaut siepert dörch dat Plåster* Dem/Tp. Auch: undicht sein, lecken. *Dei Pott siepert, dei hett 'n Lock* Fra/Bn. – **3.** leicht regnen selt. HPom.

Lautvar.: *siepen* selt. VPom, *siebern* vereinz. VPom, selt. MPom HPom, *sibbern* vereinz. VPom, selt. HPom, *sibbe* Reg/Kt, *sippe* Gbg/Vi, *sippre* Sch/Pk.

Siepernäs f. Schnupfnase selt. VPom, Ran/Pe, Kol/Go. – **siepernäsen** sw. **1.** bedrückt sein verstr. MPom, selt. NOPom. *Hei sitt dor un siepernääst* sitzt traurig herum Ghg/Gr. – **2.** sich einschränken vereinz. MPom. Von einem ärmlichen Haushalt: *De möten ok ümmer so siepernäsen* Ran/Ro. – **sieprig** Adj. nässend, feucht (von Wunden) verstr. *Dei Wunn süht so sieprig ut, dei heilt nich* Nau/De; *dat sieprig Schlimm* das eitrige Geschwür Gwald.

siet 1. Präp. seit vereinz., LAUWB 327[b]. *Siet dei Tiet, dat ik em nich seihn heff, is hei dull wossen* Fra/Pe. – **2.** Konjunk. seitdem vereinz., LAUWB 327[b]. *Siet hei ut'e Schaul is, hett hei kein Bauk werrer anfåt't* Gwd/Ba. Vgl. älteres s ö r r e.

Siet[1] f. Seite. **1.** Begrenzungsfläche eines Gegenstands, Körpers. *Wecke Siet von dei Kist hüürt nåh båben?* Gwald. – **2.** rechts oder links von der Mitte gelegener Teil. – **2.1.** rechte oder linke Körperhälfte von Mensch und Tier. *Hei hett mi in'e Sier stött* Kol/Pr. *Ik will mi 'n bäten up'e Siet leggen* will mich kurz hinlegen, schlafen Gwd/Ba. *De Kauh hett sik schöne Sieden anfrete* hat sich sehr dick gefressen Büt/Bt. Spez.: Speckseite vom Schwein. *De Siede kåme in'e Rok* werden geräuchert Sto/Dö. – Ral.: *up dei ful Siet liggen* faulenzen allg.; *ein' dei Sieden strieken* jmd. verprügeln verstr.; *ein' up dei Sieden kåmen* dass. vereinz. – Sagw.: *Kihr di üm, dei anner Siet will uk noch wat hewwen, säd dei Bur, as hei sien Wief schlög* Ank/An. – **2.2.** seitlicher Teil einer best. Fläche. *Dat Dörp licht up'e anner Siet von'e Peen, nich up dees Siet* Gwd/Ba. *Nåh de rechten orrer linken Siet, dat is egål* Uec/Pa. *Gåh to Siet!* geh aus dem Weg! Sch/SB. – Ral.: *wat œwer dei Siet hebben* etwas erledigt, geschafft haben verstr. *Dei Kinner sünd all an'e Siet* sind schon im Bett Fra/Bn. – **3.** eine von mehreren Richtungen. *Dei Wind is ut'e Siet flågen* hat die Richtung gewechselt Gri/Gs. *Nu weecht dei Wind von'e anner Sier* Kol/Go. – **4.** Buchseite, Heftseite. *Dat Bauk hett väle Sieden* Dem/Kt. – **5.** Vorder- oder Rückseite eines flachen Gegenstands. *Dat's de rug Siet* die behaarte Fellseite Sto/Wd. – **6.** Charakterzug. *Dei Kierl wiest sich von siene ruge Siet* verhält sich unfreundlich Rüg/Ae. *Dei oll Fru hett ok gaure Siere* Reg/Kw. Scherzh. über einen hartherzigen Menschen: *Dei hett dei weik Sied in'e Mirr* Dem/Tp, ähnl. verstr. – **7.** Person, Gruppe oder Institution, die einen best. Standpunkt vertritt. *Ik holl mi up de junge Siet, mit de Ollen is nicks mihr antofängen* Rüg/Dm. *Dei is ganz up miene Sier* vertritt ganz meine Meinung Reg/Me. – **8.** Gesichtspunkt, Aspekt. *Dat mäut von twei Sieden seihn warden* es müssen unterschiedliche Argumente berücksichtigt werden Fra/Pe.

Laut- u. Formvar.: *Sier* verbr. ZPom, sonst vereinz., LAUWB 327[a], *Siej* Ghg/Ki, verstr. °Pyr, *Sie'* selt. HPom, *Sẹid* Rum/Km [5]TITA 58, *Seie* Kös/Pd, Sch/Sd. – Pl.: *Sieden* verbr. VPom MPom, *Siede* vereinz. HPom, *Sieren* vereinz. VPom, *Siere* verbr. ZPom, *Sieje* verstr. °Pyr, *Sẹirə* Rum/Km [5]TITA 74.

Siet[2] f. Saite verstr. – Ral.: *Hochtiet is ut, nu ware anne Seede upspannt* die Feierei ist vorbei, nun beginnt wieder der Arbeitsalltag Nau/Fg. – Mnd. *seyde*.

Laut- u. Formvar.: *Sait* selt. VPom, *Seet* vereinz. HPom, *Säj* Gbg/Ge, *Sier* selt. ZPom. – Pl.: *Sieden* vereinz., *Seede* vereinz. HPom, *Siere* selt. ZPom, *Säje* Gbg/Ge, wie hd. *Saiten* vereinz. VPom.

sietaf Adv. abseits, weit entfernt selt., LAUWB 327[b]. – **sietlangs** Adv. seitwärts, an der Seite selt. *Man de schlichte Minsch, de sidlangs geiht* HTKÖS 1928,4,1. – **sietwarts** Adv. seitwärts vereinz. *Dei Wågen kippt sietwarts in'n Gråben* Gwd/Ba.

sihr *sehr* verstr. MPom HPom. **1.** Adj., veralt., kräftig, tüchtig vereinz. MPom HPom. *Dat sind sehr Lüj* fleißige Leute Pyr/Wi; *de Strick senne a'trecka* fester anziehen Dra/Bu. *Paul löppt senne as ik* läuft besser, schneller als ich Net/Hf. – Sagw.: *D' geht sehr, seggt Scheil* [FN] *un füllt vanne Müerbenk* [Ofenbank] °Sch HTKÖS 1923,6,6. – **2.** Adv. sehr, überaus vereinz. VPom, verstr. MPom HPom. *Dat is hüt sihr kolt* Dem/De. *De is sehr mit mi* hält fest zu mir Saa/So. Vgl. sehruschke. → bannig. – Mnd. *sêr(e)*.

Flex.: Komparativ: *senne* verstr. °Pyr, vereinz. SPom, Net/Hf, *sehrer* selt. MPom HPom.

sik sich. **1.** Reflpron. *Sei günnt sich kein Rauh* Gri/Gm. *Hei hett sik œwernåhmen, nu is hei krank* Dem/Tp. *He schellt* [nennt] *sich Dokter un is dat gor nich* Ank/An. *Uns Jung' sall sik nich so afracken as wi* Rüg/Pu. *Dei lütt Diern deit sich up'n Danzbœn dreigen* Dem/Kt. *Dat Wäder ännert sik all Ogenblick* Stral. *Dei Katt lickt sik dat Fell* Dem/De. In Vbdg. mit Präp.: *för sich sin* eigenbrötlerisch, in sich gekehrt sein verbr.; *nåh sik sin* auf seinen Vorteil bedacht sein Stett. In unpersönlichen Wendungen: *Wat is sich dat?* worum handelt es sich eigentlich? Stral. *Dat hett sik wat!* das ist nicht so, ist endgültig vorbei! Fra/Zi. *Nu ward sich Supp kåkt* nun wird Suppe gekocht Gwald. *Dat ward sich antreckt!* zieht euch an! Stral. Stoßseufzer, wenn man vor schwierigen Aufgaben steht: *Dat is sich all nich so licht!* Rüg/Ae. – **2.** reziprokes Pron. einander. *Dei Jungs kloppen sich all wedder* Gwd/Nu.

Lautvar.: In Pommern war die hd. Lautform *sich* schon Ende des 19. Jahrhunderts weit vorgedrungen, älteres nd. *sik* gilt heute in VPom nur noch vereinzelt. Außerdem sind in HPom belegt: *sech* PRI/TEU 155f., *sitch* Neu/Ki,Rt, Lau/Ne, [10]TEU 245.

Silaff FN. Im Sagw.: *Kantholz! seggt Silaff un schmêt sine Fru ut dem Bedd* °Lau [4]KNO 13.

sillen s. sellen[1].

Silvester m. wie hd. Das Wort verdrängt zunehmend die älteren nd. Bezeichnungen Olljohrsåbend, Niejohrsåbend, Niejohrshilligåbend. – Volksbr. u. Volksgl.: *Silvester backen de Frugens Schmultkauken un Pannkauken* Ran/Pz. *Silvester hemm' dei Knechts nachts üm Klock twölben mit dei Pietschen knallt* Fra/Br. *Silvester möt man nachts dei Åftböm mit Stroh ümbinnen, dormit sei in't niege Johr gaut drägen* Fra/Pe. *Silvester kieke dei junge Mäkes trüchwarts* [rückwärts] *in'n Åwen, denn seihe sei ehren Brutmann* Nau/Fg. *Wer Silvester buren is, kann mihr as anner Lüd* Fra/Br. Zum weiteren Brauchtum sowie zu Speisen und Eßgewohnheiten an Silvester s. Olljohrsåbend.

Simm[1] n., selt. f., fischerspr. **1.** Angelschnur, bes. der untere Teil, an dem der Haken befestigt ist. *Dei Hääkt is mit Angel un Simm afgåhn* Gri/Mi. – **2.** Einfassungsleine am Fischnetz. *Dat Simm an'e Siet möt utbätert warden* Uec/Mn; *'n dubbelt Simm* verstärkte Einfassung aus zwei Schnüren Fra/Bo; *dat Simm anneigen* die Einfassungsschnur am Netz anbringen Use/He; *dat Nett in'e Säm haugen* dass. Stral. Vgl. Båbensimm, Unnersimm. – Mnd. *sêm, sim*.

Lautvar.: *Sims* Fra/Zi, vereinz. MPom SPom, Reg/Kt, *Säm* vereinz. VPom, RAS 26, *Siem* Net/Hf,Sl, Slo/La. – Pl.: *Säm* verstr. VPom, *Simme(n)* vereinz. VPom.

Simm[2] m. Betrunkenheit Gri/Go, vereinz. nordwestl. ZPom. Auf notorische Trinker bezogen: *Manch eint was ball all Dag' im Simm* BUL 79.

Simm[3] Pl. Prügel, Schläge Uec/Ge, Ran/Pe,Sr.

simm(e)lieren sw., *simmer-* selt. **1.** grübeln, angestrengt nachdenken. *He simmeliert denn ganzen Dag, wurans he sik verhollen süll* Rüg/Rp. *Dat weit ik nich, dor möt ik ierst lang œwer simmelieren* Dem/De. *Dor hewwe wi väl œwer simmeliert, he'kräje* [hinbekommen] *hewwe wi dat nich* Nau/Fg. – **2.** simulieren, eine Krankheit vortäuschen selt. *Dei is nich krank, dei simmeliert bloß* Kol/Pr.

Simmelsammelsurium n. Sammelsurium, wildes Durcheinander vereinz. VPom MPom.

simmen sw. in rascher Bewegung sein und dabei ein sausendes Geräusch erzeugen. *Dei Bengel simmt man so üm'e Eck* läuft blitzschnell um die Ecke Rüg/Bi. *Dat geiht, dat't man so simmt* es geht ungeheuer schnell Rüg/Ae. *Dei Pietsch simmt dörch dei Luft* Gwd/Ba. Warnung im Kinderspiel mit einer Schleuder: *Pass up, süss simmt di 'n Stein an'n Kopp!* Gri/Ge. Prügelandrohung: *Ik war di eis gäben, dat simmt man so!* Gri/Go. Vgl. simsen. → schesen.

Simpatie f. magisches Heilverfahren durch Anwendung sympathetischer Mittel. *Se hett ümmer 'n bäten mit*

Simpatie doktert Dem/Pz. *Ik heff jäje mien Wratta* [Warzen] *Simpatie bruukt* Dra/Dr.

Lautvar.: *Zimpatie* vereinz., HUMGWD 6,37,7, *Zimpeltie* HTKLUEC 1935,89, *Zimperdi* Mönchg. ADL 163, *Simpetie* selt.

simpel Adj. **1.** anspruchslos, schlicht VPom, sonst vereinz. *Dei Fru geiht simpel antreckt* Gwald. *Dat Äten wier man sihr simpel* Gri/Bo. *Dat sünd simple Lüd* einfache Leute Gwd/Ba. – **2.** töricht, einfältig vereinz. *Du möößt mi nich för so simpel hollen, so dœmlich bün ik gor nich* Ank/An. – **Simpel** m. Dummkopf vereinz. – **simplig** Adj. einfältig, dumm vereinz.

Sims[1] m./n., Pl. *-en*, Gesims, waagerechter Wandvorsprung verstr. *Dei Tellers ståhn in'e Kœk up't Sims* Gwd/Ba. *Stell dei Melksatt up denn Sims!* Dem/De. Auch: Fensterbrett LAUWB 327[b].

Sims[2] f., *Simm* selt. HPom. **1.** Zwille, gabelförmige Schleuder vereinz. HPom, sonst selt. *Jungs spälen giern mit 'ne Sims* Gri/Bo. – **2.** wildes, ausgelassenes Kind vereinz. HPom, sonst selt. → Wribbel.

Sims[3] s. Simm[1].

simsen sw. ein sausendes, brausendes Geräusch erzeugen vereinz. *Hei löppt so fix, dat simst man so* Gri/Bo. Vgl. simmen.

Simswark n. Verzierungen aus Stuck vereinz. *Dat Hus hett binne o' bute Simswerk* Sto/Dö.

Simt s. Zimt.

sin unr. sein. **1.** als Hauptverb. – **1.1.** existieren, vorhanden sein. *In uns Dörp sünd blot noch twei Schlachters* Gwd/Ba. *Wenn ik ierst wääst bün* [nach meinem Tod], *denn måken ji doch, wat ji willen!* Fra/Br. – Ral.: *Wat wääst is, dor gifft dei Bur nicks för* was früher gewesen ist, spielt keine Rolle mehr Rüg/Ae, ähnl. verbr. *Dei is för mi eis wääst* den ignoriere ich fortan Fra/Bn. – **1.2.** sich irgendwo befinden. *Ik wier tau Hus, wur wierst du?* Fra/Zi. *Ik bün hüt in Griepswold wääst* Ghg/Gr. *Büst du in?* bist du im Haus? Gwald. *Dei Buern sünd up'n Fellen* sind bei der Feldarbeit Gwd/Ba. Wenn man etwas vergeblich sucht: *Dat Tüg möt doch wur wäsen!* Rüg/Dm. – **1.3.** sich in einem best. Zustand, in einer best. Lage befinden. *De Fisch sünd noch läwig* Ank/An. *Ik bün natt bit up't Lief* bin völlig durchnäßt Saa/St. *So schlimm ward dat woll nich wäsen* Fra/Zi. *Wat is di?* was fehlt dir? Ran/Pe. *Du kannst tofräde sinne* Sto/He. *Dat is mi noch so* ich meine, mich dunkel daran erinnern zu können Gri/Gm. Unpers.: *Mi is so œwel in'e Måg* ich habe Magenschmerzen Gwald. – Sagw.: *Dat mach all sin, as't will, säd dei Voss, œwerst ein Hauhn schmeckt doch ümmer gaut* Gwd/Nu, ähnl. HUMGWD 8,44,11. – **1.4.** eine best. Eigenschaft aufweisen, sich in einer best. Weise verhalten. *He wier so dun, as he man wäsen künn* er war vollkommen betrunken Rüg/Zi. *Ik weet, wecker dat du büst!* ich kenne dich genau! Rüg/Be. *Wäs eis so gaut un giff mi dat Bauk!* Gwd/Ba. *Wäs nich so füünsch!* sei nicht so wütend! Dem/Kt. *Dat is mi nich* diese Angewohnheit habe ich nicht Rüg/Pu. *Dat is mi nich mit* das behagt mir nicht Rüg/Pu. *Dauetöu bün ik nech* dazu bin ich nicht geeignet Gbg/Gp. *Dei is ut Mäkelborg* stammt aus Mecklenburg Fra/Pe. *Wat is de Klock?* wie spät ist es? Stral. Mit unpers. Subjekt: *Dat is so, as dat is. Un dat blifft uk so, as dat is. Un dat ward uk nich anders ware, as dat is* °Lau. – Sagw.: *Wenn ik dat nu wäst wier, denn gääf't werrer Larm, säd dei Jung', as dei Fleig in dei Supp follen wier* Ank/An. – **1.5.** wahrnehmbar sein, vorherrschen. *Kinnings, wat is dat för'n Larm in'e Stuf?* Gwd/Nu. *Gistern weer schön Wäder* Use/Wl. – **1.6.** mit jmd. oder etwas identisch sein. *Hei is 'n bannig klauken Schaulmeister* Dem/Tp. *All ehr Kinner sünd dulle Rakkers* durchtriebene Schlingel Gwald. *Hei is 'n lurigen Hund* ein heimtückischer Mensch Ank/An. *Sei is ganz ehr Mudder* ähnelt ihrer Mutter stark Use/Zi. Zur Hervorhebung des Subjekts: *Wat sien Vadder/Brauder/Fründ is, dei* [...] Dem/Tp. – **1.7.** geschehen, passieren. *Dat ka' nich see!* das ist nicht möglich! Gbg/Wo. *Dat ka' nich wäse!* dass. Gbg/Gp. – Ral.: *Wenn't sin schall, ka' ma' sich de Finge im Oors intweibräke* Kös/Dr. *Wat sinn mutt, mutt sinn!* Pyr/Lt, ähnl. allg. – Sagw.: *Wat wäse mutt, dat mutt wäse, säd dei Bur, verköfft sien Ossen un köfft sik 'ne Prük* [Perücke] Kös/Ja. – **1.8.** stattfinden. *Hüt is Danz up'e Däl* Gwald. *Gistern wier Aukschon* [Auktion] *in Griepswold* Gri/Gm. *Dei Hochtiet is nu man ierst in'n Harfst* Fra/Pu. – **1.9.** jmd. gehören. *Dat Tüg hüürt di nich, dat is mien* Fra/Fr. *Dei Bom is us* gehört uns Bel/Kw. – **2.** als Hilfsverb. – **2.1.** mit dem Part.Prät. zur Bildung von Perfekt und Plusquamperfekt. *Wi sünd gistern up Hochtiet wääst* Gri/Mi. *Ik wier butenlands wääst, ihrer ik hier friegt heff* Dem/Kt. – **2.2.** mit dem Part.Prät. zur Bildung des Passivs. *Is dei Bom all afhaugt?* Dem/De. *Dei Räuben sünd hackt* Gwd/Ba. – **2.3.** in best. Vbdg. mit dem Part.Präs., um durativen Aspekt auszudrücken. *Ik bün/wier doran denken* ich denke/dachte ständig daran Gwald; *sik vermauden sin* mit etwas rechnen, auf etwas gefaßt sein verbr.

Lautvar.: Das ältere nd. *wäsen* (and. *wesan*, mnd. *wesen*) ist in diesem suppletiven Verbparadigma als Infinitiv fast vollständig durch das jüngere, vom Hochdeutschen beeinflußte *sin* und dessen Varianten verdrängt worden. Nur im Belbucker Abteibezirk hat sich *wäse* bis 1945 großräumig, zumeist jedoch schon neben der jüngeren Form behaupten können, während es sonst in HPom nur noch sporadisch als Infinitiv belegt ist, vgl. PRI/TEU 226, MAH 60. Für den Kreis Bütow ist die Variante *wēisə* belegt, vgl. [2]MIS 65. In VPom und MPom ist *wäsen* nur noch durch veraltete Belege dokumentiert. Als Varianten von *sin* sind belegt: *sinn* verstr. HPom, sonst selt., LAUWB 327[b], [2]MIS 65, *sinne* verbr. NOPom, JOSTWB 98, *see* verstr. nordwestl. ZPom, PRI/TEU 226.

Flex.: Präs.Sg.1.: *bün* VPom, *bin* MPom, verbr. nördl. HPom, *bü'* verstr. südl. HPom, *bi'* DKr/La, LAUWB 327[b]. Vgl. DSA,

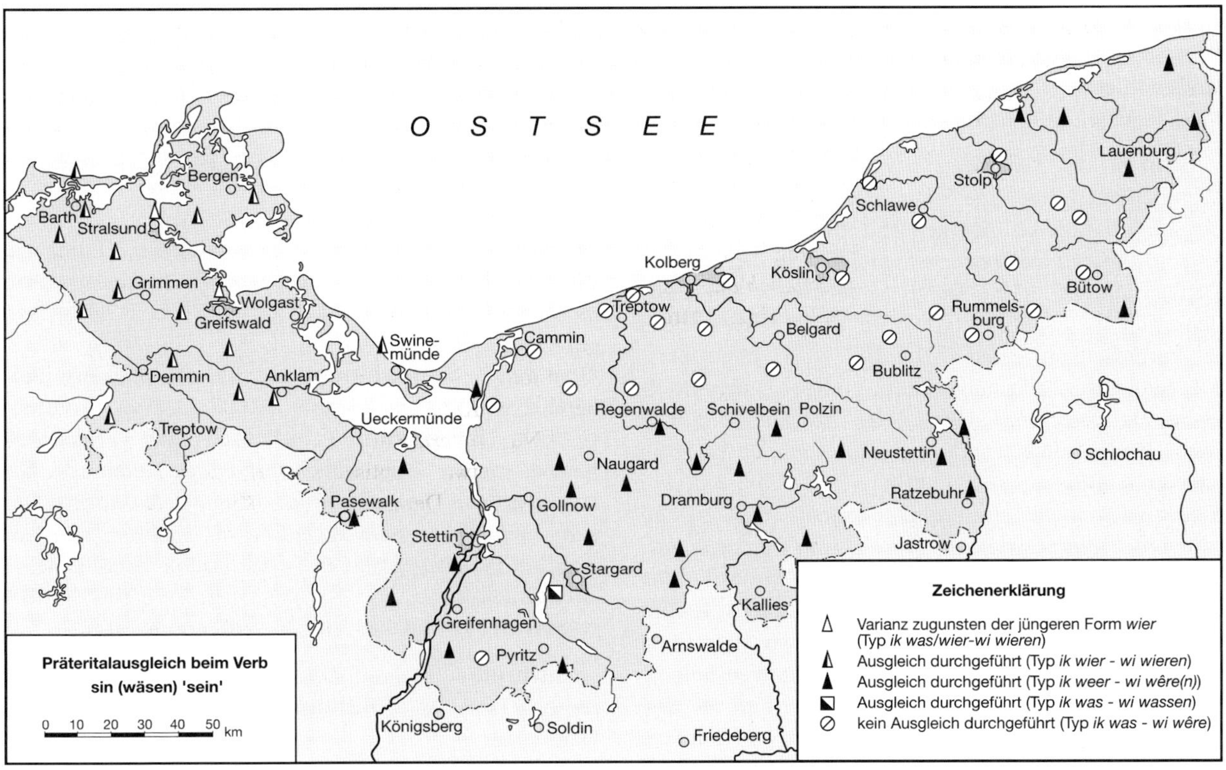

Kt.99f. – 2.: *büst* VPom, verstr. SPom, Kol/Pr, *bist* MPom, verbr. HPom. – 3.: *is* verbr., *es* verbr. östl. der Leba, STRI 37. Vgl. DSA, Kt.19. – Pl.: *sünd* VPom, nordwestl. HPom, *sind* MPom, verbr. östl. der Wipper, *send* östl. °Lau STRI 17, *sünn* verstr. südöstl. HPom, *sinn* verbr. in der Bublitzer Mundart. Vgl. DSA, Kt.108f. – Prät.Sg.1. u. 3.: *wier* VPom, westl. MPom, *weer* verbr. südl. HPom, °Lau, LAUWB 327^b, JOSTWB 98, *wee* verstr. SPom, DKr/La, *was* vereinz. VPom (hier vor allem in den Städten neben der jüngeren Form *wier*), verbr. MPom ZPom, ^{5}TITA 61, MAH 89. Vgl. die folgende Kt. zum Präteritalausgleich. – Pl.: *wieren* VPom, *weren* verbr. MPom, *were* verbr. HPom, ^{5}TITA 61, MAH 89, *wī(ə)re* nördl. °Lau STRI 41, *wē(ə)re* südl. °Lau STRI 41, *wassen* Pyr/Gß,Sc. – Part.Prät.: *wääst* verstr. VPom MPom, verbr. HPom, *weest* vereinz. MPom, *wäst* vereinz., LAUWB 327^b, ^{5}TITA 61, *weist* nördl. °Pyr, verbr. SPom, Net/Hf, *wēist* °Büt ^{2}MIS 65, *wäsen* selt. °Rüg, *wese* HOMWB 249^b. – Der Imperativ wird nahezu ausschließlich mit Formen gebildet, die zum älteren nd. Infinitiv *wäsen* gehören. Imp.Sg.: *wäs, wees* verbr. VPom, sonst verstr., *wess* vereinz. VPom, verbr. MPom HPom. Abweichend davon: *sei* selt. °Lau, *bin* südl. vom Lebasee, *ben* östl. vom Lebasee, vgl. zu diesen drei Formen in NOPom STRI 66f. mit Kt.23.

Singeklöne f., bes. litspr., Liederfestival vereinz. VPom, HWWB 296^b.

singen st. wie hd. **1.** mit der Stimme Melodien hervorbringen. *Wi singen in'e Kirch ümmer väl Leider* Fra/Bn. *Singen kann ik, wenn ok nich jot, man doch lut* Uec/Pa. Veralt.: *dei Liek nåh'n Kirchhoff singen* einen Verstorbenen beim Begräbnis singend bis zum Grab begleiten Gwd/Ba. – Ral.: *Dat kannst du di singen!* darauf mußt du verzichten, das bekommst du auf keinen Fall! Gri/Ge, ähnl. verbr. Wenn etwas nicht zu ändern ist: *Dor helpt nich singen noch bäden!* Dem/De, ähnl. verbr. – Sagw.: *Wur sei singen, dor is dat gaut sin, säd de Düwel, un spunnt sien Grotmudder in'n Immenrump* [Bienenkorb] Gwald. *Dat helpt nich, dor möt 'n bi singen, säd de Jung un fiedelt up'n Stock* HUMGWD 10,47,11. – **2.** hell klingende, an Gesang erinnernde Töne erzeugen. *Dat Wårer in'n Kätel singt all* das Wasser fängt schon an zu kochen Gri/Mi. *Dat Füer singt so* brennt hell knisternd Gwd/Nu. Vom Geräusch, das eine gut schneidende Sense hervorbringt: *De Seiss singt* Pyr/Wi.
Flex.: Prät.Sg.1. u. 3.: *süng* verbr., *sung* vereinz. VPom MPom, verstr. HPom, LAUWB 327^b, *sunk* Rum/Km, *song* Gbg/Gz. – Part.Prät.: *sungen* VPom MPom, *sunge* verbr. HPom, *sunga* SPom.

sing(e)rig Adj. zum Singen aufgelegt vereinz., POP 150. *Dor mi hüt nich so singerig üm't Hart was* ^{1}BRE 13. – **Singknåken** m. Musikantenknochen vereinz. – **Singsang** m. **1.** (eintöniger) Gesang. *Wat is dor grot an denn Singsang von dei Nachtigall?* Gwald. – **2.** Geschimpfe, Genörgel. *De Arbeet, de Arbeet! Dat is ümme de ull Singsang, hör ees up!* Dra/Bu. – **Singvågel** m. Singvogel. *Dat gifft hier väl Singvœgel, Sump- un Wåtervœgel* Ank/An.

Sink s. Senk.

Sinkel s. Senkel.

sinken st. **1.** niedersinken, zu Boden sinken vereinz. Gebräuchlicher ist sacken^2. In fester Vbdg.: *sinken Nacht* spätabends vereinz. *Dei Kinner spälen bit in'e* *sinken Nacht up'e Stråt* Gwald. – **2.** untergehen (von Wasserfahrzeugen) vereinz. *Dat Schipp is in'e Ostsee sunken* Rüg/Sn.

Flex.: Prät.Sg.1. u. 3.: *sunk, sünk.* – Part.Prät.: *sunken.*

Sinn m., Pl. *Sinn, Sinnen,* wie hd. **1.** Fähigkeit zur Wahrnehmung durch die Sinnesorgane. *Fief Sinnen hett dei Minsch* Rüg/Ae. Anerkennend über eine sehr kluge Person: *Dei hett woll noch 'n Sinn mihr* Dem/Kt. – **2.** das Denken, die Gedanken. *Dat is mi nich an'n Sinn* daran denke ich überhaupt nicht Dem/De; *ut dei Sinnen kåmen* in Vergessenheit geraten Dem/Tp. – **3.** ohne Pl. – **3.1.** Sinnesart, Gesinnung. Auch: Vorliebe, Interesse für etwas. *De Frugenslüd hemm' ehren Sinn för sik* Stett. In fester Vbdg. mit bewahrtem Genitiv: *annern Sinns sin* anderer Auffassung sein Fra/Bn. – Ral.: *ein' wat an'n Sinn sin/wäsen* jmd. etwas zumuten verstr. *Ik mach di dat twors nich giern an'n Sinn wäsen, mɑn dat geiht nich anners* Gri/Ge. – Sprw.: *En willigen Sinn hett lichte Fööt* mit der richtigen Einstellung geht alles leichter HuMGwd 11,11,8. *Väl Köpp, väl Sinn* wo viele Leute zusammenkommen, gibt es viele Meinungen allg. – **3.2.** Sinngehalt, Bedeutung. *Dat hett allens sienen Sinn* Ank/An. *Nu kimmt bi mi erscht de Sinn up!* nun erst verstehe ich! Sto/Gl. – **3.3.** Verstand, Vernunft. In fester Vbdg.: *ut Sinn un Verstand* unvernünftig, maßlos übertrieben. *De lihrt sich ut Sinn un Verstand* lernt pausenlos Gwald.

sinnen st. wie hd. **1.** gedankenverloren über etwas nachdenken. *Dei Ulle sinne up dat Ind* die alten Leute warten auf den Tod Lau/GW. – **2.** nach etwas trachten, auf etwas abzielen. *Dei sinnt denn ganzen Dag up Schelmenstück* Gwd/Ba.

Flex.: Prät.Sg.1. u. 3.: *sünn* verbr., *sunn* vereinz. VPom. – Part.Prät.: *sunnen* verbr., *sonna* vereinz. °Dra.

sinnieren sw. wie hd. verstr. *Ik sinnier up dat Wuurt* mir liegt das Wort auf der Zunge Ank/An. Spruch: *Mit Äten, Mäten un Sinnieren deist du denn halwen Dag verlieren* Gwald, ähnl. HuMGwd 9,25,2. – **sinnig** Adj. bedächtig, ohne Hektik verstr. *He is bi siene Arbeit ümmer sinnig* Rüg/Zi. – Sagw.: *Man ümmer sinnig, säd dei Jung', schaffen deit't liekers* Gwald. → s a c h t. – **Sinnigkeit** f. Besinnlichkeit, Muße selt. *in Rauh un Sinnigkeit in dit Bauk schmökern* HuMGwd 5,38,7.

sipp[1] Interj. Anfangswort im Bastlösereim. *Sipp, sapp, söt, måk mi 'ne Flöt. Sipp, sapp, suer, måk se up Duer* Dra/Dr, ähnl. vereinz. Vgl. S a p p.

sipp[2] s. z i p p.

Sipp f., zumeist pejor., Verwandtschaft vereinz., LauWb 328[a]. – **Sippschaft** f. **1.** zumeist pejor., Verwandtschaft verbr. – **2.** üble Gesellschaft, Gesindel verstr.

Sirrach m. Magen vereinz. NOPom, [2]Kno 86, [5]Kno 2,15. – Ral., wenn jmd. sein Hab und Gut vertrunken hat: *Dat hett hei im Sirrach* °Lau. – Nach [4]Bie 176 zu pomor. **žəroch.*

sirrig Adj. faulig, stinkend Gwald, Ank/An. Vgl. f i r r i g.

Sirup m., *Sirop* vereinz., *Zirup* vereinz. VPom, wie hd. *Grotmudder künn för uns Kinner de Stullen so schön mit Sirup schmeren* Gwald. – Sagw.: *Bäder is bäder, säd dei Jung', don hett hei sik Zucker up'n Sirop streugt* Dem/De. – **Sirupshingst** m., SpottN, Lebensmittelhändler selt. HPom, HtKös 1931,7,12. Syn. S i r u p s p r i n z. – **Sirupskann** f. sich nach oben verjüngende Kanne, in der Sirup aufbewahrt wurde vereinz. – **Sirupspott** m. Topf mit Sirup. – Sagw.: *Nu noch ês un denn nich mîr un süllt ôk dull nâ söt smecken! saed' de Jung un lickt dat Letzt' ût 'n Syropspott* [1]HoefE 41. – **Sirupsprinz** m. wie S i r u p s h i n g s t vereinz. – **Sirupswåter** n. Malzbier Sto/Dö,Wd, Slo/La.

Sittbrett n. Sitzbrett. *Dat Sittbrett up'n Wågen is nich pulstert* Dem/Tp. – **Sittelgaus** f., *Sitt-* selt., brütende Gans verstr.

Sittels n. die Gesamtheit der von einer Henne, Gans oder Ente gleichzeitig zu bebrütenden Eier. *Dei Kluck hett ehr Sittels all rut* die Glucke hat die Eier schon ausgebrütet Gwd/Ba. *Eie Sittels sünd ümme so achttehn E(j)e* Gbg/Gp.

Laut- u. Formvar.: *Siddels* vereinz. VPom, *Sittlis* vereinz. °Rüg, Ran/Al, BlfPVk 5,31, *Sittel* vereinz. HPom, Mah 85, *Settels* Dem/Tp.

sitten st. sitzen. **1.** auf einer Sitzgelegenheit Platz genommen haben. *Mudding sitt an'n Disch* Ank/Km. *Sei is in'e Stuf sitten* sitzt in der Stube Gri/Go. *Dat sitt sich kommod up't Sofa* °Gwd; *sitten gåhn* sich hinsetzen allg.; *in'e Huk sitten* in der Hocke sitzen Rüg/Pu. *Ik schweit in'n stillen Sitten* ich schwitze beim Nichtstun Gri/Ge. *Ik bün denn ganzen Dag noch nich tau'n Sitten kåmen* habe den ganzen Tag noch keine Pause gehabt Gri/Gm. Kritik an Stubenhockern: *Wer sitten will, dei blifft tau Hus* °Use. – Ral.: *Hier sitten wi bäder as up'n niegen Mark(t)* hier sitzen wir sehr bequem Stral; *'n sitten Noors hemm'* Sitzfleisch haben Dem/De; *up ein' sitten* jmd. nicht aus den Augen lassen, argwöhnisch kontrollieren vereinz. – Sagw.: *Sitten is gaut, säd dei Jung', man dor geiht nicks œwer dat Liggen* Gri/Bo. *Ik sitt gaut, säd dei Katt, don seet sei up'n Speck* Gwd/Nu. *Hier sitt ik gaut, säd dei Jung', don seet hei mank de Äppel* Dem/Kt. *Wenn ik man ierst leeg, säd de Jung', don seet he all in't Bedd* Gwald. *Nu mütt ik man, secht Stine Witten, steht up un geht glieks werrer sitten* Uec/Ue. *Up, häf di, säd dei Bur, dunn bleef he noch sitten* Ank/Km. *Holt, Bräuding! Ick sitt noch nich orig, säd de Bur, as hei all 'ne Miel führt wir*

HuMGwd 5,24,7. – **2.** sich an einer best. Stelle befinden, sich aufhalten. *De Wehdåg sitt mi up'e Bost* Uec/Ue. *Mien Schmart sitt deep in'e Seel* Pyr/Lt. *Dei sitte up'm Liefgeding* auf dem Altenteil Neu/Gc. *Dei jungen Lüd hebben nu ehr eigen Sitten* haben jetzt einen eigenen Hausstand Gri/Go. *Dei Speiken sitten in'e Nåf* Gwd/Ba. *In'n Knuust* [Endstück des Brotes] *sitt de mihrste Kraft* Stral. Seem.: *up'n Legerwall sitten* sich zu dicht an der Küste befinden Fra/Pe. – Ral.: *Wenn't sitt, denn sitt't!* es ist nun einmal so, daran ist nichts zu ändern! Gri/Go, ähnl. verstr. *Dat sitt einem nich in'e Kleedere, dat sitt einem in'n Lief* diese Eigenart ist angeboren °Kös; *gaut tau sitten kåmen* seine materielle Situation durch Heirat oder Erbschaft erheblich verbessern allg. – Sagw.: *So hett't säten, säd dei oll Fru un höl de Schören von'n Pott tausåmen* Dem/De. – **3.** sich in einer best. Lage, in einem best. Zustand befinden. *Dei sitt in Bedenken* überlegt hin und her Gwd/Ba. *Dei sitten in'e Schiet* sind in einer Notlage Stral. *De Höhner sitten so vull Mieten* [Milben], *dat se man schlicht leggen* Rüg/Dm. *De Bom sitt knackenvull* trägt sehr viele Früchte Nau/Fg. – Ral.: *einen (tau) sitten hebben* angetrunken sein allg. – **4.** gut passen, jmd. gut stehen. *Dei Jack sitt (ehr) gaut* Gri/Mi. *Dei Schauh sitte will* sind viel zu weit Cam/Ds. *Dat Kleed sitt so drang* ist zu eng Fla/Ta. – **5.** bestens eingeübt sein. *De Såk* [der gelernte Text] *sitt bi mi nich* Dra/Ga. – **6.** eine Gefängnisstrafe verbüßen. *De Deef sitt all een Johr un kiekt dörch de Traljen* Ran/Pe. – **7.** brüten. *De Kluck mutt dree Woche sitte, bit de Kücke utkåme* Saa/KL.

Lautvar.: *sidden* selt., *sette* verstr. östl. u. südl. °Lau, Büt/Kr, Stri 37, [2]Mis 12.

Flex.: Präs.Sg.1. u. 3.: *sitt* verbr., *sett* verstr. östl. u. südl. °Lau, Büt/Kr. – Prät.Sg.1. u. 3.: *seet* VPom MPom, selt. HPom, *sait* verstr. ZPom, *satt* (veraltd.) selt. VPom MPom, verstr. östl. der Oder, [5]Tita 70, [2]Mis 60, *såt* südöstl. °Lau Stri 27, *såt* nordöstl. °Lau Stri 27. – Part.Prät.: *säten* verbr., *seten* Pfa 42, *saita* Pyr/Wi,Wa, verstr. SPom, *sẽite* °Büt [2]Mis 60f.

sittenblieben unr. sitzenbleiben. **1.** an der dafür vorgesehenen Stelle bleiben. *Dei Äppels möten noch 'n bäten an'n Bom sittenblieben* Dem/Kt. – **2.** in der Schule nicht versetzt werden. – **3.** (als Frau) ohne Partner bleiben. *Se will dat unnern Dokter nich måken, man nu ward se woll sittenbläwen* Gwald. – **4.** *up/mit wat sittenblieben*, für eine Ware keinen Käufer finden. – Ral.: *mit'n natten Noors sittenblieben* Hab und Gut verlieren Uec/Ue. – **Sitter** m., seem., Brett, das man seitlich über zwei Spantenteilen anbringt, um diese zu verbinden vereinz. pom. Küste. – **Sittfleisch** n. Sitzfleisch. *De Mannslüd hebben in'n Kraug ümmer Sittfleisch* Gwald. Scherzh.: *Dei Jung' hett Sittfleisch, hei kann Snierer warden* Fra/Pe. Syn. Sittnoors. – **Sittnoors** m. wie Sittfleisch vereinz. *Dei Kierl hett keinen Sittnoors* hat keine Ausdauer, hält es auf keiner Arbeitsstelle lange aus Gri/Gm. – **Sittrecht** n. Wohn-, Aufenthaltsrecht selt. *De Olle, de hewwe dat Sittrecht* Kol/Wa. – **Sittsack** m. mit Stroh, Heu oder Häcksel ausgestopfter Sack als Sitzgelegenheit, bes. auf dem Wagen vereinz. – **sittsåm** Adj., scherzh., Sitzfleisch habend vereinz. *Min Fiken is'n sittsam Mäken – se steiht nich gern up* Neu/Bä BlfPVk 9,13.

siwwicken sw., *sibbicken* vereinz. °Gri, *sirricken* Gri/Ti, lustlos, zögerlich trinken oder essen vereinz. VPom. *Dei Katt siwwickt blot an ehr Melk* Gri/Ge. Vgl. MWb 6,312.

Skandål s. Schandål.

Skåt m. das Kartenspiel Skat. *Skåt is 'n Spill för dei Handwarkers, Kösters un Buern* Dem/Me; *Skåt kloppen* Skat spielen Gwd/Ba.

Skeußel n., seem., *Skeusel* Gwald, Skysegel, oberstes Rahsegel selt. vpom. Küste. – Engl. *skysail*.

skisieren sw., refl., sich heimlich entfernen HomWb 187[b]. – Zu frz. *s'excuser*.

Sklett n. Skelett vereinz. *Dei süht ut as 'n Sklett* sieht sehr abgemagert aus Cam/Kt.

Skrobatsch m. Trogmesser nordöstl. °Sto, BlfPVk 7,64, [10]Win 108. – Pomor. *skróbač* Schabmesser, Kratzeisen.

Slape m.(?), fischerspr., Stellnetz Sto/Gd Fis 476. – Zu pomor. *słąp* eine Art Setznetz, vgl. ZfSl 14,578.

Slemm m. der Gewinn aller Stiche bei den Kartenspielen Whist und Bridge selt., [4]HoefE 274. – Zu engl. *slam*.

Slip f., seem., Anlage, mit der Schiffe an Land gezogen werden vereinz. *Dat Schipp möt up de Slipp!* [5]Seg 79.

Slusch n., seem., Fettschicht am eingesalzenen Rindfleisch vereinz. vpom. Küste. – Zu engl. *slush* achtlos aus der Kombüse weggeworfenes Fett.

Smuk m./n. Moorstelle im Acker HomWb 187[b]. – Pomor. *smuug* feuchte Wiese, poln. *smug* Wiesenstreifen.

Smutje m., seem., *Schmutje* vereinz. VPom, Schiffskoch verstr. pom. Küste.

snaugen sw., veralt., *snojen* DähWb 437[b], naschen [3]Seg 35: *Un dat Di nich von Snaugen dröhmt, Denn Leckrigkeit is hir verpönt.*

Snoppke s. Schnuppke.

so wie hd. **1.** Adv. – **1.1.** in dieser Weise, derart, so beschaffen. *Hei secht hüt so un morgen so* er ändert ständig seine Meinung Dem/Tp. *Mi is dat so* [es kommt mir so vor], *as wier dat vörgistern* Ank/An. *Dat was so, dat is so, dat blifft uk so!* Nau/De; *so as fuurtsen* schnellstmöglich Rüg/Rp. – Ral.: *So'n Pott, so'n Stülp!*

wie der Herr, so's Gescherr verbr. *Dat's buten so as vör de Dör* es ist alles einerlei verbr. *Dat's nich so, as kumm her un puss mien Fru!* das ist eine schwierige Aufgabe! Cam/He. Ausruf der Verwunderung: *So wat lääft nich up'n bœwelsten Bœn!* Gwd/Ba. – **1.2.** solch, solche. *So'n lütt Kind hett dat nich gaut in'e Armenschaul* Gri/Ti. *So'n Kierl mach ik giern lieden* Rüg/Ae. *So een Peerd mücht ik uk hebben* Pyr/Lt. *Dees Lüj, dat sünd so'ne Klokschieters!* Pyr/Lt. Ironisch: *Dat's uk so'n Wor!* das ist minderwertige Ware Fra/Pe. Scherzh.: *Dat gifft so'ne Minschen un so'ne Minschen, åwe so'ne Minschen gifft dat mihr* Lau/Os. – **1.3.** ein großes Ausmaß bezeichnend. *Ik heff dei Diern doch so leif!* Fra/Zi. *Se wier ganz ut de Puust, so wier se lopen* Rüg/Rp. *Mi honge(r)t so* ich habe großen Hunger Reg/Kt. *Ik heff nich so väl Geld as du* Gwd/Ba. *So väl Tiet heff ik hüt nich* Ghg/Hi. – **1.4.** etwa, ungefähr. *Dei Hochtiet is so üm denn iersten Mai rüm* Gri/Gm. *De Jung' is so teihn Johr ult* Pyr/We. *Hüt weer so dat half Dörp in'e Kirch* Bel/Kw. – **1.5.** sowieso, ohnehin, ohne bestimmte Voraussetzung. *Dat weit ik so, dat du 'n bäten mall büst* Dem/Kt. *Dat heww ik so dån* habe ich ohne Aufforderung getan Fra/Zi. – **1.6.** dann, unter einer bestimmten Voraussetzung. *Fängt mi to friere an, so treck ik 'n Pelz an* °Kös. Zu jmd., der von Toten geträumt hat: *So starft eie!* dann wird jmd. sterben! Nau/De. – Ral.: *Pråhlen wi nich, so sünd wi arme Lüd'* Gwald. – Wetterr.: *Rägent dat sünndags vör de Miss, so rägent dat de ganze Woch gewiß* Rüg/Zi, ähnl. verstr. – **2.** Konjunk., nur in der Vbdg. *so dat*, so daß, mit dem Ergebnis. *Dei oll Bull mank dei Käuh was bannig dull, so dat dei Frugenslüd nich mihr tau't Melken gahn wullen* Gwald. – **3.** Partikel. – **3.1.** als Ausdruck der Bekräftigung oder des Nachdrucks. *So, dat hest du nu dorvon!* Gwd/Ba. – Ral.: *So! secht dei Bur, wenn hei danzt hett. So? secht dei Bur, wenn hei betåhle mutt* Sto/Dö, ähnl. verbr. – **3.2.** als Ausdruck der Unsicherheit oder Vagheit. *So? Dat kann ik noch gor nich glöben* Gwd/Nu.

Lautvar.: Adverb und unbestimmter Artikel werden oft zusammengezogen: *so'n(e), sonn(e)* so ein, so eine. Dabei ist vereinzelt ohne erkennbare Raumbildung Tonerhöhung von *o* > *u* belegt.

soans Adv. auf eine bestimmte Art und Weise, solcherart verstr. VPom, selt. MPom HPom. *Dat is soans, as ik di dat secht heff* Gwald. *Dat hüürt sich soans all väl bäter an* Gri/Ge. *Hei is soans* [in dieser Hinsicht] *'n gauden Kierl* Fra/Zi.

sœben Num. sieben. *Sei hett all sœben Kinner un noch keinen Mann* Gri/Mi. *Dei Bäuker hemm' sœben Mark kost't* Dem/Kt. *Hei is so ful, hei schlöppt ümmer mihr as sœben Stunn'* Ank/Pu. *Dei Wäk hett såwe Dåg* Nau/De. *Kennst du dat säwent Jebot?* Sto/Wd. Das Zahlwort kann auch für eine größere, unbestimmte Zahl stehen: *Dat duert noch sœben Johr* dauert noch sehr lange Gwd/Ba. *Dat rägent all sœben Dåg* regnet schon tagelang Stral. *De Fru hett sœben Röck an* hat sich viel zu warm angezogen Ank/An. – Ral.: *sœben Ribben hebben* sehr faul sein vereinz.; *sœben* [sieben Sinne] *as de Bor hebben* verrückt sein vereinz.; *mit sœben Strängen trecken* mit aller Kraft arbeiten vereinz., HuMGwd 14,35,9; *einen/wat dörch sœben eiken Brä' låben* jmd. oder etwas übermäßig loben vereinz. – Volksgl.: Die Sieben galt als magische Zahl, weithin wurde sie auch als Unglückszahl betrachtet: *dat sœbent Bauk Moses* geheimnisvolles Zauberbuch Dem/De. Eine besondere Rolle spielte im Volksgl. der Zeitraum von sieben Jahren. So sollten sich Ledige nicht an die Tischecke setzen, denn: *De möten süss noch sœben Johr up'n Mann/up 'ne Fru töben* °Rüg. Und jungen Mädchen empfahl man: *Dei dörben nich tauierst von'e Spies nähmen, süss mäuten sei noch sœben Johr up'n Mann luren* Fra/Pe. – Im Rä.: *Hett sœwen Hüj* [Häute], *bitt all Lüj?* = Zwiebel Pyr/Lt. – Subst.: *dei Sœben* f. die Sieben im Kartenspiel. *Ik späl dei Sœben ut* Fra/Pe. In fester Vbdg.: *bös Sœben* zänkische, streitsüchtige Frau.

Laut- u. Formvar.: Hauptvar.: *sœwen* verstr. VPom MPom, selt. HPom, *sœm'* vereinz. VPom MPom, *såwe(n)* Gbg/Wo, Kol/Go,Sö, Neu/Sa,Th,We, Fla/Ta,Wo, Pri/Teu 135, *såiwe(n), soiwe(n)* vereinz. ZPom, Pri/Teu 135, LauWb 328[b], *soiben* Kol/Pr, *säwen* °Rum, verbr. NOPom, JostWb 80, *sewen* Lau/Ke,Ne, HomWb 185[b], *sēiwe(n)* °Büt [2]Mis 54, °Lau Stri 17, *söüwa* °DKr [3]Tita 10. – Für die Ordinalzahl sind folgende Hauptvar. belegt: *sœbent, sœwent* verstr. VPom MPom, selt. HPom, *sœmt* vereinz. VPom MPom, *sœft* vereinz., *såft, såift, soift* vereinz. ZPom, *sääft, säwent* verbr. NOPom, *säwentsch* selt. °Sto, *säwendschnig* selt. °Lau, [9]Rosf 81,69, *säw(e)nig* vereinz. NOPom, [9]Rosf 81,70, *säwendnig* selt. °Sto.

sœbenbömig Adj. von rauhem Charakter, ungehobelt vereinz. VPom. – **Sœbenbräuderdag** m. Siebenbrüdertag, Gedenktag der Heiligen Felicitas (10.07.). – Wetterr.: *Wenn't an'n Sœbenbrörerdag rägent, rägent dat sœben Wochen in eenen fuurt* Rüg/Pu. – **Sœbendålerpierd** n., scherzh., 'Siebentalerpferd'. Zumeist in Vergleichen: *sik upspälen as 'n Sœbendålerpierd* sich sehr aufspielen, arrogant sein Fra/Br; *uppedden as 'n Sœbendålerpierd* mit schwer stampfendem Schritt auftreten Gri/Gm. Vgl. Dålerpierd, Dreidålerpierd, Achtdålerpierd. – **sœbenerlei** Adj. (indekl.) siebenerlei, aus sieben verschiedenen Arten. *Tau dat Middel hüürt sœbenerlei Krut* Gri/Mi. *Hei fingt säwenelei a', nischt kricht hei farig* er fängt vielerlei an, bringt aber nichts zu Ende Sto/Pf. – **sœbenklauk** Adj. neunmalklug, überklug selt. Rsyn. s. nägenklauk. – **Sœbenknee** n., PflN, 'Siebenknie' Ackerspörgel (Spergula arvensis) vereinz. °Dra. Syn. Nägenknei. – **sœbenmål** Adv. **1.** siebenmal. *Ik bün nu all sœbenmål üm Kap Huurn seilt* Rüg/Sn. – **2.** viele Male, oft verstr. *Dat is doch sœbenmål tau dull!* das ist doch unerhört! Fra/Pu. – **Sœbenmåndskind** n. Siebenmonatskind, zu früh geborenes, schwächliches Kind verstr. *He is man blot 'n Sœbenmåndskind, un is doch 'n groden Kierl worden* Gwald. Auch als scherzh. Bez. für ein Kind, das deutlich früher als neun Monate nach der Eheschließung geboren wird. – **Sœbenpunkt** m., TiN, Marienkäfer selt., [3]HOLS 37, [7]KAI 92. → Sünnenkäwer.

Sœbenrand s. Säwenrand.

Sœbensåken Pl. Siebensachen, Habseligkeiten. *Nimm man fix dien Sœbensåken un måk, dat du wegkümmst!* Gri/Mi. – **Sœbenschleper** m. Siebenschläfertag (27.06.). – Wetterr.: *Rägent dat an'n Sœbensleper, rägent dat noch sœben Wochen lang* Fra/Pe, ähnl. allg. – **sœbensinnig** Adj. **1.** überklug verstr. *De is sœbensinnig, de lett sich nich bedregen* Ran/Ro. – **2.** verrückt, übergeschnappt verstr. Rsyn. s. mall. – **Sœbensprung** m., *-spring* [3]GIL 120, Name eines alten Volkstanzes vereinz., BLFPVK 6,133. – **Sœbenstiern** m. **1.** Siebengestirn, die Plejaden. – Ral.: *sich an'n Sœbenstiern stöten* sich gewaltig irren verstr.; *sich verdrägen as Kuckuck un Sœbenstiern* sich überhaupt nicht vertragen (die Plejaden verschwinden am nördl. Sternenhimmel, wenn der Kukkuck im April aus dem Winterquartier zurückkehrt) verstr. – **2.** das Sternbild Großer Wagen vereinz. – **sœbent** s. sœben. – **sœbenteihn** Num. siebzehn. Spöttisch über die Schneider: *Sœwenteihn Schnieders wägen achteihn Pund* Pyr/Lt. – Sagw.: *De iersten sœbenteigen schüdden einen, secht de Bur, don drünk he denn iersten Schnaps* Gri/Ge. – **sœbentig** Num. siebzig. *Vadding is all sœbentig Johr olt* Gwd/Ba. *Dei Äppel kosten sœbentig Penning dat Pund* Ank/An.

sochig Adv. sumpfig, sehr feucht vereinz. VPom. *Dei Acker is sochig* Gri/Gm. – Zu Sogg.

Sock s. Söck.

Söck m./f. **1.** Socke, kurzer Strumpf. Auch: Füßling, unterer Teil des Strumpfes. *Treck dei Schauh ut un lop up Söcken!* Rüg/Ae. *Ik wier up'n linken Fot in Söcken, up'n rechten barft* Rüg/Rp. *Se danzen lustig up Söck* Ran/Ro. *De Nacht kümmt as up Socken* die Nacht bricht unbemerkt herein Ran/Pe. – Ral.: *ein' up'e Söcken bringen* jmd. zur Eile antreiben allg.; *ein' up'e Söcken helpen* dass. allg.; *up'e letzen Söcken gåhn* kurz vor dem Bankrott oder vor dem Tod stehen vereinz. Zu jmd., der vergeblich versucht, seine Absichten zu verbergen: *Du geihst up Söcken tau lut* °Dem. Spruch: *Op eine Sock o' eine Schauh jeht't imme lustig tau!* Lau/Sl. Verwünschung: *Di sall dat Fier* [Feuer] *in de Socke foahre!* Büt/Wu [4]KNO 9. – **2.** *oll Söck*, Schimpfw. für einen unordentlichen, verkommenen Menschen verstr.

Laut- u. Formvar.: *Söcken* verstr. VPom, *Socken* selt. VPom, Kol/Pr, *Sock* selt. VPom MPom, verbr. SPom ZPom, NOPom, JOSTWB 99, LAUWB 328. – Pl.: *Söcken* verbr. VPom, *Söckes* Gbg/Gp, Kol/Go, *Söck* selt. MPom, verbr. SPom, verstr. ZPom, *Socken* selt. VPom, verbr. MPom, *Sockes* Sch/Pu, *Socke* verstr. ZPom, NOPom.

Sockel m., *Söckel* Ank/Br, Pl. *-s*, massives, zumeist leicht vorspringendes Untergestell vereinz. *De Åben steht up'n Sockel* Ran/Ro. Ironisch zu einem Angeber: *Di kœnen wi as Denkmål up'n Sockel stellen!* Rüg/Ae. – **söckeln** sw. auf Socken laufen vereinz. VPom. Syn. söckern. – **socken** sw., *sôke* LAUWB 328[b], schnell laufen (eigtl. auf Socken) verstr. *Dei Kinne(r) socke in'e Stuf hen u' her* Reg/Kw. *Ik hebb schön müsst socken* mußte mich sehr beeilen Pyr/Lt. Vgl. afsocken, ansocken, lossocken. – **Söcker** m. Kosew. für ein Kleinkind, das gerade erst laufen kann verstr. VPom. – **söckern** sw. wie söckeln verstr. VPom. – **Söckling** m., Pl. *-s*, Füßling, kurze Socke VPom. *De Murers drögen früher ümmer Söcklings in ehre Höltentüffel* Gwald. – **söcksch** Adv. nur auf Socken oder Strümpfen, ohne Schuhe VPom, sonst selt. *Lop nich ümmer söcksch, treck di fuurts Schauh an!* Dem/De.

Sod m. **1.** Brunnen, Ziehbrunnen VPom, nordwestl. HPom. Zur Wortgeographie mit den Heteronymen *Born* und *Pütt* s. Kt. *Born*, Bd.1, Sp. 399f. *Dei Sod is sihr deip* Fra/Bn. *De Sod is mit Hult utlecht* ist mit einer Einfassung aus Holz versehen Dem/Jr. *Wi möten Wårer ut'n Sod hålen* Gwd/Kü. *Dat Wåter steiht so still as in einen deipen, schwarten Sod* Ank/An. *Måk 'n Deckel up, süss föllt dat Kind noch in'n Sod!* Gri/Gm. – Sprw.: *Dei Sod ward ierst taudeckt, wenn dat Kind/Kalf verdrunken is* Gwd/Ba, ähnl. verstr. – Sagw.: *Dei Saak will ik up'n Grund kamen, seed de Avkaat, doon fööl hei in'n Sod* HUMGWD 76,228f.,3. *In'n Häben kåmen is nich so eenfach, säd de Buer, don was hei in'n Sod follen un versöp* HUMGWD 13,36,8. – Im Rä.: *Wat föllt in'n Sod un plumpst nich?* = Sonnenstrahl, Schatten °Rüg. – **2.** f. HOMWB 189[a], Schlund selt. MPom HPom. *Mi brinnt de Sod* ich habe Sodbrennen Saa/Ja.

Laut- u. Formvar.: *Sor* selt. ZPom. – Pl.: *Söd* verbr. VPom, *Sör, Sö'* vereinz. VPom, *Soden* Use/Ne, *-s* selt. VPom, LAUWB 329[a].

Soda n./m. wie hd. *Mit Soda warden nieje Pött utkåkt* Ran/Ro. Wenn etwas stark verschmutzt ist: *Dor gåh man eis mit Seep un Soda ran!* Gwd/Ba. – **Sodaseep** f. Schmierseife vereinz.

Sodbrennen n. wie hd. *Ik heff so'n Sodbrennen, ik möt Bullersolt* [Natron] *nähmen* Gwd/Ba.

södder s. sörre.

soddern sw. **1.** Speisen langsam kochend zubereiten Uec/Ge, selt. HPom. *dat Fleesch soddra låte* Saa/Te. – **2.** leicht brodelnd hervorquellen Net/Hf.

Sodemmer n./m. Schöpfeimer am Brunnen vereinz. Syn. Sodspann.

soden sw., fachspr., ausgestochene Torfstücke zum Trocknen hochkant aufstellen °Ghg. – **Soden** m., selt. f., *Såden* selt. VPom, Pl. wie Sg., ausgestochenes Rasen- oder Torfstück vereinz. *Soden stäken un drögen* Gwd/Ba.

Sodhåken m. lange Stange mit Haken, mit der man den Schöpfeimer aus dem Brunnen zieht VPom, nordwestl. HPom. *Wårer mit'n Sodhåken ruthålen* Gri/Mi. Syn. Sodstang'. – **Sodkist** f. kastenförmige Brunneneinfassung mit Deckel VPom. *Wenn de Sodkist nich wier, wier all männigeen in'n Sod follen* Rüg/Zi. – **Sodschwengel** m. langer, als Hebelarm dienender Querbaum des Ziehbrunnens VPom. – Sagw.: *Wat dei Welt doch up un dål geiht, sär dei Jung', don seet hei up'n Sodswengel* Rüg/Ae, ähnl. HuMGwd 10,36,5. Syn. s. Schwankbom. – **Sodspann** n. Schöpfeimer am Brunnen selt. VPom, BlfPVk 2,116. Gebräuchlicher ist Sodemmer. – **Sodstang'** f. wie Sodhåken vereinz. VPom.

Sofa n./m., *Soffa* vereinz. HPom, wie hd. vereinz. *Sei würen up't Sofa nörigt* wurden genötigt, auf dem Sofa Platz zu nehmen Gwd/Ba. Vgl. Kanapee, Sches'long.

Soff m. **1.** Trunkenheit, das Saufen verstr. *Dei Soff ward em noch tau Grunn' richten* Ank/Br. – **2.** (stark) alkoholhaltige Getränke selt. *He reist in Wien un scharpen Soff* reist als Handelsvertreter für Wein und Spirituosen Ran/Pl. – **Söffel** m. Säufer, Trunkenbold vereinz. Syn. Süffel.

Sœg f., gesprochen *Sœch*, Sau. **1.** weibliches Schwein. *Dei Sœg bruust/biert/ruuscht* ist brünstig Gri/Go. *Wi möten dei Sœg tau'n Bier* [Eber] *bibringen* Gwald. *Dei Sœg hett farkent* hat Ferkel geworfen Gwd/Ba. *Dei Sööch harr Farke schmäte* dass. Gbg/Ge. *De Sööch hett verfarkent* hat eine Fehlgeburt gehabt Ghg/Wt. *De Sœg hett versett't* dass. Ank/An. *De Sœg buucht* baut kurz vor dem Ferkeln ein Nest aus Stroh Dra/Bu. – Ral.: *Wat wett de ull Saeg' vom Sünndag?* was weiß davon schon so ein dummer, ahnungsloser Mensch? Sto/Rw [4]Kno 21, ähnl. verstr. Über unwillkommene Gäste: *De fallen hier in as de Sœg in't Buernhus* °Rüg. Wenn jmd. Glück im Spiel hat: *Du hest di woll an'e Sœg schüert!* Dem/Kt. *De föhlt sich as de Sœg up'n Mess* fühlt sich besonders wohl Uec/Ue. Ein geiziger Mensch *mücht de Sœgen de Melk aftappen* °Rüg. Über ein uneheliches Kind: *Dat hett dei Sœg up'e Bråk schäten* °Pyr. Scherzh. über mangelnde Körperhygiene: *Uns Sœg wascht sik uk nich, un ward doch fett!* °Gwd. – Sprw.: *Dei oll Sœg vergett, dat sei uk eis 'n Farken wääst is* Stral, ähnl. verbr. *Dei dicksten Sœgen finnen ümmer denn fettsten Drank* vereinz. *So'n Sœg, so'n Farken* Ank/An. *Wer vör is, blifft vör, un wenn't 'ne Sœg is* °Pyr. Syn. Mutt[1], Su. – **2.** Schimpfw. – **2.1.** unreinlicher Mensch. Vgl. Drecksœg. – **2.2.** gemeiner, ordinärer Mensch. – **3.** Spielgerät (bes. Holzkugel oder Murmel), das beim Knabenspiel mit einem Knüppel in ein Loch getrieben werden mußte verstr. Vgl. Kuhlsœg, Sœgdriewer.

Laut- u. Formvar.: Hauptvar.: *Sääch* selt. VPom, verbr. °Rum, verbr. NOPom, *Sēich* °Büt [2]Mis 25, *Sä[i]ch* °Lau [2]Pirk 44, *Sööch* vereinz. MPom HPom, *Sooch* Gbg/Wo, *Såj, Såch* verstr. im Belbucker Abteigebiet, *Soaj* vereinz. nördl. °DKr [3]Tita 12, Fla/Ta, *Såich* Reg/Kt, verbr. in den Bublitzer Mundarten, *Soich* LauWb 328[b], *Såidsch* (*-sch* sth.) Neu/Rt [10]Teu 246, *Sådch* verbr. östl. °Neu. Zu weiteren Seltenheitsbelegen s. DWA 7, Kt.3. – Hauptvar. im Pl.: *Sœgen* VPom, *Sögen, Söjen* verbr. MPom, vereinz. HPom, *Såje* verstr. im Belbucker Abteigebiet, *Såije* Reg/Kt, verbr. in den Bublitzer Mundarten, *Säje* verbr. °Rum, verbr. NOPom.

Phras. zu 1.: Sagw.: *Väl Schriegerie un wenig Wull, säd dei Düwel, don schråpt hei 'ne oll Sœg* Dem/Kt. *Dat Best hålt de Düwel sik ümmer tauierst, säd de Jung', gistern stürf uns oll Sœg un hüt uns Grotmudder* Gwald. *Dat ward sich an* [daran gewöhnt man sich], *secht jenn Bur un harr up'e Sœg räden* °Uec.

Sœgborg m., *Sœgen-* Gri/Bo, kastriertes weibliches Schwein Ank/An, Nau/Fg,Rh. Gebräuchlicher ist Suborg. – **Sœgdriewer** m. 'Sautreiber' Kind, das bei einem Treibspiel eine Holzkugel oder Murmel (die Sœg) mit einem Knüppel in ein Loch befördern mußte vereinz., LauWb 328[b], [3]Nere 2,128. Vgl. Kuhlsœg.

sögen sw., *söje* verbr. HPom, *soije* LauWb 328[b], *seje* NOPom. **1.** säugen. *Dei Katt sööcht ehr Jungen* Gwd/Ba. *De Fru hett dat Kind lang sööcht* Pyr/Wa. Scherzh.: *Se drinkt, as wenn se denn Köster sööcht hett* sie trinkt viel Gwald. – **2.** an der Mutterbrust oder der Zitze saugen vereinz. *Dei Farken sögen sihr* Gri/Go. Vgl. sugen.

Sœgendistel f., PflN, *Sœg-* selt., Ackerdistel (Cirsium arvense) vereinz., SundTr 1,84. – **Sœgendrank** m. ungenießbares Getränk vereinz. MPom HPom. – **Sœgenfell** n. Haut einer Sau vereinz. – Ral.: *'n Sœgenfell hebben* unlauter, unredlich sein °Uec, HtKlUec 1925,74. Syn. Sœgenledder. – **Sœgenkohl** m., PflN, *Sœgkohl* selt. **1.** Name verschiedener Disteln. Spez.: Gemüse-Gänsedistel (Sonchus oleraceus) verstr.; Acker-Gänsedistel (Sonchus arvensis) vereinz.; Sumpf-Kratzdistel (Cirsium palustre) vereinz. → Distel. – **2.** Sauerampfer (Rumex acetosa) vereinz. ZPom SPom. → Surblatt. – **3.** Kreuzkraut (Senecio vulgaris) Bel/Ka,Rn. – **4.** Beinwell, Beinwurz (Symphytum) Dra/La, Neu/Th. – **Sœgenledder** n. wie Sœgenfell vereinz. *Dat Fleisch is tåg as Sœgenlerrer* ist sehr zäh Gri/Mi. – **Sœgenrief** f., PflN, Gänsefingerkraut (Potentilla anserina) °Gbg. – **Sœgenstall** m. **1.** Stall für Mutterschweine. – **2.** unordentliches, verschmutztes Zimmer.

Sogg m., Sgtant., gesprochen *Soch*. **1.** Milch in der Mutterbrust VPom, vereinz. MPom HPom. *Dei Sœg hett kein Soch mihr, dei Farken mütten nu hungern* Rüg/Ae. *Wenn de Fru nich väl Soch hett, mutt se Melk mit Sirop drinken* Uec/Ge. – Ral. über etwas, das niemals eintreten wird: *Dat finnt sik as bi 'ne olle Fru de Soch* Rüg/Zi, ähnl. verstr. – **2.** die Aufnahme eines Getränks in einzelnen Schlucken VPom, sonst selt. *Dei Kierl hett 'n sihr gauden Soch* trinkt viel auf einmal, ohne abzusetzen Gri/Gm. – **3.** Wasserströmung, -wirbel VPom, vereinz. MPom HPom. *Schwemm nich so dicht an'n Damper ran, dei Soch treckt di dål!* Fra/Zi. *Dei Soch is früher anners gåhn, nu ward dei schöne Sand bi Freesendörp* [ON] *anspäult* Gwd/Lu. – **Soggfarken** n. junges Ferkel, das noch gesäugt wird vereinz., HOMWB 187b. – **Sogghåken** m., zumeist im Pl., 'Saughaken' erste, spitze Zähne von Ferkeln vereinz. Scherzh.: *De hett 'n goden Sochhåken* trinkt oder raucht sehr stark Rüg/Pu, ähnl. vereinz. Syn. Hungertähn. – **Soggkalf** n. junges Kalb, das noch gesäugt wird. Übertr.: unreifer Mensch selt. – **Soggkind** n. Säugling vereinz. – **Sogglamm** n. junges, noch saugendes Lamm vereinz. *Sochlämmer mütten bi dei Murrer blieben* Rüg/Ae. – **Soggsand** m. Schwemmsand, Treibsand verstr. *Dei Gråbenbuurd steiht nich fast, dor is so'n Sochsand* Gri/Mi.

Sœgkohl s. Sœgenkohl.

sogliek Adv., *soglieksten* selt., sogleich, sofort vereinz. *Dat sall sogliek gescheihn* Gri/Mi. Gebräuchlicher ist fuurts.

Sögmudder f. Amme verstr. VPom, Stett. *De Fru süht ut as 'ne Sœgmudder* hat riesige Brüste Gwald.

sogor Adv., *sogoorst* selt., sogar verstr. *Hei kricht sogor noch Geld dorför* Gwd/Ba. *Sogoorst dat klein Mäke is dorbi* Bel/Gn.

sœgsch Adj., *säächsch* NOPom. **1.** säuisch, ordinär vereinz. HPom. *De hett sœgsche Wör' a' sich* hat einen ordinären Wortschatz Dra/Dr. – **2.** sehr schmutzig vereinz. HPom.

Sögschåp n. säugendes Mutterschaf. *Dei Sögschœp hemm' ehrn Stall för sich* Gri/Mi. *Dat Sögschåp hett twee Lämmer* Ran/Pe. – **Sögstaut** f. säugende Stute vereinz.

Sœhn m. Sohn. *Mien Sœhn lihrt Dokter* studiert Medizin Gwd/Nu. *Sei hett twei Sœhns un drei Döchter* Fra/Zi. *De Bengel is mîe Schweste ehr Sœhn* Saa/Le. *Ik künn ehr Sœhn sin* ich bin viel jünger als sie Ank/An. – Ral.: *Dat is wat för mienen Vadder sienen Sœhn* das gefällt mir sehr Ank/An, ähnl. verstr. *Dat is uk bloß Vaddern sien Sœhn* er lebt nur vom Geld seines Vaters Gwald. – Sagw.: *Mîn Sœn is nix Dumm's! saed' de oll Frû, as he jung wier, härr he flessen Pisseldœk'* [Windeln aus Leinen] [1]HOEFE 22. – Im Rä.: *As de Vater* [das Feuer] *jung wurd, satt de Sähn* [der Rauch] *uppem Dack* Sto/Ku [2]BRUNK 28. Syn. Jung'[1].

Laut- u. Formvar.: Hauptvar.: *Söhn* vereinz. MPom, PFA 37, *Såihn* Reg/Kt, verbr. in den Bublitzer Mundarten, °Sch MAH 29, *Soihn* LAUWB 328b, *Såən* Neu/Rt [10]TEU 246, *Sēin* °Büt [2]MIS 25, *Sähn* verbr. NOPom. – Pl.: *-s* verbr., *Sähne* vereinz. NOPom, JOSTWB 80. – Dim.: *Sœhning* VPom, *-ke(n)* MPom HPom. Vorwiegend in scherzh. oder ermahnender Anrede auch *Sœhner*.

Sœhnskind n. Kind des Sohnes Gwald, Sch/Pu. Vgl. Dochterkind.

söken s. säuken.

solang Konjunk. **1.** solange, während der Zeit vereinz. – **2.** seitdem selt. *Solang dei Bengel nåh dei Schaul geiht, is hei origer worden* Dem/De.

Soldåt m., Pl. *-en*. **1.** Soldat, Angehöriger des Militärs. *Dei Soldåt hett nicks tau dinken, hei hett blot uttauführen* Ank/Br. *He mutt sien twee Johr bi de Saldåte deenen* Pyr/Lt. Tröstend zum Kleinkind: *Ween man nich, dien Mudder ward doch nich Soldåt!* Gwald. – Sprw.: *Wiet von'n Schuß giwwt en ollen Suldaten* ein erfahrener Mensch meidet die Gefahr HUMGWD 9,28,8. – Im Rä.: *Een Reeg Saldaute is tüsche twee Barge* = die Zähne Dra/Zl. – **2.** kindspr., (belegtes) Brothäppchen vereinz. – **3.** TiN. – **3.1.** Libelle verbr. °Lau. Vgl. DWA 2, Kt.54. → Wåterpierd. – **3.2.** Heuschrecke Sto/Gl, Lau/Ke.

Lautvar.: *Suldåt* vereinz. VPom, sonst selt., *Saldåt* verstr. HPom, sonst vereinz., *Soldot* verstr. NOPom, *Saldaut*, *Soldaut* verbr. SPom und im Belbucker Abteibezirk, Fla/Ta, Net/Hf.

Soldåtenleif f. die Liebe von Soldaten. – Ral.: *Soldåtenleif höllt nich länger as von'e Dör bet an'n Süll* Dem/De, ähnl. verstr. – **Soldåtenmütz** f. Soldatenmütze, Feldmütze. – Im Rä.: *Up usem Bähn* [Dachboden] *is wat, dat is unnen breit un bawen spitz as en Soldatenmütz* = Butterfaß Neu/El BLFPVK 10,60. – **Soldåtennågel** m. Nagel mit dickem Kopf für Stiefelsohlen vereinz.

sölen sw. **1.** refl., suhlen, sich im Schmutz wälzen. *Dei Farken sölen sik in'n Mess* Ank/An. – Ral.: *sik in'n Rönnstein sölen* stark betrunken sein vereinz. Scherzh., wenn jmd. faul herumliegt: *De Äsel sœlt sich, dat jifft anner Wäder!* Ghg/Wt, ähnl. vereinz. – **2.** im Dreck hantieren, wühlen verstr. *Dei Kinner sœlen in'n Sand* Fra/Pe. Auch: schwere, schmutzige Arbeit erledigen. *De Lüd hewwa Dag un Nacht sœlt* Dra/Bu.

Lautvar.: *sœlen* verstr., *seule* Gbg/Gp, Kol/Pr, Neu/We, °Sch MAH 23, *soihle* LAUWB 328b, *säle* verbr. °Rum, NOPom, JOSTWB 80.

sœlen unr. sollen. **1.** als Modalverb. – **1.1.** müssen, durch Aufforderung oder Notwendigkeit zu etwas gezwungen sein. *Du sasst di spauden, dei Fier geiht gliek los* Fra/Zi. *Ik sall woll schwiegen* ich muß darüber Stillschweigen bewahren Rüg/Pu. Floskelhaft, wenn man als Gast zum Zugreifen gedrängt wird: *Wenn ik sall, denn mutt ik woll!* Ran/Ro. – Sagw.: *Wi vordrägen uns heil schön, säd dei Buer, ik dau, wat ik sall, un mien Fru deit, wat sei will* °Gwd. – **1.2.** zum Ausdruck eines Wunsches, einer Absicht. *Uns Jung' sall sik nich so afracken as wi* Rüg/Pu. *Du süsst man gaut tauhüren, man kann nie nich* *naug lihren* Fra/Br. *Vadding sall noch lang läben* Ank/Km. Verwünschung: *Di sall dei Düwel hålen!* Dem/De. – Sagw.: *Mien Jung' sall Afkåt warden, secht de Buer, he kann von Dag to Dag bäter leigen* Stral. *Wat sall't uk ewig hollen, säd dei Murer, dunn füll em dei Backåben œwern Kopp in* Ank/An. – **1.3.** zum Ausdruck der Unsicherheit, des Zweifels. *Süll dei Dokter mi nich dei Wohrheit secht hebben?* Gwd/Nu. *Schulle ji dat ni' tau weite kräje hewwe?* habt ihr davon wirklich noch nichts gewußt? Reg/Me. Ausruf der Verwunderung: *Schutt me löwe?* kann man das denn glauben? Kol/Zw. – **1.4.** zum Ausdruck der Möglichkeit. *Dat süll* [könnte] *woll dei Bur måkt hebben* Gwd/Ba. *Wat sull sei dat nich weiten?* warum sollte sie es nicht wissen? Fra/Pe. *Dat schull dor in Mod sinn* ist dort angeblich Mode Sto/Dö. *Dat Mariekenpierd* [Marienkäfer] *sall 'n Glücksbringer sin* Ran/Pe. Floskelhaft: *Wat süllt man nich?* warum denn nicht? VPom, ähnl. allg. *Ät nich sö väl Kauken! Ach, wat süllt man nich?* Gri/Go. – **1.5.** dürfen, die Erlaubnis haben. *Dei Wäsch sall blos up'e Lien drööcht warn, nich up'n Tun* Dem/Tp. *Dei Kinnings sœlen hüt nich up't Ies gåhn* Dem/Tp. *Dat sall hei nich daun, dat bringt Unglück* Gri/Mi. – **1.6.** zum Ausdruck eines Zwecks. Oft unter Auslassung des Infinitivs: *Wat sall dat?* Gwald. *Wat sall dat Pierd? = dat Land ümplögen* °Rüg. – Sagw.: *Wat sall dat, säd dei Håhn, don schlög dei Madding, denn hei œwerschlucken wull, sik 'n Knuppen in't Lief* Gwald. – **2.** werden (als Hilfsverb zur Futurumschreibung). *Dei Arbeit sall woll noch lang duern* Gwald. *Dat sall nich mihr lang wohren* das wird nicht mehr lange so sein Fra/Br. *He schall hüt noch kåmen* er wird heute bestimmt noch kommen Pyr/Lt.

Lautvar.: *sälen* vereinz. °Rüg, Fra/Bi BLFPVK 2,116, *säle* (neben *schalle*) verstr. NOPom, JOSTWB 80, *säile* [2]PIRK 43, *schäle* verbr. °Rum, [2]MIS 63, *schälle* Rum/Km [5]TITA 71, *söllen* selt. VPom, Ghg/La, *schœlen* (zumeist veraltd.) verbr. °Pyr, vereinz. SPom, *schöllen* Ghg/Wo, *schölle* Gbg/Wo, *schölla* Saa/Ga, DKr/La, *schalle* verstr. HPom, MAH 62, HOMWB 165[a], *schalla* vereinz. °Saa, *salle* Stolp, *scholle* verstr. °Gbg, *schoile* Reg/Kt, Kol/Pr, Rum/Fa, Sch/Sd, LAUWB 319[b], *schåile* Neu/Rt [10]TEU 246.

Flex.: Präs.Sg.1. u. 3.: s. die Karte *sœlen.* Vor allem in HPom wird der auslautende Liquid in der Regel nicht gesprochen, wenn ein Konsonant folgt (z.B. *schall > scha'*). Vor einem Vokal bleibt er dagegen häufiger erhalten. Das gilt auch für die entsprechenden Formen im Präteritum. Dem finiten Verb nachgestellte Pronomen werden besonders in Fragesätzen stark verkürzt. Das betrifft bei *sœlen* vor allem die 1.Pers.Sg. und Pl., seltener die 2.Pers.Pl. (z.B. *Sall ik > sall'k, sa'k*; *sœlen wi > sœ'wi*). – 2.: *sasst* VPom, verstr. NOPom, *schasst* Mönchg. (dort veraltd.), verstr. °Pyr, verbr. HPom, *schaast* selt. °Pyr, Saa/Kl. – Prät.Sg.1. u. 3.: *süll* verbr. VPom MPom, Stolp, *sull* vereinz. °Rüg, verstr. °Fra, °Büt, °Lau STRI 45, JOSTWB 80, *sûl* Sto/He STRI 18, *schüll* (teilweise gekürzt zu *schü'*) Mönchg. (dort veraltd.), verstr. °Ghg °Pyr u. SPom, vereinz. westl. ZPom, *schull* (auch gekürzt *schu'*) verstr. SPom, verbr. HPom, LAUWB 319[b], HOMWB 179[b], *söl* Stral. – 2.: *süsst* verbr. VPom MPom, *schüsst* °Pyr, verbr. SPom, Kol/Pr, DKr/La, *susst* (neben *sullst*) °Büt [2]MIS 30,63, *schusst* verstr. ZPom NOPom, *schullst* (neben *schusst*) °Sch MAH 62. – Part.Prät.: *sullt* verbr. VPom, verstr. MPom, verbr. NOPom, [2]MIS 63, JOSTWB 80, *süllt* Gwd/Ba, °Pyr, *schullt* verstr. HPom, vereinz. °DKr, MAH 62, *schüllt* (veraltd.) °Pyr, *schutt* verstr. ZPom, LAUWB 319[b], *schut* Sch/Sd, *schütt* Cam/Kt, Kol/Pr, *schüt* vereinz. SPom.

Söler m., *Sœlert* Fra/Br, Schwerarbeiter Fra/Pu. – **Sölerie** m., *Sœlerie* verstr., *Sälerie* selt. VPom, Uec/Pa, *Seulerie* vereinz. ZPom. **1.** Dreckarbeit, Schufterei verstr. *Wi möten Stubben* [Baumstümpfe] *råden, dat is 'ne grode Sœlerie bi dat Messwärer* Gwd/Ba. – **2.** Schmiererei, Sudelei vereinz. Zu Kindern, die im Matsch spielen: *Dat is nooch mit'e Sälerie!* Uec/Pa.

Soll[1] n./m. kleiner, kreisrunder oder ovaler Teich, Tümpel. Diese abflußlosen Gewässer sind zumeist in der Eiszeit entstanden. *Dat Soll is so klor, dor kœnen wi in båden* Dem/Tp. *Dat janz Soll is vull Eente* Sto/Gl. In pommerschen Flurnamen ist *Soll* vor allem als Grundwort zahlreich belegt.

Laut- u. Formvar.: *Sål* Ghg/Li, *Soul* vereinz. °Kol. – Pl. *-s* verstr., LAUWB 329[a], *Söll* verstr. VPom, *Sölle(r)* Reg/Kt, *Sål, Soil* verstr. °Gbg.

Soll[2] n., veralt., *Sull* Fra/Br. **1.** Spinnwirtel, scheibenförmiges Schwunggewicht am Spinnrad selt., HOEFAMSC 443[a]. Syn. Warwel. – **2.** hölzerne Riemenscheibe an der Häckselmaschine vereinz. VPom. *Mit lütt Soll ward dat Stroh kort, mit grot Soll lang* Ank/An.

Sölsack m. **1.** schmutziges Kind vereinz. – **2.** unentwegter, sehr fleißiger Arbeiter vereinz. HPom. – **Sölstell** f. morastige Stelle, wo sich Tiere suhlen °Ghg, LAUWB 328[b].

solt Adj., *sult* vereinz. ZPom, salzig vereinz. *De Supp is so solt* Gwald. *Wenn Botter nich solt is, låkt dat uk nich* sondert sich auch keine salzige Lake ab Gwd/Ba; *de solt See* JOSTWB 99. Syn. soltig.

Solt n. Salz. *Åhn Solt un Päper schmeckt mi dat Äten nich* Gwd/Nu. *Wi äten giern Solt up't Brot* Gri/Gm; *los' Solt* unverpacktes Salz Gri/Ti. *Dat Sult is klüterig* klumpig Saa/Le. *Tähne scha' ma' öfte ees mit Sult putze* Pyr/Wi. *De Schinken licht in't Sult* ist dick eingesalzen Pyr/Lt. Bevor man eine Freundschaft mit jmd. eingeht, wird empfohlen: *Man möt ierst 'n Schäpel Solt mit em äten* °Gwd, ähnl. verstr. Scherzh. Rat für Kinder, um Tiere (bes. Hasen) zu fangen: *Man möt Solt up'n Schwanz streugen, denn kann man sei griepen!* Dem/Tp, ähnl. allg. – Ral.: *nich dat Solt up't Brot verdeinen* sehr faul sein, nichts taugen verstr., auch: ein sehr geringes Einkommen haben vereinz. *Dor is nich dat Solt up't Brot/Ei bi* dabei kann man nichts verdienen Rüg/Zi, ähnl. vereinz. *Dat schmeckt all ut Solt un Wåder* das schmeckt auch ohne große Zutaten °Gwd. – Volksgl.: *Solt verstreugn bedüd't Argernis* Fra/Bn, ähnl. verstr. *So väl Küürn Solt man verstreugt, so väl Dåg möt man vör de Himmelsdör ståhn* Ank/An, ähnl. verstr.

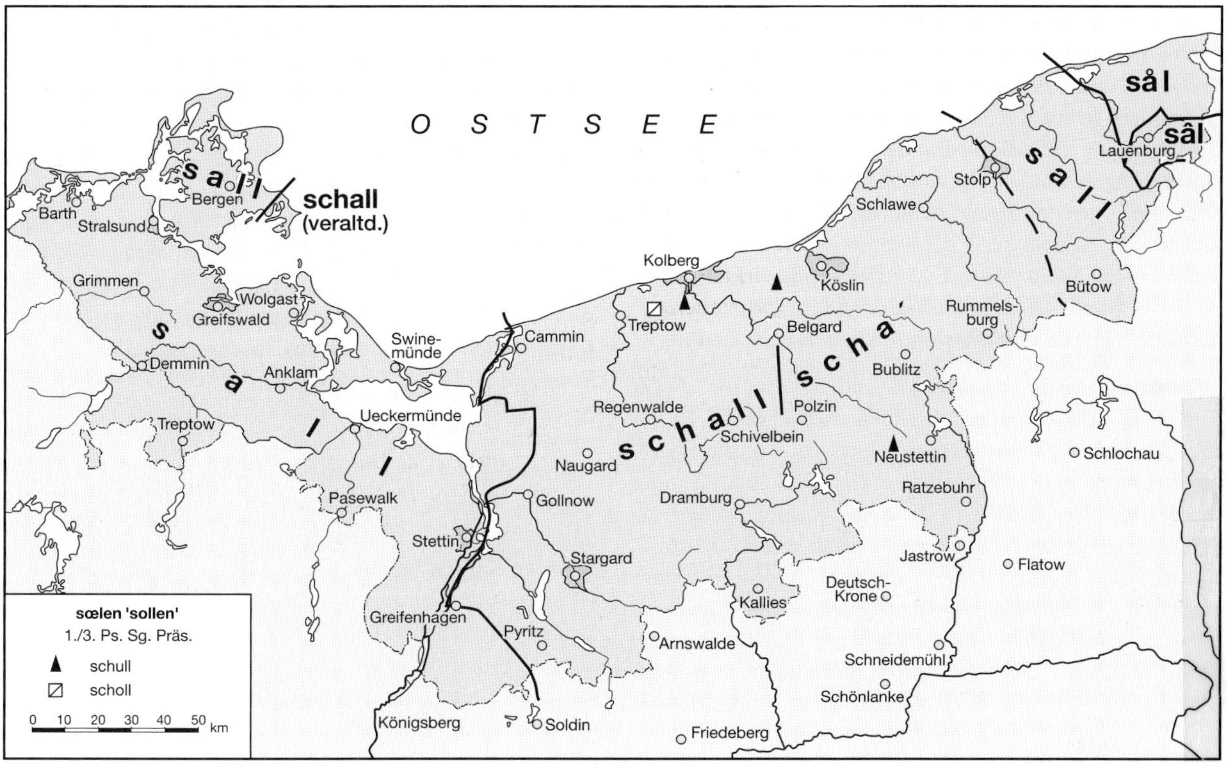

Lautvar.: Zur räumlichen Verteilung der Hauptvar. *Solt, Sult* und *Soolt* s. die Kt. zur Entwicklung von mnd. *o* vor *lt*, Sp. 329f.

Volksbr.: *Wenn man in'n nieges Hus intreckt, denn kricht man Solt un Brot* Gwd/Ha, ähnl. allg. Bei der Hochzeit sollte die Braut dem Bräutigam Salz und Dill auf den Stuhl legen, um die Oberhand in der Ehe zu gewinnen. Dabei sollte sie die Worte sprechen: *Du sittst up Solt un Dill, wenn ik räd, denn schwichst du still!* Uec/Ue, ähnl. verstr.

Soltback[1] f. **1.** mehrteiliges, mit Salz bestreutes Brötchen vereinz. ZPom. Syn. s. Soltkauken. – **2.** Brotteigrest, der flach in der Pfanne gebraten und anschließend mit Salz bestreut wird vereinz. HPom. Vgl. Brotback, Deigback. – **Soltback**[2] f., seem., Salzfaß vereinz. – **Soltbüss** f. Büchse für Salz vereinz. – **Soltbütt** f. Eimer aus Holz zur Aufbewahrung von Salz vereinz.

solten sw., vereinz. st., salzen, mit Salz würzen. *Dei Kœksch möt dei Supp bäter solten* °Gwd. *Ik hebb dat Fleesch soolt't* DKr/La. – Ral.: *Dat war ik di solten un päpern!* das werde ich dir heimzahlen! °Ghg.

Lautvar.: Zur Realisierung des Stammvokals s. die Kt. zur Entwicklung von mnd. *o* vor *lt*, Sp. 329f.

Flex.: Das Part.Prät. wird heute überwiegend sw. gebildet. Nur noch vereinzelt sind st. Formen (*solten, sulten*) belegt.

Soltfatt n. Holzbehälter mit Klappdeckel zur Aufbewahrung von Salz. – Volksgl.: *Stöt nich dat Soltfatt üm, dat gifft Arger!* Gwd/Ba, ähnl. vereinz. – **Soltflasch** f. (an der Küchenwand angebrachter) Behälter aus Holz oder Steingut mit Klappdeckel zur Aufbewahrung von Salz vereinz. HPom, sonst selt. – **Soltflecht** f. nässender, schuppiger Hautausschlag vereinz. – **solthart** Adj. sehr trocken, nicht mehr saftig (von Räucherware, die vorher zu stark gesalzen wurde) vereinz. *Dei Schinken is solthart* Ank/An. – **Solthiering** m., *Solten-* vereinz. VPom, Salzhering. *Dei Lüd up'n Lann' äten binåh jeden Dag Solthiering* Gwd/Ba.

soltig Adj. salzig. *Du hest dei Tüften tau soltig måkt* Dem/De. *Dat Äte is hüt bannig sultig* Nau/De; *soldig Bodder* Gri/Mi. Scherzh. über einen Trinker: *De hett 'ne soltig Läber* Uec/Pa. Syn. solt.

Lautvar.: *soldig* selt. VPom, *sultig* vereinz. VPom, verbr. ZPom SPom, *suldig* vereinz. ZPom, *sulch* Pyr/We, Dra/Dr.

Soltkauken m. 'Salzkuchen' mehrteiliges, mit Salz bestreutes Brötchen verstr. *In'n Soltkauken schmeckt Schmolt gaut* Gwd/Ba. Syn. Schausterjung', Soltback[1]. – **Soltkaukenhopser** m. SpottN für den Bäkker °Cam, °Gbg. Rsyn. s. Deigåp. – **Soltkaukenklatscher** m. dass. Gwald, Ank/An. – **Soltkuurn** n. Salzkorn. – Volksgl.: *So väl Soltküürn, as een Kind verschüdden deit, so väl Dåg möt't späder an dei Häbendör luern* Gwald, ähnl. verstr., HuMGwd 9,8,10. – **Soltlåk** f. Salzlake. *Dat Fleisch un dei Hiering liggen in'e Soltlåk* Gwd/Ba. – **Soltnapp** n./m. **1.** kleine Schüssel mit Salz, die man beim Essen auf den Tisch stellt verstr. HPom, sonst selt. – Sagw.: *Dat schlecht Läwen hett a' Inn, secht de Jung', Mutte(r) hål't Sultnapp rut* Saa/So. – **2.** scherzh., Vertiefung der Haut auf Höhe des Schlüsselbeins vereinz. *Hei süht man schlicht ut, hei hett so'ne*

Sultnäpp Gwd/Ba. – **Solt-oss** m., scherzh., 'Salzochse' Salzhering Stolp, Sto/Dö. – **Soltpudel** f. kleines, rechteckiges Holzgefäß in der Küche für Salz vereinz. NOPom. Vgl. Pudel². – **Soltsee** f. das Meer selt. – **Solttöller** m. mit Salz bestreuter Teller, der bei Hochzeiten herumgereicht wurde, um darauf Trinkgeld für das Küchenpersonal einzusammeln vereinz. VPom. – **Soltwåter** n. Salzwasser. *Soltwårer dröcht bärer bi't Schwemmen* °Gwd. *We' de Köj* [Kühe] *dat eest Mål up de Weed kåma, krieja se Sultwåta, dat se Döst krieja u' väl fräta* Saa/Te. – **Soltwisch** f. Salzwiese.

Som m., *Suhm* HomWb 199ᵇ, Pl. *Söm* verbr., *Seem* Rum/Km, NOPom, Saum. **1.** Kleider-, Tuchsaum. *Bi dat Kleed möößt du 'n Som inleggen* Ank/An. Auf die Segeltuchbespannung der Windmühlenflügel bezogen: *De Som ward gaut teert* Dem/Jr. – **2.** seem., Kante, an der das Flachwasser in die Tiefe übergeht verstr. vpom. Küste. – **sömen** sw., *seeme* NOPom, säumen, mit einem Saum einfassen. *Ik möt denn Rock sömen* Gwd/Ba. *Schnuppdöker warden sööm*t Uec/Pa. *De Kähl von'e Rüs ward söömt* Use/Ra. – **Som-masch** f., fischerspr., verstärkte Masche am Saum des Fischernetzes verstr. vpom. Küste, Ras 26. Syn. Hööftmasch, Stellmasch.

Sommer s. Såmer.

Sonitsche f. Preiselbeere Sch/Ne. Vgl. DWA 10, Kt.6. → Preisselbeer. – Nach ¹⁰Win 110 eventuell zu poln. *sosna* Kiefer.

sonnerlich s. sünnerlich.

sööpsch Adj. feucht, sumpfig vereinz. *De sööpsch Wisch verschleit de Koh de Melk* ist schlecht für die Milchleistung der Kuh Saa/Ja. – **Söp** f. Trunk, kräftiger Schluck °Ghg. *De hett villicht 'n Söp to sich nåhmen!* hat überaus gierig getrunken! Ghg/Wt. – **söpen** sw. (Vieh) tränken verstr. MPom. *Hest du de Kälwer all sööpt?* Pyr/Sh. Syn. börnen, wätern.

sor Adj., *sur* Fra/Bn, trocken, dürr. *Dat hett all lang nich rägent, dei Acker is so sor* Gwald. *Hier ka' nüscht wasse, dat Land is sor* Pyr/Wi; *sor Planten* °Reg; *sor Hööch* verdorrtes Heu Nau/Fg. *Wi hemm' hüt soren Wind* den Boden ausdörrenden Wind °Ghg. Übertr.: *Dat Rad is sor* ist nicht eingefettet Cam/Kw. – **soren** sw. dem Boden Feuchtigkeit entziehen vereinz., HomWb 189ᵃ. *Dei Wind soort dat Fild* Gbg/Wo. *Dei Bom soort dat Land* Reg/Kt. Gebräuchlicher in der Zs. utsoren.

Sorg f., gesprochen *Sorch*, Sorge, durch eine schwierige Lage hervorgerufenes Gefühl innerer Unruhe und Angst vor der Zukunft. *Hei hett kein Arbeit, em drücken dei Sorgen* Gwald. *De Bengel hett mi väl Sorje måkt* Saa/Le. *Bi mi kåme de Sorje mit dei Morje* meine Sorgen melden sich an jedem Morgen Stolp. – Sprw.: *Wenn dei Sorg in't Hus kümmt, geiht de Leiw rut* SundTr 1,78. *Lütt Sorgen måken väl Wüürd, grot Sorgen sünd stumm* Stral. *Wecker kein Sorgen hett, måkt sich weck* Gwd/Ba.

Laut- u. Formvar.: *Surg* vereinz. NOPom, *Såətch* Neu/Rt. – Pl.: *Sorgen* VPom, vereinz. MPom, *Sorje(n)* verbr. MPom HPom.

sorgen sw., *sorje* verbr. HPom. **1.** sich um jmd. oder etwas kümmern, Vorsorge treffen. *In disse Tiet mutt jeder för sik sorjen* Pyr/Lt. *De sorgt, dat wat in'e Schöttel is* sorgt für seine Familie Ran/Pe. – Ral.: *Gott denn Vadder sorgen låten* sich um nichts kümmern verstr. – **2.** refl., sich Sorgen machen. *Sei sorgen sich üm ehr Kinner* Gwd/Ba. – **3.** seiner Sorge Ausdruck geben vereinz. *Hei sorgt so* läuft lamentierend umher Gwald. *De Henn sorgt so* gackert aufgeregt vor dem Legen Sch/Pu. – **Sorgenbräker** m., scherzh., 'Sorgenbrecher' (starker) Schnaps vereinz. – **Sorgenknuust** m. das letzte der beiden Endstücke des Brotes (dessen Verzehr angeblich künftige Sorgen bewirkt) selt. MPom, vereinz. nordöstl. HPom. Vgl. ⁶Kai 193ff. – **Sorgenstauhl** m., scherzh., Lehnstuhl vereinz., Geb 83. *Hei sitt achtern Åben in sienen Sorgenstauhl* Gwd/Ba. – **Sorgenstütt** f. scherzh. Bez. für Hand oder Arm, wenn man den Kopf darauf stützt vereinz. *Wat is mit di? Du settst di jå beid Sorgenstütten unnern Kopp* Ran/Pe. – **Sorgnis** f. Besorgnis, Befürchtung vereinz. *Se sitt in Sorgnis* hat viele Sorgen Ran/Pe.

sörre veraltd. **1.** Präp. seit VPom, sonst verstr. *Sörre twei Johr heww ik em nich seihn* Rüg/Ae. *Sörre dei Tiet is nicks mihr mit em los* Gri/Mi; *sörre Mirrwäk* seit Mittwoch Gbg/Vi; *sött de Hochtied* Gbg/Gp. – **2.** Konjunk. seitdem VPom, sonst selt. *Sörre Varrer dotbläben is, geiht Murrer in kein Gesellschaft mihr* Fra/Bn. Vgl. jüngeres siet, das unter hd. Einfluß vordringt. – Mnd. *södder*.

Lautvar.: *sörrer* ³Schwa 96, *södder* selt., ²Nere 4, *serre* Dem/Kt, *sedder* vereinz. VPom, ²Adam 82, *sett* Pyr/Wa,Wi, vereinz. SPom, *sött* verstr. °Gbg, *zött* Kol/Go, Bal 36, ¹Nere 52.

sörredem veraltd. **1.** Adv. seit diesem Zeitpunkt, seit damals verstr. *Hei is Ostern afreist. Sörredem hebben wi nicks mihr von em hüürt* Fra/Zi. – **2.** Konjunk. seitdem vereinz. *Dat is so, söttdem ik krank bün* Kol/Go; [...] *sien Dochter Amalie, dei em de Wirtschaft führen ded', södderdem sien Fru vör söss Johr grawen was* Nib 18. – **sörredes** Adv., veraltd. **1.** seit damals vereinz. *Sörredes is hei noch nich werrer hier wäst* Gri/Ti. – **2.** während dieser Zeit vereinz. VPom. *Du kannst afwaschen, sörredes will ik 'n Ogenblick schlåpen* Gri/Ti. – **sörreher** veraltd. **1.** Adv. seither vereinz. *Dat was sötther so u' blifft uk so* Gbg/Gp. – **2.** Konjunk. seitdem selt. °Ghg u. °Pyr. *Setthei he 'ne Poste hett, estmeert he keene mehr* seitdem er einen (hohen) Posten hat, beachtet er niemanden mehr Pyr/Wa.